# 治水将军文伏波

蒋彩虹 著

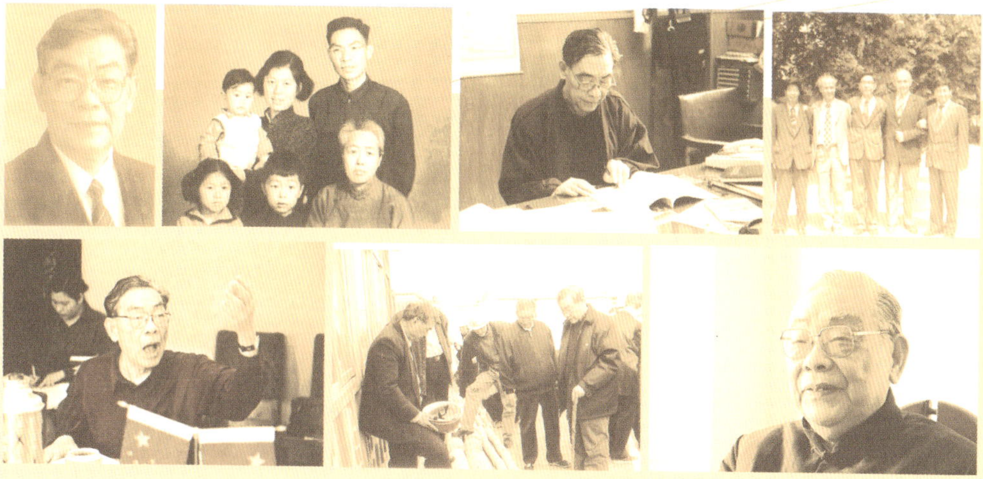

长江出版社
CHANGJIANG PRESS

# 作者简介

蒋彩虹

Jiang caihong

湖北天门人，荆州市长江河道管理局副调研员，社会科学研究副研究员。中国作家协会会员，鲁迅文学院第十七届中青年作家高级研讨班学员，华中科技大学大师写作班学员，荆州市作协副主席。作品散见于《中国作家》《文艺报》等报刊，出版散文集《趟过岁月的河流》《倾听心灵的天籁》；小说集《欲说还休》；报告文学集《上善之恋》。长篇小说《花鼓》入选湖北省第三届长篇小说重点扶持项目；作品曾获全国水文化论文奖、湖北楚天文艺奖、湖北新闻奖等奖项。

# 目录

## 上篇　少年心事当拿云



## 中篇（一）　鸿鹄展志在楚天

## 中篇（二）　山高路远留禹迹

## 下篇　老骥伏枥心不已



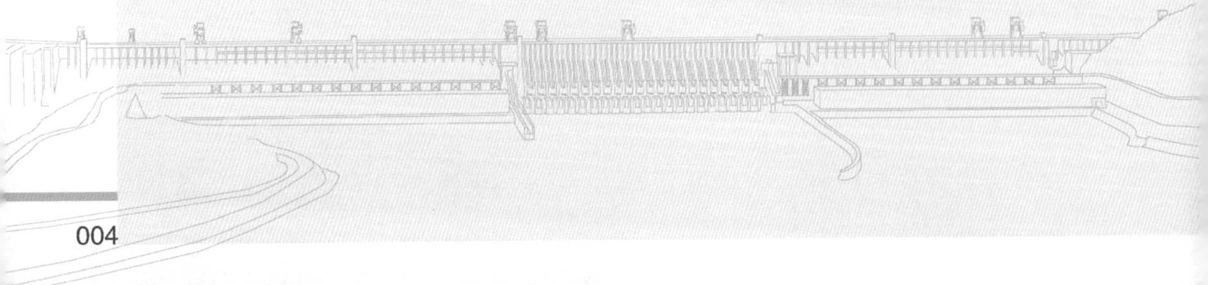

# 卷首语

人们称他为“伏波将军”，因为他在长达半个多世纪的“伏波”生涯里，与水亲密相处时一直保持愉悦的心情，而且还能将这种单调环境中的愉悦变成大众的愉悦，千百个乡村，千百户百姓因他而受益。他在战斗中从一个小小的士兵直至当上“将军”，周恩来总理对他的调侃，成为他走上“院士之路”的心灵灯塔。他发现世界上最有趣的东西莫过于驯服貌似温柔却桀骜不驯的水，他从荆江分洪工程开始，经杜家台闸、丹江口水利枢纽工程、葛洲坝水利枢纽工程，直至三峡工程，长江、汉江这两条哺育人民的母亲河上的重大水利工程，无不留下他的身影。

文伏波的人生就像是一幅铺排在美丽的鄂水楚天的一幅壮丽画卷，别致动人。桃花江边少年坚毅的眼神，中央大学校园内月夜面对银河的沉思，全国解放的锣鼓声中趁机而至的洪水，荆江太平口那座莽莽大闸，杜家台闸开闸放水时如歌欢唱的“哗哗”流水，十二载丹江口披星戴月的风尘，十二载葛洲坝夜以继日的寒暑，面对“高峡出平湖”时那欢欣的泪流，这些都是滋养他人生的养料，都是他从士兵到将军的沿途风景。

他的世界是一个忙碌的世界，也是一个休闲的世界；他的世界是一个单调的世界，也是一个丰富的世界；他的世界是一个跋涉的世界，也是一个怡然的世界。

在“院士”的皇冠下，一幅长江经济带百姓安居乐业的风景画上，有许多为了这幅壮丽画卷而为之挥斥方遒的诚实劳动者，尽管时间的长河已把他们与我们隔绝开来，我们今天却仍然可以清晰地听到他们的声音，看到他们的背影，感受他们留给这个世界的智慧热度。

文伏波，以坚韧、不懈、耿直、担当的品德，诠释了院士之路的生命密码，是后辈水利人永铭的楷模。

本书写作过程中，作者查阅文伏波院士发表的文章并采访其同事与亲友；前往荆江分洪工程、丹江口以及葛洲坝水利枢纽工程实地采访，参观纪念馆，得到各地水利同仁的帮助；参考由王红、王学所著的《治水殆与禹同功》和李卫星先生提供的相关资料与他发表的文章；成稿过程中，得到靳怀堾先生、成绥台先生、傅秀堂先生、易文利先生、刘军女士与戴越女士的支持与指点；得到家父（蒋忠信先生）的关心，他曾在丹江口工程工作三年，多次与我讲述修建工程的场景及其艰苦历程，特别得到长江出版社的大力支持，在此一并表示深深的感谢！

# 上篇

## 少年心事当拿云

# 第一章　廊桥记忆

在八百里洞庭湖尾间，有一条美丽的桃花江，县城桃江因此得名。这里古枫峥嵘，香樟葱郁，山清水秀，人杰地灵。

1925 年 8 月 5 日，农历乙丑年六月十六，在桃江东南的源嘉桥镇软桥村牛车塘一个农家小院，传来一声婴儿的啼哭。

“生了？”

“生了！”

“学生还是团娃？”

“呵呵，又是一个拐家伙。”

“啧啧啧，好哇，好！文家发人哩！”

湘南的土地以厚重而温暖的情怀，迎接了这个孩子的降临。

▶洞庭湖

院主文德陔笑呵呵地招呼着前来问讯的邻里亲友，喜庆在婴儿有力的哭叫中弥漫在这个整洁的软桥小院。新添的小男丁，排行老四，他在软桥村度过了快乐的童年。

这个文家小四郎，就是后来享誉水利界的工程院士文伏波。

这一年，中国的历史上发生了很多大事件，3月，国父孙中山去世；5月，发生了被一名英国外交官比喻“犹如欧洲的巴士底狱事件”的五卅惨案；7月，国民政府在广州成立，击败陈炯明叛军。北方，孙传芳击败奉系，奉系张作霖据东北京津，直系吴佩孚出任“七省联军”盟主，陕西冯玉祥和山西阎锡山为北方国民军，和广州国民军遥相呼应，国共合作，北伐战争开始 。风云跌宕的动荡年代，激情澎湃的示威活动，中国革命由此从无序的泄愤转入了有目标、有组织行动阶段。

文伏波就在这样的时代背景下来到人间。文德陔夫妇俩看着这个家里增添的新成员，他的哭声悦耳，比他的3个哥哥都要响亮。在人们的恭贺声中，夫妇俩有些小小的遗憾，若降生的是一个女儿，岂不是儿女双全啦。

按照家族的辈分，父母为他取名永琚，字伏波。琚之义，本地出产的玉石；伏波者，降服波浪也。或许，冥冥之中，上苍在这个小男孩出生之时，已经将他的人生用一种未知的生命密码昭示给了他那小小的心灵。

小伏波不仅有爷爷奶奶及父母的宠爱，更有三个哥哥的护爱，大哥北辰此时已有8岁，二哥藕耕7岁，三哥望平刚刚1岁。依文氏族谱，到伏波兄弟这一辈为“永”字辈。故四兄弟依次分别取名永瓒、永瑄、永琼、永琚。他们后来使用的名都是依字而来。

文家在当地可算得上殷实人家。从祖上算起，属周文王支孙，东周越大夫文种之后。传至西汉蜀郡太守文翁，由蜀迁赣，后人于明初迁湘于益阳梓梁落根。再迁至软桥，文伏波乃七房抱珍公一脉。由此知，文氏出之于名门望族。

文伏波的祖父文盛藩是一位私塾先生，养育了七个儿子两个女儿，文伏波的父亲是最小的儿子。文盛藩约有300石田亩，分在文德陔名下为40多石，按一石收谷子110斤左右计，文家一年可收粮食4000多斤。这对一家6口来说，生活之外，应该足以供给子嗣教育。然而，这是理论上的家产，实际是分家后的文德陔连自家可供栖身的住处也没有，只好常常住在文氏祠堂或庙宇中。而此时的桃江年年遭难，不是水灾就是大旱，加上时局动荡，兵荒马乱，家道渐渐中落，到文伏波适龄入学之时，文德陔竟供不起四个儿子同时求学，而不得不中断大儿子北辰和二儿子藕耕的学业，让他们和自己一起劳作，来供养三子望平和四子伏波的学费和一家生活用度。

童年的小伏波可不知道世事维艰，他快乐地成长。

软桥村，因村子里一座石砌的廊桥而得名，它处桃江与益阳两县交界的资水支流志溪河河西，距桃江县城30千米开外，从地理位置来看，这是一个偏僻的乡村，但是这座建于明朝的廊桥却兴起了一个热闹的小镇。

廊桥全长30米，麻石砌墩，巨木为梁，亭顶青瓦重檐，可避风雨，可遮骄阳。桥下流水淙淙，桥上人来人往，亭子的左右两边都安放着固定的长条椅，供村人聚会、聊天，供孩子嬉玩戏耍。在廊桥的西头，有一座关帝庙，文伏波一家就住在庙宇里。无论晴雨，桥上总有小孩子们逗留聚集，他们或坐地“食子”，或击掌“打铁”，或骑帚赛马，或抽打陀螺。文伏波小时已从父亲那习得一些古诗，他更多是在玩乐之后，静静地俯瞰桥下“白毛浮绿水”“笠翁钓澄江”的景致……

这座桥，这条河，同他的故乡软桥，是他童年的栖止和嬉戏之所，它不止给他带来生命的滋养，更丰富了他的童年，滋润了他的心灵。

廊桥架设起志溪河两岸的交通要道，也架接起桃江与益阳的商贾往来，南来北往让此地人姓氏繁杂，各姓祠堂竞相兴起，以至方圆500米以内就有5家风格迥异的祠堂。众祠堂中，尤以文氏“抱珍公”与曾氏“玉堂公”最为兴盛。

文伏波在曾氏祠堂“玉堂公”见识了仪式庄严的排场。它在廊桥的西头，与关帝庙近如咫尺，这是软桥最大的祠堂，高耸的马头墙、阔大的大厅堂、门扇高森，内设戏台，天井厢房，花木葱茏。门窗皆有雕花图案，屋梁有典故浮雕，其中一幅名曰尉迟公救主，说的是唐太宗被单雄信追杀，伏鞍而逃时呼救：“有人救得我李世民，他做君来我做臣。”曾氏祠堂每三年举行一次大型祭祖活动，盛举之日，日上三竿，彩旗飘扬，人流如潮，金鼓齐鸣，鞭炮震天。司仪出场，主祭拉腔吟诵祭文，抑扬顿挫，悦耳中听。后呼“一叩首，二叩首，三叩首”，族人齐拜。再由族长宣布奖惩名单、事由，并告诫族人须继承先祖美德，发扬家族精神，去恶扬善。祭礼结束，族宴大开，是时戏台锣鼓响起，好戏登场。这种族群的祭祖活动，对于孩子们来说，也是盛大的节日。

文伏波更在意本族的祭祖仪式。与玉堂公遥相呼应的“抱珍公”在廊桥东头，它依山傍水，风水更佳，久有耕读之风，每每祭祖，必以本族学子成就和先祖气节为要。“抱珍公”祠内世代兴办私塾、小学。文伏波的大哥二哥均在此发蒙，上学第一天，当孩子们背着母亲缝制的书包走过廊桥时，不时能听到一首童谣：“三岁伢子穿红鞋，摇摇摆摆上学来；先生先生不打我，回家吃口奶就来。”祠堂有祖传族产公田出租，所收租谷除赈灾之外，还用于办学、奖学。凡本族子弟考上中学、大学，族上提供奖学金。文氏学子以先祖文天祥为榜样，以其《正气歌》为族魂，修身、笃学、爱国，故而人才辈出。

文氏家族没有料想的是，一个孩子生息在这样的土壤上，会给他的一生带来多么深远的影响。“抱珍公”祠没有独立的生命，但它却把教育与人文的种子深深埋进了有生命的少年心中，正是这种家族的遗传密码，使文伏波的生命呈现本土特色，本土乡味一直存留在他的身上。

1927 年 7 月，大革命失败，新学兴起。抱珍公私塾改为文氏抱珍初级小学，它属于民国时期湖南省首批兴办的私立学校。文伏波 6 岁开蒙入学，新学制教授语文、算术、常识等课程。管理和教学沿袭体罚的传统，学习主要靠记诵。

学校教师中有个本族的清末秀才文茂生，人称“茂相公”，常给学生们讲帝国主义入侵中国，包括“五卅惨案”在内的国家大事，这与文氏抱珍初级小学古板严厉的教学模式形成鲜明对比，文伏波幼小的心灵，被茂相公的爱国主义热情深深地感染着。

暑假里的志溪河成了文伏波和小伙伴们的乐土，他们下河摸虾捉鱼，除了玩水，也补贴些家用。但夏日的河流往往会在暴雨后陡涨水位。它发起脾气的样子煞是吓人。这是资江的支流，而资江是长江的二级支流。

资江流经邵阳、新化、安化、桃江、益阳等市县，于益阳市甘溪港注入洞庭湖，全长 653 千米。它与湘、沅、澧并称湖南四水。资水流域自然灾害发生频繁。山丘地区易发生干旱，插花性旱灾年年有，连片大旱约 6 年一次。天干时，田塘开裂，禾苗枯萎，小型洪灾几乎年年都有。文伏波出生的前一年，资水上游发生大洪水，称为“甲子大水”，待他懂事，父母常在汛期叨念洪灾的可怕情景，大水冲倒城中居民房屋，庄稼淹死，人畜伤亡，逃荒者众。

水，多不得，少不得，它从哪里来，又到哪里去？文伏波小小的心灵里总是琢磨这些得不到解答的问题。他课余如饥似渴地阅读小说和其他书籍，发现除了软桥之外，还有另外的天地，他记忆力很好，一本本书看得很快，常常废寝忘食。

# 第二章　初立大志

软桥的中秋是一个特别的节日，人们聚在一起烧宝塔。

当一轮明月照着祠堂前的宽阔场地，人们早已不约而同地聚了拢来，此时，皓月当空，凉风习习，场上早已用破瓦片垒成一米多高的中空宝塔，塔底留有一个大口子，人们轮流往里塞木柴。众人拾柴火焰高，宝塔烧得红彤彤光芒四射，月上中天，锣鼓喧天，9 岁的文伏波和小伙伴们唱着一首经久不衰的歌谣：“红宝塔，红宝塔，敲锣打鼓吹唢呐。喔哩喇哩那哩那，风调雨顺有饭呷。喔哩喇哩那哩那，红红火火有财发。”

这是一种家乡特有的营养，它像母亲的乳汁，喂养了文伏波的童年，长久地在他的血脉里流淌，他长大后面对困苦时的浪漫情怀，一定从这里生发。

当烧宝塔的快乐还弥漫在心头时，父亲做出了一个令文伏波终生不安的决定。

“北辰、藕耕啊，我供你们俩上学堂只能供到这里了，你们的弟弟望平和伏波也渐渐长大了，我与你们的母亲力量有限，供不起你们兄弟四个啦。做哥哥的只能照顾着做弟弟的了。”父亲的这一席话让四兄弟在烧宝塔时留下的开心一扫而光。

北辰沉默了，藕耕呆住了，望平和小伏波看看父亲又看看两个哥哥，不知所措。

“别怪父亲心狠，实在杂货店渐渐难以承受生活的开销，我和你们的母亲起早贪黑也赚不下你们四个人的学费。”

看着父亲消瘦的脸孔和母亲疲惫的神情，北辰和藕耕服从了父亲的决定。这意味着兄弟俩将同时辍学，尚在抱珍初小即将毕业的文伏波看着大哥

二哥，心里难受极了，父亲这种丢大保小的做法，在文伏波心中留下深深的震撼。

北辰辍学后远到益阳书店当学徒，藕耕则开垦祠堂内的荒地，种植瓜果庄稼，空闲时还帮助父母打理杂货店的生意，并学会了杀猪、磨豆腐等杂活儿，从此与学堂告别。

一天傍晚，当了一年学徒的北辰被抬了回来，他得了伤寒回家医治。文伏波那时已经住校，忙请假奔回家中探望大哥，父亲看到他回来，严厉地斥责道："你耽误功课荒废学业，真是不用功啊，赶紧回校！"文伏波央求父亲让他在家住一晚，父亲说："永琚，你们兄弟情深，我何尝不知，你大哥辍学是为了让你好好念书，在农村挑牛屎扁担，勒锄头把，既苦累又不能维持生活。只有读书，有了知识才能摆脱穷困，改变家庭命运。"面对头发已泛起霜花的父亲的教诲，文伏波默默地记在了心上。

那时红霞满天，炊烟四起，文伏波明净的双眼里泛起了一层泪光，他在家住了一宿，第二天天蒙蒙亮，就赶到了学校。

1934 年秋，比文伏波高一级的文望平初小毕业了，文德陔送他去报考益阳县立第五高等小学，学校设在河溪水慈善堂内，文伏波悄悄地跟在后面，文德陔发现了小伏波，停下来等他走到跟前说："你跟在后面干什么？赶紧回家去！"文伏波停住脚，等父亲和三哥走开后，又尾随在后，文德陔只好带着他一同前往。

父子三人到校后，刘德山老师看到兄弟两人结伴而来，便当场出题让弟兄两人一同考试，考毕阅卷后宣布，两人都同时录取，这样兄弟二人一同到县立五校求学。

县立五校有棵大树，枝叶繁茂，落英缤纷，校舍旁有一眼水井，清冽甘甜。发源于雪峰山的河溪水打从学校旁流向志溪河，校园周边，山清水秀，溪流潺潺，不远处看得见救十寨村，时有鸡鸣犬吠，早晚炊烟袅袅。

首任校长曾广璋（又名何韵珂，1892—1969 年），是毛泽东在湖南省立第一师范学校的同窗好友，曾留学日本，意在教育救国，宣传民主，倡导科学，教育学生以爱国为本，实施德智兼备、手脑并用原则，注重培养学生素质，从而形成了“民主、科学、爱国”之育人传统，以及“求严务实，勤学奋进”的校训。文伏波在这里受到了良好的教育。

文伏波和大多数同学们一样住校，每周回家一次，三年学习，他学会了竖向刷牙，早上起床叠被子前要抖扇数下挥去被窝里残留的碳酸气，穿衣服要“燠三冻九”，衣服要定期洗晒等常识。在这里培养独立自主、自力更生的生活能力为文伏波日后的漫漫人生路打下了基础。

学校定期举行各种竞赛活动，以激发学生的求知欲，开拓学生的视野。在一次全校演讲比赛中，紧张的文伏波跑到图书室找到一本小说——《班超三十六人定鄯善》，他熟记硬背，演讲时获得好评，从此他学会了利用图书室的资源，并在各类考试中沉着应对。

学校还举行过远足活动，在白水寨，文伏波第一次看到瀑布十分新奇，他后来在一篇回忆录中写道：“那蒙蒙的雨雾，那飞流直下的气势，激发了我对地理知识的兴趣。”

相比抱珍小学，县立五小的校长和老师显得格外慈祥。一次，文伏波和同学文季桐爬到慈善堂前的大树上坐着，正好校长蔡锡周路过，两人很是紧张，校长不但没有责备，反而让他们慢慢地爬下树，不要跌倒。又一次，算术老师杨秉彝在黑板上演算一道题，全班只有文伏波一人认为是错的，杨老师态度和蔼，耐心地让同学们自己演算一遍，结果证明杨老师的演算是正确的。杨老师没有批评少上一年初小的文伏波，但文伏波自此便更加用心，他牢牢掌握了先解小括弧、先乘除再加减等运算法则。

除了重视学习，五小还重视德育教育。毕业手工作业是雕刻一个竹笔筒。文伏波和文必山一组，竹筒制作得相当精致，可文必山想据为己有，老师便再给文伏波一个竹筒，让他重新制作。结果，老师只给了那个同学及格分数，却给了文伏波高分。由于家道艰难，文伏波在住校的第一年常常吃不饱饭，有一次文伏波经过食堂，闻到饭香，禁不住抓起饭来就吃，不巧被一个同学看见而“告密”。老师把文伏波叫去，说：“家里虽穷，但你要有志气，你成绩优秀，也要修炼品德，千万不要因小事毁了自己。”羞愧难当的文伏波大哭起来。这席话对文伏波影响至深。

为了节省开支，兄弟俩在学校隔壁的一个远方亲戚——腊生姑妈家搭伙，如此，两人只需要向学校交一个住宿生的费用。有时学习太紧，家里人会送来兄弟俩的米菜等生活用品。“记得一个冬日的黄昏，二哥赤足草鞋，挑着小箩筐，为我们送米菜。他那时只有十三四岁，一双脚冻得通红。”晚年的文伏波回忆这段经历对二哥充满了感激之情。由于支付不起晚自习点灯的费用，兄弟俩晚自习时只好借用其他同学的灯光学习，备受嘲讽。

贫穷没有让兄弟俩自卑，反而更激励他们上进刻苦，俩兄弟成绩优异，总是在同学中名列前茅，多次受到表彰。

此时，日本的铁蹄已经踏入中国，国难当头，民不聊生，很多老师讲到帝国主义列强侵略中国，并迫使中国签下一系列不平等条约的历史时，饱含热泪，在学生们幼小的心灵中，激起了强烈的爱国主义热情及报国雪耻的壮志。1937 年 7 月的毕业典礼大会上，当校长蔡锡周先生向同学们宣布“七七卢沟桥”事变暴发时，义勇军进行曲在会场上空飘荡，全体师生义愤填膺，同学们深切地感受到：国家兴亡，匹夫有责！

卢沟桥事变造成时局动荡，益阳县立 7 所高等小学的毕业生不能如常去省会长沙报考，只能全部挤报益阳县内唯一的一所中学——湖南私立信义中学（今益阳一中），因此信义初级中学生源爆满，文伏波分在 29 班。

信义中学源于清光绪三十二年（1906 年）挪威信义会在益阳桃花仑狮子山创办的信义中学堂，基本课程设置遵当时政府规定。由于是教会学校，带有一定的宗教色彩。但该校传播西方文化科学知识和资产阶级民主意识，促进了中西文化的交流，也培养了一批思想开放、学有专长的优秀人才，如周杨及夫人苏灵扬，林凡、蔡华林、李进才、何凤山、冷卫红等社会各界名流，皆曾就读于该校。

少年文伏波虽然对不能前往长沙报考省会初中深感遗憾，但学校美丽的风景及安静的环境让他在多年以后的追忆中仍感到“相与灿然”。那是一个傍山而建的校舍，溪流淙淙，遍地竹林，春季桃花盛开，夏日凉风习习。由于没有正规操场，长益公路就成了师生晨跑的锻炼场所。在晨风中跑到终点——苗圃，取下各自的牌子，再跑回学校。锻炼的是身体，还有心志。只是有一日一辆深绿色的“湘字”邮政车在一个急弯陡坡处突发事故，造成人员伤亡，给同学们敲了安全警钟。还有一次路旁的打柴人发现一具用柴草覆盖的男尸，同学们走近一看吓得飞跑。再晨跑时，同学们便结伴而行。

文伏波的初中生活因战乱几经中断。1938 年，日寇进犯湘北，战事吃紧，南京、长沙等地的部分中学纷纷迁入桃江县办学。10 月下旬，武汉沦陷，信义初级中学宣布停课，准备搬迁到湖南省安化县东坪镇。11 月 13 日，长沙“文夕大火”，文伏波遥望映红长沙上空的焰焰火光，愤懑之情，溢于言表！

这一年的春节，文伏波没有书读，也不知何时复课，很是苦闷，只能在家里一边帮父母劳动，一边复习功课。等到复课通知时，已是 1939 年元宵节前了，几个同学雇人挑着行李，在雨雪泥泞的路上艰难行进，天黑了就近宿在荒村小店，100 多里的路走了 4 天才到达东坪镇的信义初级中学。东坪镇是安化县的大镇，现为安化县政府驻地，信义中学设在镇尾一家茶叶作坊内，背倚青山，前临萸江。

文伏波初中二年级就这样开始了。四合大院里二层高的地板楼房，楼下是办公生活区域，楼上设有三间教室，剩下的房间全部用作学生宿舍。50 厘米宽的楼板当床，席地而卧，如不小心小腿会掉进地板缝里被卡伤。课桌是长条木板钉制而成，一排坐 5~6 人，晚自习用桐油灯，熄灯铃一响，一片漆黑。由于缺教师，课程精简了许多，更有日寇飞机不定时地轰炸。每当这时，师生们全体躲在山沟里，自带一把折叠小凳听课学习，常常能听到震耳的炮弹声。

恶劣的环境更激发了同学们的求知欲望和爱国情怀，周一的清晨，学校举行升旗仪式时，同学们高唱国歌，校长训示，讲抗日战争形势，鼓励同学们努力学习，报效祖国。“起来，不愿做奴隶的人们……”“大刀向鬼子们的头上砍去，杀！”这些歌曲，一遍一遍回响在校园里。学校还组织同学们参加抗日救亡宣传工作，定期到外地慰问伤病员，到商店募集救急药包（按药包计价募捐）。同仇敌忾，救亡图存，让少年的心热血沸腾。

信义初级中学要做礼拜、过圣诞节、上宗教课，不过，学校主张信教自由。文伏波不信洋教，也不参加这种活动。但教会学校重视英语教学，却为文伏波的英语打下了基础。有位从北方逃难到桃江县的女英语老师，被校长请来，她个子高挑，嗓音清脆，上课时，先用英语简短讲讲，教几遍生字和句子，然后一一点名复述，随时纠正同学们的发音，师生都全身心投入教与学，让文伏波难忘。

此时，父亲文德陔被人举荐担任保长一职。他依照抱珍公祠堂的族规，督促文氏族长召开会议决定：族中子弟升入初中和高中，用祠堂公产为其提供辅助奖学金。文伏波兄弟俩一直到抗战后期都在享受这项奖学金提供的一半资助。文伏波被评为院士之后，曾写下“志溪子弟江湖老，永忆难忘父母帮”的诗句，以表永志族人赞助其学业之意。

文德陔当保长面临的棘手任务是抽壮丁，这是一项遭人怨恨的工作，此时文伏波的三伯父去世，曾转让给三伯父的杂货店无人经营，文德陔坚决辞去了保长一职，拿出手中的积蓄，又借贷部分资金将杂货店盘了回来，后来又将转出去的屠宰坊也收回，家里经营杂货、屠宰、豆腐，生意渐渐有了起色。月彩、蒲生、群来、腊昆等 5 兄弟都是文伏波几位伯父的孩子，被抽壮丁后，全部战死在抗日前线。为了躲避壮丁，文德陔在杂货店内设了一个邮政信箱，让藕耕专门为乡亲们传送来往信件，算是抵过一名壮丁。

1940 年，初中毕业的文伏波违背父亲希望他报考师范院校的意愿，自作主张报考了三哥望平就读的学校——湖南省长郡联立中学（今湖南长沙市长郡中学）。该校肇始于清光绪三十年（1904 年），辛亥革命后，原长沙府属 12 县的驻省中学合并，更名为“长郡公立中学”，并面向长沙、善化、湘潭、益阳等 12 州县招生，学子过千。后多次易名，至 1984 年仍恢复“长郡中学”的校名。

这所中学诞生过很多名流，一代名师徐特立、李维汉、陈子展、周世钊都在此就读。老一辈革命家任弼时、李立三、李富春、肖劲光、陈赓、曾三等，美学家蔡仪，音乐家吕骥，科学院院士张校骞、沈其震、李薰、苏纪兰、陈庆云、丑纪范、陈希孺，工程院院士黎介寿、黎磊石、朱建士、欧阳平凯、曾广商，歌唱家张也、陈小朵等，皆出于此校。截至 2004 年，长郡中学已出了 12 位院士，其中，黎介寿和黎磊石兄弟俩都是文伏波的同班同学。一个班出 3 位院士，成为长郡中学历史上的一段佳话。

考上这样一所中学，对于少年文伏波来说，是一个新的起点，沦陷的长沙容不下一张课桌，学校被迫于 1938 年 4 月迁往蓝田，9 月，文伏波进入该校高中第 15 班就读，分科时，他毫不犹豫报学理科，以便将来上大学报考工科。此时早一年考入该校的望平三哥理科成绩非常好，他受到极大影响，他认为掌握了技术，就是拿到了打不破的铁饭碗，凭真本事吃饭，不求人。更有一个强烈的愿望，在他幼小的心灵里，见到了日本飞机轰炸国土，见惯了父母伯叔舅姨及众多乡亲的穷苦，这时候他偷偷立志，待到自己学业有成分配到工厂，一定要把穷苦的乡亲和兄弟们介绍到工厂当技工，帮他们摆脱穷困的生活状况，帮国家造出飞机大炮。他的眼前不时映出父母辛勤劳作的身影，脑海里不时记起文家祠堂族训：修身、笃学、爱国，只有学成本领，才能报效本族，报效乡里。

这种朴实的志向一旦立下，加上还有成绩优异的三哥的监督和指导，文波伏的学习劲头倍增，他几乎不参加课外活动，也不做运动或其他娱乐活动，甚至连报纸、小说也不敢多看，生怕耽误了“正课”，他甚至还自学了不少大学一年级课程，成绩明显上升，自信心随之恢复，上进心便随之加强，自高中一年级第二学期起，就一直是班上的前三名，高中三年成绩总评第一名。

文伏波最终没有进工厂，他狂热地迷恋上了地理。这样的选择缘于他的校长兼地理老师鲁立刚（1897—1985 年），鲁立刚毕业于武汉高等师范，博物地理专业，1921 年随竺可桢应聘于南京东南大学（原中央大学，今南京大学前身），任助教兼江苏农业学校气象教员。1930 年，他成为湖南气象事业之创始人。他以地质地理、天文气象造诣甚深而名震教坛，著有《地学概论》《中外地理》，被湖南省、市各中学作为地理教材。1936年秋至1949年5月，连选连任4届校长，任职长达13年，是长郡中学担任校长年限最长的一位。他始终没有脱离地理教学第一线。他学识渊博，讲课生动，分析精辟。

文伏波后来回忆说："我决心投入水利事业，高考填报志愿选择水利工程系，是受到鲁立刚校长的影响。他是竺可桢的高足，讲授的《地学概论》，谈到气象、水资源等问题，谈到西北边陲飞沙走石、水贵如油，讲《建国方略》中三峡水利资源开发，侃侃而谈，眉飞色舞，我觉得很新鲜，深深地被吸引，终与水利结下不解之缘。"

文伏波考上高中的这一年，二哥已经是一个出色的劳力，他耕种土地，还学会了杀猪、做豆腐，加之父母经营有方，杂货店的生意一天一天好起来，并扩大经营，兼作油货生意，家里还开始每年买进一些田亩。供给文望平与文伏波兄弟俩的学费及生活费基本已有保障。

两兄弟没有辜负父母和两个兄长的期望。1942年，老三文望平考中了湖南大学机械系。1943年8月，文伏波同时接到了中央大学和湖南大学的录取通知书，一家人非常高兴，文伏波决定上已迁往重庆的中央大学，可家里竟筹措不齐他去重庆的1万元路费。父亲欲让文伏波告假任教1年，赚足路费再去上学，他上学心切，哪里肯应？幸好家里的亲戚朋友热心，父母以他上大学的名誉请客，10多家亲朋好友，每家各出2担谷子，共收到24担谷，这才算是凑够路费。后来，父母每年偿还一个亲朋好友家庭的债务——2担谷子。

# 第三章　弃学从军

重庆，对于文伏波来说，是一个陌生的山城。在抗战时期，它成了中央军政战略要地。

中央大学水利工程系于 1937 年在南京设立，8 月份淞沪抗战后，随校迁往重庆沙坪坝。

文伏波从家乡出发，溯流而上，第一次看到了浩瀚的长江。“岷山导江，东别为沱；又东至于澧；过九江，至于东陵；东迤北会于汇；东为中江，入于海。”这是他在《尚书·禹贡》里看到的关于长江的记载。那《淮南子·要略》也说，禹“凿江而通九路”。这些文字，让他在地理的学习中生出对长江的无数想象。

从他踏上朝天门的台阶俯瞰川江急流的那一刻时，文伏波没想到，自己的命运已经与这条大江紧紧连在了一起。

沙坪坝松林坡住着大学高年级的学生，新生被安排在松林坡嘉陵江对岸的磐溪，交通条件差许多，加上公费少，因此，文伏波在大学一年级的生活极其艰苦。三餐都喝稀饭，偶尔才供应馒头，这对于正在长身体的文伏波和他的同学们，是一种煎熬，饥饿让他们吃稀饭时不得不去争去抢，他记忆里那时由于抢稀饭常常把学校发的军用棉裤弄脏。洗澡也没有条件，校长顾毓琇常开着他的小汽车用马达烧水，数千名学生用脸盆端点热水回宿舍将就擦洗一下。灯光昏暗，学习笔记本纸张差到难以下笔。

但磐溪却修造了较大规模的水力实验室和土壤实验室，学校师资充实，设备先进，实验完善，数学、物理和水利工程的各类专业基础课繁多，很多教材还是龙门书店影印的西文原版教材，老师讲课也夹杂着英语，文伏波成天埋头书堆，几乎到了两耳不闻窗外事的程度，他在这里接受了系统的专业教育，并打下了扎实的英语专业功底。

这一年中，紧张的学习，艰苦的生活，让他的心情格外苦闷。尤其看到工科的学长毕业后很难找到工作，即使找到了工作，薪水也很低。当初考工科大学那种改变命运的强烈渴望渐冷下来，原来战乱中的国家，并没有什么铁饭碗。文伏波的学习劲头在后期有所松懈。

饥饿与紧张带来的苦闷让莘莘学子充满对现实的无奈与不满。下晚自习后，住在寝室的八个同学在漆黑的夜里聊天。

有个同学说："我的肚子饿得咕咕叫哩。"

另一个同学接着道："如果全世界发生粮荒，只能养得起中国和苏联，那你们主张饿死谁？"

立即有人道："饿死中国！"

"你小子是汉奸啊，不是中国人啊？"有人抗议。

"国民党太腐败了！战难不断，民不聊生，我也倾向养活苏联。"

文伏波在静夜里听着同学们的讨论，感到十分悲哀，他辗转反侧难以成眠。

这个时候，他开始考虑自己的人生命运与前途了。年近20岁的文伏波学习之余，在大学校园林间小道上散步时，思考更多的是面对国土沦陷山河破碎，自己应该何去何从的问题。1944年，豫湘桂守军大溃退，衡阳沦陷，长沙失守，五个被抓壮丁的叔伯弟兄相继战死抗日前线，家乡的战乱让文伏波寝食难安，他再也无心安于平静的校园了，毅然决定弃学从戎。

他悄悄地与土木系的周雪飞约好，第二天一早出发。漆黑的夜里，暴雨倾盆，喧闹的雨声让躺在床上的文伏波辗转反侧无法入眠，这一去极有可能战死疆场，自己多年的寒窗苦读将会付之东流，还有辛苦的双亲和为了他和三哥的学业而不得不辍学的大哥二哥，又该如何交代。他梦见了母亲，母亲拉着他的手哭着求他别去参军，一定要完成学业。梦醒时泪流满面的文伏波睁着双眼熬到天蒙蒙亮起了床。也许是老天也怜惜这两位意气风发的学子，一夜大雨，让浩瀚的嘉陵江洪波涌动，船无法泊岸，两人看着一江洪水打消了念头，返回了校园，事后两人觉得当时行事过于轻率，心下惭愧，便决定安心读书，完成大学学业。

然而，战难哪里能容下安静的书斋。日本鬼子步步逼近，湘桂前线战事紧张，新华日报报道的战局让人揪心，演讲、音乐会都为救国图存，募捐抗战。一寸山河一寸血，十万青年十万兵，文伏波安定下来的心又开始沸腾，他再次下定决心，离开校园，投身抗战。

1944 年 11 月的一天早上，文伏波与陈家珏等 5 名同学一道，毅然报名参加了驻扎在重庆鸳鸯桥的驻印远征军新一军三十八师教导三团，他们将往印度学习坦克驾驶。

1944 年 12 月 2 日，贵州南端的独山已被日本铁蹄踏破，贵阳危在旦夕，国民党陪都准备由重庆再向西迁至西康。从军的同学骤然增加至 600 多人。待到月底，战局稍稳，教导团决定停止出国，此时孙立人与陈诚之间出现分歧，教导团解散，同学们大部分回到学校，还有部分学生将转到国民政府新成立的青年军。

在 1945 年的新年到来之际，文伏波与陈家珏、冯先开，袁君范等 5 名同学商量继续从军，他们被编入青年军二〇一师，被送往璧山县城。一个月后，在政工、翻译和二等兵三个兵种中，文伏波和同学们选择当二等兵即炮兵，被编到山炮一营四连，随即被迁至乡下。四连约 60 人，大多来自中央大学、复旦大学、政治大学，连长是复旦大学的学生。

一营名曰山炮营，却没见山炮，也没正规军事训练，住百姓民房和庙宇，条件较城内营房差许多，每人发支步枪。有次打靶，有位同学把枪口对准国民党青天白日旗瞄准，被判刑。同学们闹情绪，早上赖床，唱国歌不开口，上操不严肃，学生军的自由散漫，把连长气哭了，将几个学生头关了禁闭。

1945 年 3 月，缅甸作战的国民党远征军即新一军要补充壮丁，军政部在四连挑选，那些令长官们头疼的调皮学生首当其冲，因为被告知是挑选文化水平高的士兵，且能领到新式武器，学习机械化，学生军还觉得很自豪。

文伏波亦被挑中。公布名单后只一天，就前往重庆乘飞机往昆明。

第一次乘坐飞机的文伏波并没有多么兴奋，此行前程未卜，加之同行者除四连的同学外，其他的人文化不高。在昆明等待数日后，4 月初到达缅甸密支那，200 多人被编入新一军三十八师新兵补充营，训练两周后即上曼德勒前线。行伍出身的班长、排长都是文盲，对这些壮丁士兵又打又骂，而且关于出国前所谓的学习机械化，长官们并不知晓，文伏波和同学们有了上当受骗的感觉，抗战热情大减，出发前那种企图改革军队黑暗制度的理想化为乌有，同学们请愿却得不到结果，便约定不出早操，排队去驻印远征军请愿，新一军以新兵暴动为由让美国宪兵荷枪实弹来了，同学们被监视起来，不得不暂时屈服，文伏波和同学私下商定，瞅准机会开小差回国。

密支那的天气渐渐湿热，到 5 月，在经过 40 多天的艰苦训练后，三十八师师部才发现这批“壮丁”是学生军，孙立人派三十八师副师长葛南杉去新兵补充营视察，把文化高的学生编入新一军干部教导总队，文伏波和他的大学同学被编入学生队第六队，另有军士队由部队的班长组成。学生队接受 6 个月训练后可充任班长，亦可留在军士队继续受训。

在这人烟罕至的森林深处，这是一段真正紧张的军人生活。训练项目包括搭盖营房、徒手搏斗、步枪射击、野外作战。每天黎明即起，跑步训练后，接着上 2 个小时的学科课程，再就开始术科操练，下午体育，晚上跑步唱歌。待遇等同下士，除伙食外，还发缅币 12 个卢比的军饷，遗憾的是拿着钱币没有物品可买。

1945 年 5 月，孙立人率新一军返抵广西南宁，准备反攻广州。7 月，文伏波所在的教导总队在密支那随飞机回国，驻扎在南宁数十里的乡下继续训练。这时很多士兵想家，有人开小差逃跑被抓了回来责打。部队严格监视士兵，防止逃跑。

当美国的两颗原子弹落到日本长崎与广岛后，长达 8 年的抗战结束了，1945 年 8 月 15 日，日本天皇宣布投降。新一军奉命紧急接收广州，9 月 7 日，接受日军第三十二军投降。

教导总队从南宁步行到贵县，再乘木船到广州，经过1个多月的长途跋涉，于9月底到达广州。抗战胜利了，同学们申请复员复学中央大学，继续完成学业，但部队有消息说要派兵到日本当占领军，不得复员。

“我想回去读书。”文伏波打定主意回老家，他对好友宋昌黎道。

宋昌黎说：“我也想回去，我才不愿再打仗了。”又道，“林惠文也有这个意思”。

三个人有一天约在了一起密谋，利用10月10日的国庆节放假逛街的机会逃跑。

林惠文有一个同姓熟人，是接收广州的特派员，几经请求动了恻隐之心，介绍他们去军政部广州电讯器材厂联系，这家做手电池与蓄电池的小厂收留了他们，为躲避教导团搜寻，他们躲在楼上换上便衣，一周之内都没敢出大门。三个人坐吃山空，很快身无分文了，林惠文在林特派员帮助下找了份工作，文伏波和宋昌黎则在工厂打工糊口，两个多月缩在厂子里，除了做事，便看小说。宋昌黎是浙江人，与林惠文和林特派员是老乡，广州到浙江的海运在短期内不能恢复，只得在广州也找了份工作，文伏波则耐心地等待粤汉铁路通车。不久他联系到在广州参加接收工作的远房堂叔，堂叔借了一笔钱给他作回家的路费，因路费充足，文伏波便秘密通知仍在教导队的湖南同籍同学冯先开与彭映煌，三人一起离开了广州。

# 第四章 情窦初开

1946年1月，在离开家乡2年零5个月之后，文伏波回到了日思夜想的家乡软桥，见到了父母双亲及兄弟们。

此时的文家，生意走上坡路。三哥和文伏波都属免费工科生，从1944年起，家里开支减少。最旺时，杂货店有100多担谷的股本。此后陆续从大伯、二伯及乡亲手里买下田地，总数最多时达到了75石谷地，如十成全收，一石谷地可收一石稻，约相当于5斗米。田里农活忙，先是雇零工，后雇了长工；杂货店也雇了师傅与小工打杂，这段时期，父亲除了经营杂货店的生意外，还兼管文氏祠堂公产，与乡长、保长互有来往。勤劳的父亲和二哥为把生意做大，又做起了土纸生意，销往汉口一带。

文德陔凭着自己的勤劳，经营着自己的小生意，他没有想到，覆巢之下，焉有完卵，战争的火焰烧到了他的家乡，日寇的铁蹄向湘桂进犯，阻隔了商贾交易，土纸断了销路。此时益阳陷落，盐源断绝，而益阳合作社的一位办事员趁战乱贪污了二三担盐，父亲的杂货店从这个办事员那里赊欠了2担盐销售。不料事后归还欠款时，一斤盐竟要5斗稻子。纸张和盐生意蚀本之后，家里一下负债200多石谷子，大受打击，田里的收入竟不能纳清谷息。

“儿啊，你终于回来了！”母亲老泪纵横。

文伏波的归来让文德陔夫妇又惊又喜，儿子长大了，长高了，眉宇间那股英气已经将他变成了一个成熟的小伙子了，他的浑身散发着一种知识分子特有的文化气息，战争夺走了很多人的生命，五个侄子都死在了抗日的战场上，而儿子辗转缅甸还捡回了一条性命。夫妻俩用手背擦着老泪纵横的脸，不停地抚摸着儿子全须全尾的身子和英俊的脸庞。

藕耕刚从地里回来，看到长高了的弟弟，他憨憨地笑着抱住了伏波。

中央大学已经复学。从 1945 年 9 月起，12000 名师生分 8 批返回南京，最后一批是 1946 年 7 月。文伏波却滞留在了家乡，他再一次面临路费短缺的问题。他不好意思向父母开口了，他要自己赚到南京的路费。

他与雇工们一道帮衬着家里的杂货生意，和二哥藕耕一起到田里劳动，他虽大学没毕业，但在软桥已是人人皆知的知识分子了，因此谋到了在益阳县立初级中学的教员职位，主教数理化兼地理。

文伏波备课与教学相当认真，当他身穿中山装，围着一条围巾出现在教室里的时候，特有的气质立即吸引了学生们，他满腹经纶，口若悬河，把他在大学学到的知识以及他前往重庆及缅甸所见到的江河山川景色、地理知识传授给学生，很快获得学生们的青睐。

青春的激情总是来得那样迅急，当文伏波还没有弄清爱情是怎么一回事的时候，一种美好的情感已经悄悄在他的心里开出花来。他爱上了一名女学生，而另一名女学生也爱上了他。

讲台上，文伏波侃侃而谈中，看到了一双清澈的眼睛，那双眼睛令他怦然心动，他拿起课本，感觉台下的眼睛中只有那双最明亮，他在黑板上写字，感觉到唯有那双眼睛在他的身后注视他，他回到宿舍，那双眼睛还是跟着他，爱情让这名青年教师既激动又苦恼，没有一点恋爱经验的小伙子不知道该如何安顿这份情感。他想去向那姑娘表达，却因为师生身份的差距而不敢表达，他分明也感受到那个女学生对他的倾慕，可直到那个女学生与他的初中同学订了婚，文伏波还是没有向她表白。

这个结果令文伏波痛苦而难过，在任教 9 个月时，他已筹齐去南京的路费，他借着复学的理由，提前一个月终止了教学，匆忙逃离了那个令他难忘的地方。而此时，另一名深爱着他的女生给他写信，向他表白，文伏波受伤的心受到安抚，但当她提出订婚时，他思考再三，理智地回绝了她的请求。

益阳县立初中的这一段情感经历给他带来的苦恼，因随之而来紧张的大学生活和滚滚革命洪流而慢慢平复。

此时他的三哥文望平大学毕业，就业于青岛纺织公司。

# 第五章 复学华府

中央大学的八字校训："诚朴雄伟，励学敦行。"文伏波还没有复学，就早已心向往之。

1946年10月，天高云淡，秋风送爽，文伏波终于来到南京，来到了他翘首盼望日久的中央大学，看到华府高高的门楣上"南京中央大学"六个大字，他的心涌起一阵阵澎湃的热浪。战争结束了，终于可以安静地读书了，那个藏在心底的愿望又突突地冒了出来：修身、笃学、报答父母、报效乡里。

可他遇到了难题，参军的同学尽管保留了学籍，但复员时需要在各自服役的部队开上一张复员军证，这可为难了文伏波和他一同开小差逃回的同学，好在与他同去服役的同学陈家珏和袁君范在新一军军政部工作，帮他开了张假复员军证，解了他的难题，让他得以复学。

复学的学生陆续到校，1946年11月1日学校在京（当时南京的简称）举行了开学典礼，吴有训出任校长。全校设文、法、理、农、工、医、师范7个学院，37个系、6个专修科、26个研究所，是全国院系最全、规模最大的大学。全校教职员1200多人，学生4000多人。其规模之宏大、学科之齐全、师资力量之雄厚，均居全国各大学之首，可谓"民国最高学府"之称。

在这样一所现代学术气氛浓郁的大学里，文伏波不仅学习专业理论知识，还接触到了进步思想，他从《群众周刊》《文萃报》《文汇报》等进步报刊了解国际国内形势，从进步同学那里了解"一・二五"运动、了解周恩来同志讲话等内容，这让他眼界豁然开朗，他的思想开始发生转变，他积极参加进步学生组织的各项政治运动，被选为水利系1947级常务委员。他组织学生开展南京抗暴运动、"五二〇"运动、"赶沙皇争自治"运动、包围青年部运动、反美抗日运动、营救进步同学运动等。

1946 年 12 月 24 日，驻北平美国海军陆战队士兵皮尔逊强奸北京大学女学生沈崇的事件，驻华美军飞扬跋扈，多次寻衅滋事，激起中国人民的愤怒。27 日，“北大学生抗议美军暴行筹备会”成立，联络北平各校一致罢课并游行示威，抗暴运动迅速在全国各地展开，中央大学立即响应，高呼“抗议美军暴行！”“美军退出中国！”等口号，声援北大。1947 年 1—3 月，文伏波参加贴抗暴书、签名、出墙报，两次组织参与示威游行。

此时，国共谈判失败，国民党对共产党发动全面进攻，但由于军队战线拉长，兵力不足，3 月，蒋介石被迫改全面进攻为对山东和陕北两个解放区的重点进攻，企图利用其 34 个旅共 25 万人的兵力，在 3 天内攻占延安，在 3 个月内聚歼西北于延安及其以北地区，或逼迫西北野战军东渡黄河。

文伏波最早参与张贴反内战反饥饿的壁报，在 5 月 18 日包围行政院和 5 月 20 日的示威游行中，他都担任纠察工作。5 月 20 日，5000 多学生参加了“挽救教育危机联合大游行”，“反饥饿、反内战”“挽救教育危机”等口号响彻石城。在珠江路口，游行队伍遭到宪警的水龙头喷射和棍棒、皮鞭的殴打，打伤 100 多人，不少同学被捕，爱国学生的热血洒满南京街。当宪警打来时，他带着学生冲了上去，当警察包围学生队伍时，有的同学悄悄离开，文伏波一直坚持巡查，坚守纠察岗位，直至游行结束。

南京“五二〇”血案，后来发展成为全国性的“反饥饿、反内战、反迫害”运动，席卷北京、武汉、重庆、广州、杭州、长沙、昆明、福州、南昌、桂林、济南、开封、沈阳等 60 多个大中城市。这也是在中国现代史上规模空前的全国学生爱国运动。

# 第六章　地下党员

文伏波目睹了宪警对学生的镇压，在思想上受到很大震撼。他的行动受到中国共产党地下外围组织的关注，1948 年 4 月，经夏良哲介绍，他加入新民主主义青年社。新中国成立后，这个社的全体社员转为共青团员。

在此期间，文伏波家里一如既往地经营着杂货铺和营生的杀猪、磨豆腐生意，此时他的大哥北辰在益阳市开了一家书纸文具店。北辰在抗战暴发后，为躲壮丁被招兵参加了税警团（新一军前身），并在部队当了文书上士，随军到过贵州镇远，因不适应军队生活，不到半年就请长假回家了。文德陔又设法将他送到乡公所从事文书以抵壮丁，抗战胜利后，他立马离开乡公所，与朋友一起集股 10 石稻，约 20 股，因熟悉业务，一直担任书纸店经理。

乡下杂货铺的维持相当不易，文德陔便增加股东，另邀其他二人入股，同时增加了磨坊生意，一个雇工，两台磨，三头牛，每天磨一石麦子，生意又渐有起色，但负债多，利息高，不得不卖出 15 石谷地偿还散户零账，后只欠一家整整 100 石，利息虽减低至 3%，然至土地改革时期，此债尚未偿还清。父母最终保留了 56 石谷地。

1948 年 11 月 6 日，淮海战役打响，国民党败局已定，大举逮捕进步人士，很多同志撤退了，文伏波联络不上组织，十分着急。11 月 30 日，组织联系上了他，让他随着平时公开活动容易暴露的同志们秘密转移至江苏句容县农村进行工作。

在江苏句容的秘密活动中，文伏波更加坚定了自己的信仰，1948 年 12 月，他郑重地向党组织提出了入党申请，陈家珏为介绍人。1949 年 1 月 2 日，文伏波接到鲁平同志通知，南京党组织批准他加入中国共产党。同月，平津战役也传来胜利捷报。

句容是一个有着2000多年历史的县城，它属江苏省镇江市，地处苏南，是南京的东南门户，素有“南京新东郊、金陵御花园”之美誉，这里是国民党统治区的心脏地带，文伏波因湖南口音很容易引起注意，地下工作难以开展，在三个多月的时间，只能协助做一些调查工作。淮海战役结束后，上级决定，文伏波等人立即撤退潜伏，等待解放。

早春二月，新年的气氛还没有完全散尽，文伏波与张克明、彭映煌一起撤退到了无锡港区桥沙士（升）家躲藏。沙医生是张克明的姐夫，在当地行医。三个人每天看些理论书籍，经常在一起讨论问题争得脸红脖子粗，互不相让。4月22日，中国人民解放军百万雄师胜利渡江，南京解放，文伏波等立即从无锡返回到了学校，继续他的学业。

# 第七章　一九四九

1949年，中国的日历翻开了全新的一页，贫苦百姓翻身做了主人；一九四九，充斥战争、胜利、解放、接管的主题词，同时还有如期而至的浪涛与洪水；文伏波的一九四九，还有新的意义，他大学毕业，将从学校步入社会。

1949年5月，文伏波重新出现在中央大学的时候，他已经不仅仅是一名学生，而是一名公开身份的地下党员了。两个月后，文伏波转为正式党员。受学校委派，到南京军事接管委员会下属的教育委员会大学专科担任秘书工作。文伏波听从组织安排，欣然前往，但他却在心底为自己悄悄规划，任秘书工作3个月，积累一下工作经验，再回到水利岗位上去。

工作了一段时间，组织上又将他调往中共南京市委会学区党委会组织部任干事，文伏波虽然想回到水利岗位，却还是再次服从了安排。党委组织部是培养干部的地方，文伏波到那里后，看到代理组织部部长一职的是饶展湘，饶展湘很年轻，也曾是地下党员，文伏波看到那张年轻的脸，心想他这么年轻，能有什么能力领导一个组织部工作？可是从7月至9月，三个月的相处，他发现这个代理部长工作思路清晰，办事有条不紊，公而忘私，勤奋忘我，心里很是佩服。

1949年8月8日，接南京军管会的通知，“国立中央大学”正式更名为“国立南京大学”。

此时的文伏波是人在朝廷心在汉，也许是少年的志向，家族的族训，还有父母的叮咛，已在他的心底里如种子生根，他无心再在学区党委组织部工作，一心想从事水利专业工作。其间，刚刚组建的水利部派人到南京接中央大学水利系毕业生去东北从事水利工作，文伏波闻讯马上提出申请调往东北，但他的请求最终未获批准。

到9月份，全国解放，新中国即将宣告成立，文伏波再次提出申请，终于被派到南京军事接管委员会长江水利工程总局（后并入长江水利委员会）。

此时，长江流域刚刚经历一次暴雨洪水。中下游两岸一片汪洋，位于江西省最北部的彭泽县，房屋倒塌、淤泥覆地，哀鸿遍野的惨状令他目不忍睹。文伏波与工程局的同事一起在这里参加复堤规划、堤线查勘，他们抵达县城后，由于多日劳累，大伙想改善一下伙食，走遍了全城，竟没有买到肉食。但解放军参加、彭泽的县领导在现场指挥，与民工同吃同住同劳动的宏大场面让他很受感动。

文伏波还参加了刘种元10人勘测组，前往荆江南岸勘察。走到哪里都带着一个工作笔记本，工地上的重要事件、领导讲话、学习心得等，他全记在他的小本子上，

荆江南岸有四条河流，俗称四口，分别为虎渡河、松滋河、调弦河、藕池河，多为长江历史上溃口所致，右岸地势、田亩场垸、湖泊河流、干堤支堤等情况他一一了解认真记录，特别是对虎渡河的分流及水文情况，他特别关注。这为他日后参与荆江分洪工程的设计与施工奠定了基础。

“长江洪水真是心腹大患啊，水利才是安邦定国的大事业啊！”站在彭泽的大堤上，文伏波心潮起伏，他深深地感叹，为即将从事的事业而深感责任的沉重。

工程总局丁福五言语不多，党支部开会时也少发表意见。

“丁局长可能对好多情况都不大清楚吧？”文伏波在心里有些担心这个寡言少语的局长。工程局不久召开了一次工作总结会，丁福五做工作报告时，对全局工作情况进行了总结，他讲话重点突出，言辞犀利，有条有理。啊，原来所有的工作局长心底里都有一本账哩。

这一次对丁福五的看法和当时在学区组织部对部长饶展湘的印象，原来

都是出于自己的无知啊。文伏波折服于局长的业务水平、领导才华以及他们的为人处事之道，这对他一生产生了重大影响，他谦虚谨慎的品德应该在他刚刚涉入社会之初就开始修养。

他一边实习一边思考，所见所闻所感都记入心得笔记。

1949年10月1日，毛泽东主席在天安门庄严宣告，中华人民共和国成立。这个时候，文伏波尚在大学实习期间。

▲开国大典

# 第八章　噩耗轰顶

随着全国解放的步伐，土改运动蓬勃开展。打土豪，分田地，没收地主、富农多余土地、房屋、耕畜、家具，按人口平均分配，开仓济贫。

文伏波的父亲文德陔惶然不安。此时三哥望平已经分配到青岛工作，家里接二连三写信希望这兄弟俩能救救父亲。文德陔想到青岛去避避风头。文望平和文伏波都反对这样做，兄弟俩天真地以为，家里那点财产算不上地主吧，不过糊口而已啊。

谁曾想，农会改组，二哥藕耕未能入围，家里被划为地主成分，这大大出乎文伏波意料之外。

家里在信上说想将地捐献给公家，文伏波和同事张某商量，认为土改后每家每户都会分田地，而且自家的田地也不多，所以，回信告说："不要这样做，要站在农会立场上，辅助其工作，积极拥护政府法令，在地主阶级中起带头作用。"

第三次，家里写信说，事情严重，说要交出250石稻谷，父亲性命也可能不保。文伏波仍在想，父亲不致遭到镇压吧，家里的稻田从未出租过，只雇佣临工种，工具、种子、肥料，都是自家的。总是欠人家的债，秋收的粮食全部作息谷，还给了债主。一年生计靠店铺来维持。虽然有管公堂（即祠堂）、收学租、当过两年伪保长、吃是非饭等罪过，但新中国成立后，一直在劳动，不至于抵抗土改。他便回信"希望父亲在土改中受到农民深刻的教育后，能重新做人。"

3月的一个周末，一个商人装扮的老乡找到了文伏波说："乡里的土改已完成，马上就要开胜利大会。据说要枪毙四个地主，你父亲是其中之一，罪名是霸占公产、操纵农会，是地主阶级的当权派。”文伏波吓愣了。

一个还没有走进社会尚在实习中的青年学生，面对突如其来的灾难一下子不知所措了。

“你可有法子相救？”

痛苦的文伏波摇了摇头。他有什么法子去救生他养他劳累一辈子的父亲啊？

“那，如果你父亲被枪毙了，你能把母亲接到你这里来吗？”文伏波羞愧地低下了头。他还未分配工作，自己都没有头绪，如何安顿下母亲？

他想起父亲的一生，凭借勤劳的双手攒下了基业，既未打过人更不说逼死人，也没有强奸、称霸行为，与报上登载的罪大恶极的地主无法相提并论。他想起从小父亲总是反复叮嘱他要好好读书，将来外出谋生，不然只有一辈子在家勒锄头把。他想起去读大学，连路费都拿不出的父亲，只得用请客的方式为自己筹齐路费，再默默地一年一年地还债。他的眼里又涌上了泪水。

老乡离开的第二天，文伏波接到父亲被枪决的电报。

五雷轰顶的文伏波不敢声张，父亲是被镇压的，在那个讲究根红苗正的时代，文伏波为此“感到害羞”。他这样一个恶劣的家庭出身，怕别人知道了笑话，他强忍着痛楚工作，为了缓解这种折磨，他埋头工作，一心扑在技术的钻研上，他打开俄文本，希望在学习与工作中忘记这一切。

可这根本解决不了问题，白天上班工作紧张，但晚上一上床，他的脑子里就涌现出父亲慈祥的面容，他怎么也无法相信他敬爱的父亲已经永远地离开了他，而且他还不能回去为他送上一程。

父亲去世了，母亲生活如何？他日夜思念母亲，母亲照拂他，送他读书，为这个家操劳一辈子，花费了一生心血。作为儿子，他为自己的无能而羞愧，更为母亲的处境而难过。说不尽的感恩和牵挂，化作一股动力，他发誓一定要好好工作，以慰父亲在天之灵，以报母亲哺育之恩。

# 中篇（一）

# 鸿鹄展志在楚天

# 第九章　毕业分配

在痛苦与忙碌交织的情绪中，文伏波完成了实习任务。他的心无时无刻不被痛楚、伤心、羞愧蚀咬着，也无时无刻不被奋起、努力、坚韧激励着。他一头钻入学习与工作中，除了上工地就是抱着书本。他渴望早日毕业，投身一个新的环境中去。

1950 年 5 月，文伏波结束了任长江水利工程总局的实习，工程局给予他的实习鉴定为："直爽坦白；对政治不大关心；对水利工程关系不大或无关的工作，则无积极性，尤其热爱与水利工程相关的工作。工作有计划有条理，责任心强，工作之余刻苦自学水利专业知识，注重理论联系实际，善于思考并能吸取别人的经验教训。但学习贪多，深入钻研略有欠缺。"这个鉴定应该非常中肯地对文伏波的实习情况进行了评价。

这个时候，文伏波的母校和即将参加工作的长江水利委员会都有了些变化。母校更名为"南京大学"。而长江水利委员会（以下简称长江委）刚刚组建不久。

文伏波不知道，这个他即将进入的单位的领导和同事们，此时正绞尽脑汁地思考着一个大难题，如何解决长江超额洪水问题。

长江水利委员会的前身是扬子江水利委员会，1947 年 6 月更名为长江水利工程总局。1950 年 2 月，国家从中原临时人民政府农林水利部调出部分人员，组成长江水利委员会，总部设在武汉，下设上、中、下三个局和两个处，上游局在重庆，中游局在武汉，下游局设在南京，另有洞庭湖工程处和荆江工程处。其主要工作是负责与上级主管单位和有关省市之间的联系，是一个水利行政性质的管理机构。新政权刚刚成立，2600 多名员工中，专

长江水利委员会成立

业人才缺乏，其业务方面的堵口与救灾，主要由地方政府及其水利部门承担。

奉命组建长江水利委员会的林一山时任第四野战军南下工作团秘书长，是一名南下干部。

早春二月的荆江大堤上，寒风凛冽，从大堤上看得到附近村庄农户的大门两边鲜红的对联，新中国建立之后的第一个春节气氛还没有散尽，林一山就带着一群水利工作者们来到了荆江，他们将要拿一个治理荆江的方案。

旧年大水的痕迹尚在，抢水留下的草袋子、树桩子还存留在大堤上，甚至还有打仗用过的工事都没有拆除。堤面上坑坑洼洼，枯水季节裸露的河床也一览无遗，泥沙淤积，河床抬高，特别是行至荆江大堤郝穴附近祁家渊险段，那里临江的堤身竟有半边垮塌，竟如峭壁一般。

林一山紧锁的眉头拧成一个结，他和在场的每一个工程师们一样心情沉重。面对这一江温顺的春水正舒缓地向东流着，再过几个月，汛期一来就是

大河滔滔，这样的堤身如何抵挡得了那奔腾的洪水啊？劫难随时都在，难怪荆江百姓年年担忧："荆州不怕干戈动，只怕南柯一梦中。"

那么大一江水，如何消解啊？

林一山眺望着对河黛色的树林掩映的江南，陷入了沉思。如果堤防不牢，即使是一段堤防倒口，田野村庄都将变成一片泽国。但是，假如有准备地破口分泄洪水，损失伤亡的程度就会大减少。他的眼前忽然看到一河大水满满地将要漫溢到大堤，脚下的堤面摇摇欲坠，忽然对岸的堤段打开了，奔腾的洪水像一群战马挤向那个缺口。那里有一个吸水器，把水吞进了大肚……

建分洪区，建一个大闸！让这个吸水的大肚子保住荆江大堤！

这个荆江分洪的奇思妙想让围绕在林一山身旁的那些水利专家们激动起来。林一山道："我只不过出了一道题，文章要靠你们来做哩。"大家不等考察结束，在路上就你一言我一语地围绕着这个设想做起文章来。

江南真的有一个大肚罗汉等在那里，那是一个方圆 900 多平方千米的大肚子，从太平口分泄的虎渡河与从藕池口分泄的安乡河，流到湘鄂边界的黄山头几乎相交，这两条河与荆江围成了一块几乎四面临水的土地，而荆南长江干堤、虎渡河河东支堤、安乡河河西支堤，又给这块土地围成了一道土围子。对于林一山的设想，这个天赐的大肚一样的分洪区似乎是千年百年地早就等在了那里。

文伏波就是在林一山给出这个奇思妙想的题目后，直接分配进了长江委，开始了他的治江生涯，也开始了与林一山长达半个多世纪的密切配合。

# 第十章　大河长江

现在我们要来说一说长江了。长江，在文伏波的一生中魂牵梦萦，他毕生的心血与精力都倾注在了这条江上。

长江，是我们伟大祖国的一条大河。人们将他与尼罗河、亚马孙河、密西西比河统称为世界四条大河。

孕育了古埃及文明的非洲尼罗河，在苏丹首都喀土穆分为两支，一支青尼罗河，一支白尼罗河。其中白尼罗河发源于布隆迪中部，流入湖西岸的卡盖拉，它全长 6671 千米；拉丁美洲的亚马孙河也有两条上源河流，一是马腊尼翁，一是乌卡亚利，为 7025 千米，另加上其流域面积和流量，可称为世界河流之王；美国的密西西比河发源于北部，它与发源于西部落基山的密苏里河在圣路易斯汇合后，浩浩荡荡南流入海，总长为 6202 千米；长江不仅在中国，也是亚洲的最长河流，它上游的通天河有三源：由北向南为楚玛尔河、沱沱河、当曲河，总长超过 6300 千米。

◀长江

古老的长江，在地史上可以追溯到距今 2 亿年以前的三叠纪。之后大约在距今 1 亿年以前的侏罗纪，发生了一次强烈的造山运动，再经过白垩纪的燕山运动和喜马拉雅山的造山运动，演变成上游形成高山、高原与峡谷，中下游出现丘陵与山地，低凹地带伴随下沉而形成若干平原的长江形态。

文伏波在高中对地理感兴趣时就研究了这条大河，他知道从江源到入海口，长江干流流经青海、西藏、云南、四川、湖北、湖南、江西、安徽、江苏和上海等 10 个省（自治区、直辖市），它还拥有 700 多条支流，流经上述地区及贵州、甘肃、陕西、河南、广西、浙江等 6 个省，其主要支流有雅砻江、岷江、嘉陵江、乌江、沅江、湘江、汉江和赣江，平均流量都在 1000 立方米每秒以上。7 条支流的年水量，都超过了黄河的水量。长江干流横贯东西，支流伸延南北，把我国富庶而辽阔的西南、华中和华东地区联结在一起，整个流域面积达 180 多万平方千米，相当于我国总面积的五分之一。长江还镶嵌着中国五大淡水湖中的鄱阳湖、洞庭湖、太湖、巢湖四个大湖和不计其数的中小湖泊，就像一个长藤上结下的一个个瓜果。许多重要的大城市分布在长江干支流上，流域内有 4 亿亩耕地，长江流域是中国最重要的农业生产基地，物产丰富，养育着近 4 亿百姓。千流百川，万里归海，永不停息。

在重庆上学的途中，文伏波已经领略了举世闻名的三峡秀丽景色。“两岸连山，重岩叠嶂，隐天蔽日”，雄伟险峻的瞿塘峡、幽深秀丽的巫峡、滩多水急的西陵峡让他涌起对祖国壮丽河山的激情。他同时知道了江水流出三峡之后的荆江。万里长江，险在荆江！

据统计，历史记载从唐朝到清朝近 1300 年间，长江水灾共 223 次，其中汉江 42 次。长江水灾愈到近期愈多，灾情也愈严重，唐代平均 18 年一次，宋朝、元朝平均 6 年一次，明朝、清朝则平均 4 年一次，到民国，则几乎年年闹水灾，多频次的水灾尤其以荆江最为惨烈。

在拥有“八百里洞庭湖”的家乡湖南和“千湖之国”的湖北，因“两湖熟、天下足”的美称而享誉全国，可是这物产丰富的鱼米之乡经不得一场大水，一旦决堤倒口，百姓死伤无数，良田尽失，瘟疫蔓延，损失难以计数。

文伏波搜查1931年的洪水灾情，这是湖北、湖南受灾最为严重的一次洪水。他那时大约6岁，留在记忆里的是田野里一望无际的大水以及后来父辈们怀着惊悸之色对洪水的描述。他现在知道湖北全省70多个县就有50个受灾，许多县几乎是全境被洪水淹没，富饶的江汉平原的9个县约有500万亩农田被淹，灾民达300万以上。地处长江、汉江汇流处的武汉三镇相继被淹，汉口市区“大船若蛙半浮水面，小船如蚁漂流四周。”仅武汉市死于洪水、饥饿与瘟疫的灾民就有32600多人。湖南61个县受灾，人口达96万。

这一次大水，淹死人数达14.55万。

长江在流出三峡后，江面骤然展宽，进入中游两湖平原，这段河道因流经古代的荆州地区，通称荆江。荆江上起湖北枝城，下迄湖南城陵矶，全长420千米，又分为两段，上段从枝城至藕池口，长约180千米，称为上荆江；下段从藕池口至城陵矶，长约240千米，称为下荆江。下荆江河道蜿蜒曲折，九曲回肠的江水像一个醉汉在“极目楚天舒”的大地行走，河道的曲折减缓了江水的流速，它没有了一泻千里的气势，舒缓的轻流绘出一幅“雪照聚沙雁，花出飞谷莺。芳洲却已转，碧草森森迎”的景色，泥沙大量沉积，河床一年一年升高。

我的同事吴森泉先生曾拍过一张照片，取名《地上悬河》，观者无不惊讶。镜头取自大江北岸一个与江水齐平的拍摄点，汛期，荆江大堤拦着的那一河浊水，高悬在百姓头上，这与沙市居民所居的四层楼一样高。

每到夏天，若遇数日大雨，洪浪滔天，这个醉汉便就地耍泼，溃口决堤大发淫威，荆江，成了历史上长江水患频发的河段。

荆江河段古有九穴十三口，江流顺流而下，可以通过多条河道向两岸湖泊分蓄。宋代也还基本保存，但至元初，大部分穴口就淤塞了。没有穴口的江水受到了束缚，汛期汹涌的洪水只能猛烈地撞击堤岸。坐在马背上夺得天下的元朝意识到问题的严重，便开北岸郝穴和南岸的调弦等六口，这个壮举带来消除水患的种种好处，后来随着人口的不断增加而与水争地，从而被人们置之脑后，开的穴口又填塞，洪水接踵而来的报复更加疯狂。有史料记载，从东晋太元年间（392 年）到民国二十六年（1937 年）共 1645 年间，荆江大堤溃口 97 次，而明朝 277 年就决溢 30 次。每一次倒口，必定是生灵涂炭，满目萧然。

万里长江，险在荆江。荆江防洪，事关湖北整个江汉平原。

“肇于晋、拓于宋、成于明、固于今”，短短 12 个字，浓缩了荆江大堤长达 1600 多年的历史。千百年来，在荆江地区御水防洪的历史大剧中，荆江大堤是绝对的“主角”。

文伏波现在知道了为什么中央政府要专门设立一个长江水利委员会，知道了这个长江水利委员会为什么要设在武汉。

从此他的心就牢牢地系在了这条大江上，忠贞不渝，一生没有改变。

# 第十一章　荆江工程

从荆江大堤考察回汉的林一山迅速部署了荆江分洪工程的勘测工作。

一支支勘察、测量分队扑进了那个卧躺的罗汉大肚。

这里是荆州地区公安县所属辖区。公安曾是东汉末年刘备的都城，吴国孙权也曾在这里短暂定都。刘备驻扎前，此地名油口，因为油江由此汇入长江，所以油口是一个纯地理意义上的名字。刘备驻扎此地后，领左将军，人称“左公”，因而取“左公平安”之意改油口为“公安”。公安就成了一个具有人文意义的地名了。然而，拥有这么一个好地名的土地上的百姓，每到夏天，面对一江大水，没有不惶惶不安的。“峡水墨涌，云昏天回，几憾地轴。白浪跃雉出，居民望之摇摇然。夜则万雷殷枕，甫就席，辄彷徨起。”

荆江分洪工程地点选择在公安县城北端的太平口，它也是荆江分洪区的北端，这里要修一个进洪闸，又称北闸。

人文地理情况、移民方案、围堤加固方案、大闸设计方案一一出台。一个由长江委编制的《荆江分洪工程初步意见》形成。

意见认为：在长江上游尚未兴建大型山谷水库和尚未举办水土保持之际，洪水、泥沙皆无从控制的条件下，选定枝江以下分洪旁泄，是可以实行的较为妥善的方案。根据荆江南北两岸地势，北岸广阔而低洼，如在北岸分洪，洪道水位高出地面 10 来米，势必打乱数千平方千米的排水系统，在控制运用上难度很大。而南岸以“四口”通湖洪道如网脉联络，堤防各自独立，各垸面积亦较北岸为小，宜以南岸分泄为上策。

意见划定长江右堤以西、虎渡河以东、安乡河以北的范围为分洪区，并确定在治理洞庭湖计划未实施前，应以不增加“四口”通湖洪道和洞庭湖区的洪水负担为原则。

1950年10月1日，在中华人民共和国成立一周年时，党和国家领导人毛泽东、刘少奇、周恩来听取了邓子恢和薄一波关于荆江分洪工程的汇报，批准兴建荆江分洪区方案。

1950年12月1日，长江委用一个月的时间，组织查勘荆江分洪区后，提出《查勘荆江临时分洪工程报告》。内容包括地形、水系；干堤、民堤及垸堤；人口、田亩产量及房屋；临时分范例区与临时分蓄洪区的比较；分洪道的拟议及相关问题。荆江分洪工程的主体工程，包括太平口的进洪闸即北闸、黄山头的节制闸即南闸，还有分洪区的围堤工程。工程将分泄荆江上游巨大的超额洪水峰量，降低沙市水位，以确保荆江大堤保护下的江汉平原和大武汉的安全；同时减少松滋口、虎渡口、藕池口和调弦口这荆南四口（又称荆南四河）注入洞庭湖的水沙量。

这是一个庞大的工程，技术人才队伍是关键。

林一山决定从社会上广泛招收专业技术人才，上海、南京、武汉、长沙、重庆、广州、南昌等地的水利、财务、技工、医务方面的专业人才源源不断地招进长江委，骤然新增2000余人。

新招进的人员中有很多人的专业构成和技术水平还不能适应长江建设需要，林一山决定对这些职工进行短期职业技术培训。文伏波有中央大学的文凭和地下党员的政治身份，加上他长达9个月的实习及其工程局的鉴定，无疑是一名最好的人选，他被伯乐相中，选调到干部培训班，具体负责这项工作。

1951年3月，首批职工技术培训隆重开班，至7月结束，2000多名职工分两批系统学习水利专业技术知识，成为长江委最早的专业技术人员，很快加入勘测、钻探、回声测队和水文研究的队伍行列。

在完成职工专业技术培训后，文伏波被调入设计科工作。

设计科共有20多名刚刚毕业的大学生，集中了长江委的主要技术力量。科长曹乐安带着这帮年轻人开始投入到荆江分洪工程的设计工作中。

曹乐安与文伏波是同乡，湖南人。毕业于清华大学土木工程系，曾留学英国，他在文伏波的一生中，起到指导作用。他们既是领导，又是良师益友，两人工作作风极其相似，严谨、认真、负责。

曹乐安在设计科负责的是进洪闸即北闸的设计。

此时中国尚无设计大型分洪闸的经验，更无规范可依，仅有少量国内外资料和书本知识可供参考。大家甚至对一个分洪闸的完整概念都不清楚，尤其是分洪闸的有些关键部位如消力池等更是闻所未闻。

一次又一次的踏勘测量，一个又一个不眠之夜，设计科终于在资料堆里找出了一个德国分洪闸的设计方案。熬过一个通宵后的清晨，曹乐安捧着这份资料呈送给了林一山。林一山的眉头舒展开来。

“有什么要求，你尽管提！”林一山道。

“我要建一个水工试验大厅，我们要做水工模型试验！”

“好！”林一山说，“你要多少给你多少！”

曹乐安愣住了，刚刚建立的长江委经费也是有限的，建一个水工模型得花不少资金，领导毫不犹豫地慷慨承诺既给了他很大的鼓励，也给了他沉重的压力。

花这么多钱为搞一个不知结果的试验，有人对这个设计方案不以为然。

但设计依然如期进行，一个参照德国分洪闸的荆江分洪进洪闸方案迅速形成。

当一个室内体育场似的大型水工试验大厅落成时，文伏波和同事们昼夜不息地赶制的进洪闸放水试验也有条不紊地按照初步设计方案一步步推进。

终于等到进行放水试验的这一刻了，明亮的大厅里涌进了期待的人群，他们的眼光不由自主地打量着那个奇怪的庞然大物，文伏波的额头沁出汗珠，当他看见科长曹乐安镇静地指挥着试验，忐忑的心稍稍安定下来。

大池子里储满“蓄谋已久”的“长江水”，它们如一个困兽只等闸门开启就将奔腾而出。10 秒，5 秒，1 秒，启动！当进洪闸闸门启开，“洪水”汹涌而来，穿过闸门，向“分洪区”冲去。掌声刚刚响起，却听见“轰”的一声炸响，闸门后的消力防冲排顷刻间在水流中毁损得东倒西歪。

掌声被巨浪淹没了，唏嘘声响起一片，当初对这个方案持反对态度的技术干部拂袖而去，接着人们陆续离开，静寂空旷的大厅突然响起了寥落的掌声，在一旁呆愣着的文伏波和他的同事们循着掌声看去，只见林一山孤独地站在大厅里和正在走向他的曹乐业伸出了双手，他们紧紧地握在了一起。

“失败了，没关系！失败了再重来，失败是成功之母，没有失败哪来成功？我们要的是工程上的成功！”噙满热泪的曹乐安和设计科的同事们心头涌起一阵悲壮与勇气。他们要再研究，再试验！

他们召开小组会，分析失败原因，认识到消力防冲问题是分洪闸的重要难关。按照进洪闸设计方案，预计开闸后上下游水位差有 5~6 米，一旦泄洪，水流集中，对闸门及闸门下游河槽的冲刷很强，多孔分洪闸不能简单依照单孔分洪闸的消力防冲排，只有减轻水力冲刷，才能起到消能作用。

问题找到了，大家重新探索设计途径，在苏联专家布可夫的指导下，他们在闸门的下游设计了消力坡和消力池，水平长度 33.2 米，池底高程 37.50 米，坡上安设排泄管两道，以便渗水与减压。消力池的下端接以 20 米长混凝土护坦，最下为抛填大块石的防冲槽，被称为“布可夫槽”。进洪闸设计的最大进洪流量为 8000 立方米每秒。再次试验，一举成功。

同时，根据北闸地基软弱、沉降不匀的地理特点，设计组改变按常规在软地基上做建筑物进行基础处理的做法，大胆提出了在冲积层的沙土基础上修建钢筋混凝土闸底板的方案，这个设计方法，苏联请来的专家也没有尝试过。经过闸基钻探及水压试验，闸址复勘、水工模型试验、土壤试验和材料试验，确定这个设计方案是可行的，这也是设计原理上的一个重大突破。

为了解决闸墩的承受力问题，文伏波和两位技术员反复研究，北闸的闸门又多又大，一旦开闸，洪水压力太大，每个闸门两端的两个大闸墩的承受能力有限，他们设计在每两个大闸墩之间，每隔 3 米置一个小门墩，即每两个大闸墩之间必须置 7 个小门墩，也就是 7 个闸门支座，2 大 7 小共 9 个闸墩，以共同承受闸门的重量，这样闸墩承重问题得到了解决。

连接 1054 米长的大闸北端和南端，分别有一个桥墩，它们一北一南，遥相呼应，像一个阔大的门前的两尊狮子，它们与土堤衔接，技术处理困难，文伏波与闸墩设计人员反复研究，将闸墩与土堤设计成斜坡式交叉状，成功解决了这个技术难题。

设计试验确定，进洪闸为钢筋混凝土底板、空心垛墙、坝式岸墩轻型开敞式结构，闸体宽 1054.38 米，共 54 个进洪孔，每孔中心线相对宽 19.5 米，两端为宽 0.75 米、高 5.5 米的空腹闸墩，闸孔净宽 18 米；闸底板底高程 41 米，闸顶高程 46.5 米，上置绞车和便桥。钢质弧形闸门高 3.78 米，启闭机初为人力绞盘式绞车，共 55 台，每台启闭能力 12.5 吨……

现在用这些冰冷的数字呈现给亲爱的读者是如此简单，可是在每一组数字后面都有文伏波和他的同事们无数次的查勘与夜以继日的不断试验所付出的心血。

# 第十二章　丘比特箭

当文伏波在进洪闸闸门的门墩设计上废寝忘食地钻研时，一双慧眼关注到了这个一心扑在工作上的青年。

这一年文伏波已经27岁，按照农村的习俗，他早该成亲了，家里的母亲和哥哥们也不时过问他的婚事，可他一心沉浸在工作中，哪有时间去想自己的人生大事呢？在益阳市立初级中学的那一段青春期萌发的情愫已经过去了整整五年，他的爱情之门似乎也关闭了五年。

一双大眼顾盼含情，蛾眉轻扫，红润的脸蛋饱满如一盘圆月，一对长辫子拖在脑后，这是刘慕真。她在苏联专家办公室工作，设计室设计的图纸要经苏联专家审看、指导，文伏波第一次看见刘慕真时心里一动，那两条长辫子衬托出少女的妩媚让他止不住多看了她一眼，但他只是多看了那一眼，就又投入到紧张的设计工作中去了。

高高的个子，浓眉大眼，一双慧目闪着坚毅的光芒，有些害羞有些拘谨，看上去这个小伙子朴实的外表下有一股子自信的气质，刘慕真也多看了他一眼，只是她多看他一眼的时候，他已经伏在案上的图纸中去了，留给她一个忙碌的背影。

一次次的图纸修改，一次次的讨论研究，一次次的试验数据的记录，一次次相互交流时的工作接触，让两颗心渐渐地靠近了。当一阵秋雨飘落在刘慕真的头发上时，有一把雨伞撑在了她的头顶；刘慕真弄不懂的问题向他请教时，他不厌其烦耐心跟她讲解。当通宵埋头书堆里的文伏波在凌晨眯缝着双眼小憩时会有香甜的早点放在办公桌边，扑在图纸上修改设计得两眼酸疼时会有一杯热茶轻轻地送到手里。丘比特箭同时将两个人射中了。

可两个互生爱慕的人却不敢表白，也不敢声张。

文伏波还没有从父亲被镇压的阴影里走出来，他羞于向刘慕真表达；他正在争分夺秒地参与紧张的设计，也没有时间去向她表达。

在日复一日的紧张工作中，试验终于取得了成功，两个人才互相倾吐衷情，他们在交流中渐渐了解了对方。

刘慕真出生于1929年，比文伏波小四岁，出生于大地主家庭，师范毕业。父亲刘凤池毕业于北京大学中文系，是一名教师。其母亲性情温婉，娘家也是殷实的大地主家庭。她兄弟姐妹共四人，她是老大，有两个弟弟，一个妹妹。父亲去世后，母亲独自一人抚养兄妹四人。这时候大弟刘继善，黄埔军校毕业后已随国民党逃到台湾。

刘慕真继承了母亲的美德，她贤淑而温婉的性格给予了文伏波力量，他终于大胆地向刘慕真表达了自己对她的爱恋之情。

# 第十三章　崭露头角

又是早春二月，1952 年，荆江分洪工程在周恩来总理的督促下，决定于 3 月开工，此前周恩来总理收到湖南常德专区的一封告状信，信上说，湖北的荆江分洪区等于是悬在湖南头上的一盆水，常德首当其冲，请求政务院取消这一工程，周恩来总理在北京西花厅召开了整整一天的关于荆江分洪专题会议。总理拍板，作出重大决定，工程马上动工，限定本年汛期由中南水利部完成！考虑消除湖南百姓的担忧，切实做到荆江分洪不致影响到洞庭湖区，而且要对洞庭湖区有利，他强调分洪区南端黄山头节制闸必须与太平口进洪闸同时修建！

这是一个令文伏波和他的同事们措手不及的决定。

进洪闸设计进行了一年多才有了一个完整的方案，现在离工程开工只有 3 个月的时间，又增加一个大闸的设计，怎么来得及啊？

动员大会在武汉市委大礼堂举行。荆江分洪工程总指挥由人民解放军 21 兵团政委唐天际担任，与唐天际同时被任命的还有荆江分洪委员会主任兼总指挥部总政委李先念，他同时担任着湖北省委书记、省政府主席等职。李先念严肃地说："这是一个非常的工程，我们一定要，也只能用非常的办法来完成。"

这真是一个非常的工程！当阳春三月的和风吹向江南时，风风火火组建的荆江分洪南闸指挥部到达黄山与虎渡河之间的白家岗挂牌时，文伏波也随着曹乐安及工程技术设计人员匆匆到达。他们背来了行李、标杆、仪器，开始了节制闸的测量、设计和施工计划的编制。

设计、施工、备料，他们同时并举，边设计边施工边修改边备料，惊人的奇迹出现了，也许是进洪闸无数次的失败带来的成功积累了经验，按常规需要一年半载的泄洪闸设计任务仅仅用了 20 天就完成啦！

四面八方的人流一起涌入分洪区，把安静的江南变成了闹市，来的来，走的走，热闹非凡。来的是 21 兵团，是驻湘鄂部分部队，是从东北、华东、西南及全国各地风风火火赶来的工人、民工、技术人员，是 30 万建设大军，走的是江南分洪区内向邻近安全区或江北转移的村民，是 24 万携老扶幼的乡亲。

“破脑壳船来啦！快看啊！”有谁大声叫道，只见一艘接一艘的船只向太平口岸边靠拢，脑壳破开放下，变成跳板，一群群背着被包的解放军从船舱里跨上岸来，这些数不清的解放军，浩浩荡荡地开进了北闸，一连好些天，部队、工人和民工潮水一样涌来，几天之内就聚集了 8.8 万多人。当第一批建设大军到达工地时，那时还是春日下一片青绿的麦海，部队拉起了行军帐篷。从太平口往江面上看，那是船的海，货的山。从各地载运各种货物而来的各类轮驳机船，在江边停泊卸货，连绵数里，那些突突响的拖轮冒起的浓烟，在江上形成一片云雾，久久不散。江上帆船树起的桅杆，森林般地连成一片，像一片树林，岸上堆积的机械、钢材、木料、石料，水泥、石灰……正源源不断运往工地。

1952 年 3 月 26 日，誓师大会开过后，北闸工程正式开工，8.8 万多人将要在 3 个月之内建成一座巨大的进洪闸。

施工工棚搭起来了，吃的、烧的、用的也都运来了。

这是一个特别的战场，宏伟壮阔，热火朝天，文伏波的心被激动着，他和他的设计同事们在完成两闸设计任务后，又投身到施工技术监督的岗位，他们要承担起指导和监督施工质量的任务。文伏波还担任了北闸指挥长任士舜的秘书，并兼北闸质量检查组组长。

8.8 万人都在劳动中想象一个即将创造的大闸模样，它将有 54 座闸门，闸身高 5.5 米，闸长 1054 米。

“妈呀，2 里多路的闸，是个什个样子哟？”有民工惊叹。

“卧在地上，怕是像条巨龙吧。”人们猜测着。

大闸建筑的第一步工程是挖闸基。它是为浇灌闸底板做准备。挖掘深度为 9 米，将由两个整师和附近几个县的民工突击这项工程。

方圆数里的土场，红旗猎猎，人潮涌动。高音喇叭里播放着催人奋进的音乐，它与工地数万人的吆喝声、欢笑声连成一股巨大的声浪，让人热血沸腾。

随着汛期的逼近，工程进度渐渐加快，对工期的要求也一天天紧起来，劳动量迅速上升，各个营、连、排之间展开了劳动竞赛。战士们谁也不甘落后，每一担土都装得满满的，有个连在挑土的地方放一个磅秤，一名战士挑的一担土竟有 280 斤。还有的战士用双扁担挑土，别人挑一担两筐，他竟挑两担四筐。有个叫戴国法的战士，他所在的连队在全团全师工效最高，每日人均达到 5 立方米土，他竟达到了 15 立方米，是普通战士的 3 倍！

闸基工程完成后，紧接着是钢筋工程，这是为进洪闸构筑一副长 1054 米，高 5.5 米，宽 19.5 米的骨架，它需要数千吨钢筋。依然是比赛，钢筋组你超我赶，从 30 人 18 小时扎成一孔到 5 人 7 小时 35 分扎成一孔，大大提高了工作效率。

文伏波跟着指挥长任士舜查看现场、检查质量、通报进度。虽然必须赶在洪水到来前完工，但质量绝对不能马虎。抢时间就很容易影响工程质量，指挥部有的领导不懂技术，又坚持主观意见，每当这时候，文伏波总是牢记林一山的叮嘱，坚定不移地按照施工图纸和设计要求施工。

大闸的骨架扎成后，混凝土就是骨架的血肉，44 万吨的混凝土将要浇灌在闸底板和闸身上，这是全闸的主体工程，也是质量的关键所在。

无论施工现场你追我赶的场面如何激动人心，无论人声鼎沸的竞赛如何动人心弦，文伏波总是认真细心地检查每一个影响施工质量的环节。他住在拌和机房的竹棚内，寸步不离现场。

50 台巨大的拌和机，在闸基前摆成了一条长龙，混凝工浇灌也开展了比赛。4 个分队夺模范旗，运用了科学方法的那一队胜利了，他们先是 4 人拌混凝土，第一次拌混凝土和沙子，第二次再加入石子搅拌，中间要停顿一下，每拌一盘要 2 分钟左右。他们后来改为 6 人拌混凝土，2 人专门拌沙和水泥，4 人拌加入了石子的混凝土，省掉了停顿时间，又加快了拌和进度。由每盘拌和的 2 分钟减少至 1 分 20 秒。这个创造浇灌纪录的新方法很快推广，大大提高了工程效率。

他没有了周末，没有了节假日，没有任何娱乐活动，他把对刘慕真的思念深深地埋入心底，不分白天黑夜，随时指导监督。

闸底板轴线上的闸墩、桥墩、门墩是全闸的基础，可出不得半点差错。钢筋是否按设计放置？混凝中添加石头的数量和间距把握的是否正确？混凝土浇筑时的温度如何？闸门的安装与门墩的浇灌是否同步？

质量检查组组长，这顶帽子让文伏波戴了紧箍咒，他不放过一个可疑点，不遗漏一个小事故，不折不扣严把质量关。年轻的质量检查组组长一丝不苟的工作作风让人们留下了深刻印象。

这个工作不到两年的中央大学毕业生，对工作一丝不苟的敬业态度，对质量精益求精的求实精神，让领导看在眼里，喜在心上。

# 第十四章　人间奇迹

当北闸主体工程扎好钢筋模，震天动地地进行混凝土浇灌，再吊装起那54块巨大的闸门时，南闸的土石工程和也在轰轰烈烈地进行。

为了让下游黄山头的泄洪闸投入施工并打通虎渡河西岸与东岸的交通，北闸总指挥部给1.5万名民工20天的时间，拦腰切断虎渡河，筑成坝，挡住水，让黄山头的节制闸施工。长557米、脚宽169米、坝高13米、土方19万立方米的拦水坝工程，20天，这可难倒了众乡亲。松滋县长饶明太接受了这个任务。

1.5万人挤在一块狭窄的地带施展不开，工效缓慢。很多人挑着近300斤的重担，在前面的人挤着时竟站着睡着了，当后面的人叫喊着快走时，才下意识地挪动步伐。有时候，天下着大雨，工程也不停止，渗透着雨水的泥土把民工们的腰都压弯了，饿了就地解决，饭就在雨中下咽，有的人吃着吃着竟也睡着了，被人拍醒后竟迷迷糊糊地问：乍又添了一碗汤饭？原来他睡着时雨下到碗里了，人们打趣地说，这是黄山头的特产，雨汤泡饭！

紧张而繁重的任务让民工们流露出了怕苦怕累的情绪，饶民太就到这些民工所在的乡中队，抓起篼箕就挑土，他挑起的担子令叫苦叫累的民工们直伸舌头，县长带头了，他们也不觉得累了，他们又看到解放军在军号中列队上下工，工人们在轰隆隆的拌和机下有条不紊地工作，也摸索到了“堤上分行，堤下插花”的挑土法，工效大大提高。

在大坝推进到40米高程的时候，暴烈的虎渡河露出了狰狞的面目，用于堵口的两艘被称为“大柏木鼓”的木船装满了柳枕、竹笼和大块石，用铁缆固定在窄口和浮桥之间，一只90吨，一只135吨。可一放下去，就被巨浪掀翻。是一个叫丁勇善的民工想出的“八字抛枕法”才制服了这头凶猛的河兽。

如期筑坝堵口确保了节制闸的正常施工进度。当黄山头下的泄洪闸进入尾声时，太平口的进洪闸也将完工。

1952年6月20日，荆江分洪工程宣告全面竣工。从3月26日开工起，75天，30万人创下了一个不可思议的神话，一个举国震撼的奇迹。这在世界水利史上是绝无仅有的高效率的水利工程。

这日下午，阳光灿烂，蓝天上白云飘飘，北闸工地停止了一切劳动，往日那热火朝天的机声和吆喝声，此时被阵阵的锣鼓声和欢呼声取代。一座莽莽大闸横卧在太平口广袤的田野，从四面八方赶来的百姓和工地建设者们面对这雄姿勃发的庞然大物啧啧称奇。万众欢呼声中，举行了落成典礼。

30万军民热血沸腾的施工现场恢宏壮丽，从后来的几个供销数据可以想见人山人海的气势。食盐52万斤，猪肉22万斤，鸡鸭蛋117万个，煤油25000斤，7个工地供应站，在没有磅秤的情况下，用杆秤一天一人竟发粮50000斤。共修了562个厕所。

▲1954年荆江分洪工程太平口进洪闸正在分洪

还有进洪闸上那一颗一颗拧上闸门的32万颗铆钉。啊，如果把它们一颗一颗连起来，从太平口的进洪闸上排起，会不会一直可以排到黄山头的泄洪闸啊。

那些机器也都停止了转动，仅北闸工地就有50部混凝土拌和机，80多部抽水机，40多部汽车，500多辆斗车，1000多辆手推车，还有推土机、起重机及各种机械设备，它们现在也安静下来。

毛泽东主席和周恩来总理分别为荆江分洪工程题字，一面锦旗上题着毛主席苍劲有力的大字："为广大人民的利益，争取荆江分洪工程的胜利！"周总理的题字为："要使江河都对人民有益。"

林一山从桂林带了两棵桂花树，它们被栽在北闸指挥部的大门前。

54孔的进洪闸与32孔的节制闸，均为近代化新式工程，进洪闸规模之大，为世界所鲜见。从今以后，长江中游洪水浩劫之灾祸得以缓解，长江航道得以畅通，两湖人民生命财产得以安全。

竣工典礼让文伏波长长地舒了一口气，一颗紧张的心才慢慢松弛下来，他突然感到了疲惫，那是多日的劳累与紧张带来的不适。他现在最需要的是回到武汉，去好好洗个澡，好好睡一觉，好好吃一餐，然后去见他心爱的姑娘。

但是，工地的收尾工作还得忙活一段日子。

# 第十五章　患病休养

竣工典礼后，长江委组织了对工程的检查，文伏波和全体设计人员又在现场进行了为期一个多月的检查收尾工作。此时的文伏波经常咳嗽，胸口似有东西堵住一般，但他没有离开战场，仍然坚持着和大家一起到把全部收尾工作做完。

7月31日，全体设计人员终于重新回到长江委设计室。对于文伏波这些年轻的设计人员来说，荆江分洪工程带来的巨大震撼与触动让他们回味无穷。他们太需要好好总结一下经验了。

林一山主任亲自领导设计人员进行了总结，从规划到设计，从设计到施工，他们一一回顾归纳总结，提高对长江洪水、软基上做水工建筑物规律性的认识。

文伏波在这个设计过程中，在科长曹乐安身上学到了开阔的思路、理论联系实际以及通过试验和查找资料解决问题的工作方法，学到了认真、负责、追求真理、追求工程质量的好作风，好品德。

文伏波再次全力投入到总结工作中，他虽然感到身体不适，但还是坚持着，一拖再拖上医院检查。

1952年9月，文伏波升任设计科副科长。

从工地归来的文伏波与刘慕真久别重逢，两颗心靠得更近了，文伏波瘦了，黑了，刘慕真看在眼里，疼在心头。她看着文伏波消瘦的脸庞有些蜡黄，饮食也不如先前，而且经常咳嗽，便再三催促他去医院做一个全面检查。

这天文伏波在医院拿回了检查单，胸片诊断，肺部有阴影，他患上了肺结核，必须马上住院接受治疗。文伏波十分沮丧，他站在医院门口，一想到自己一个年轻的小伙子在要病床上躺着就不自在，医生说这是紧张的工作和缺乏营养造成的，如果不及时治疗，将严重影响身体。领导对文伏波的病情十分关心，叮嘱他安排好工作，安心养病。刚刚升职的文伏波只好恋恋不舍地离开岗位，住进了医院。

患病的文伏波情绪低落，刘慕真给他安慰。单身吃食堂，饭菜不对胃口，刘慕真便亲自给他做营养餐。他人在休养中，心却在单位，精神稍好，他又投入到总结工作里，12月，他参与编写《荆江分洪工程进洪闸工程初步总结》，他在总结中写道：

> 一是广泛收集有关资料，了解国际工程的先进经验。二是多做试验、多画图纸，多在工地上调查研究，掌握第一手资料。三是开技术讨论会、攻关会，各抒己见，找出解决问题的最有效的办法。这三点归纳到一点，就是水利工程没有理论不行，没有实践和创新更不行，只有理论和实践并举，学习和创新并举，才能少走弯路。

这个当时自称为“小萝卜头儿”的文伏波总结的经验教训，是对水利这门半科学半经验的学科很恰当的概括，受到同事们的认同。

1952年底，荆江分洪工程荣获三等奖，因参与北闸的设计与施工，文伏波获得1952年“丙等劳动模范”的光荣称号。

休养中的文伏波思考更多的是教训。

荆江分洪工程建成后，因南闸底板高程过高，而出现一些问题。1953年5月23日，设计科在组织业务学习时，讨论这个错误是否可以避免的问题，文伏波虽没有在现场，他也进行了认真的思考。他说，就当时的情况来看，如果高级技术人员能发扬民主，与群众讨论落淤、回水影响，则可免除或部分减轻由此引起的堤防培高、打乱分洪与虎西区排水原有系统，及虎渡河水由中河口灌入松滋而致松滋河系混乱等一系列严重后果。他认为，技术民主，贯彻层层负责制，组织群众性的审查，在设计规划中加强整体观念，密切地配合群众眼前与长远利益，是水利设计的第一要务。

后来，文伏波将这种思路每每运用到工作中，他从事领导工作后，遇到设计和施工难题，更是注重发扬民主，集思广益。

他还指出，从荆江分洪工程可以看出水利部在思想作风上存在主观主义和贪多性急的毛病，对中国水灾根源的严重性和根绝水灾的长期性与困难性认识不足，因此立即提出了由消极的除害转向积极的兴利，是不够恰当的，这可能会降低对水灾的警惕性。

他说，荆江分洪工程是贪多性急的典型例子，工程任务超过主观力量，工作极为被动吃力，浪费很大，在规划设计方面还有相当严重的盲目性，表现在不少的工程没有全盘打算，缺乏流域规划，具体设计大部是不完整的，在编制计划时，没有抓紧实行经济核算制，没有找出各种技术定额，花多少钱，心中没底。

他认为在施工方面，也没有深入下去，没有总结经验，对工地缺乏一套具体指导的工作方法，他提出一切水利工程在制定任务之前，必须首先做出流域规划，配合长期水利建设。

病中的文伏波做了大量笔记，通过学习、阅读，他认识到，设计是完成国家建设中的一项重要政治任务，全面地调查研究，多做比较设计，建立层层责任制，采用先进技术，为国家节约增产，组织科学的设计程序，才能使设计进度符合实际，与施工正确配合，以免停工等待制图。

一个初出茅庐的设计人员，这些直率的批评意见可谓石破天惊。文伏波在荆江分洪工程的赞美声中所做出的这些冷静的总结，成为他日后参与更复杂更艰难的工程设计的惯常思考方法。

# 第十六章　喜结良缘

在医院的治疗和刘慕真的照料下，文伏波的身体渐渐恢复。

文伏波对荆江分洪工程的思考与总结，让同事们对他刮目相看，刘慕真更是对他敬佩不已。爱情的种子深深在埋在了刘慕真的心底，已经生根发芽。她等不及文伏波痊愈，就下定了决心将终身托付给这个上进智慧的文伏波。在 1953 年的新春，两个真心相爱的人结成了一对幸福的伉俪。

新婚不久，刘慕真过江到武昌学习，由于交通不够发达，一周或两周才回汉口团聚一次。燕尔新婚，不能相伴他的“胖胖”新娘，文伏波如一个孩

◀伉俪情深

子一般着急。他在日记中写道：“见到了我的胖胖（文伏波对刘慕真的昵称），就是我最大的快乐。如何才能做到片刻也不分离呢？我这一点私心，实在有些克服不了。”他的胖胖去武昌时他必送至车站，他的胖胖回家时他必到车站迎接。有次下雨，刘慕真等船等车误了时间，加上周末人多，文伏波等到晚上快九点也未见回来，尚未痊愈的病体疲惫不已，他只好回家。可躺在床上又焦急得睡不着，他再次出门时，遇到了归来的刘慕真，一把将她抱在怀中，久久不愿松开。

不久刘慕真怀孕了，不能每天相见，两人便约定每晚电话联系以解相思之苦。如果有一个晚上没接到刘慕真的电话，文伏波就会很担心。他在6月27日的日记中写道：“晚。等慕真电话不到，快九点，摇电话过去，原来她已打过两次电话过来，没有人接。她反应还正常，真使我欣慰。昨晚梦见她反应太大，难受得起不了床，引起我一天难过。舍不得放电话筒，不知怎么突然挂了，真有点怅然。睡不着，起来翻照片看。老看老看，舍不得丢，久久才放在枕头底下，睡着了。”文伏波感叹道：“爱情有时真是让人苦恼。”

从文伏波的日记中，看得出两人情深意笃。她不仅是他的最爱，也是他在困境中的精神支柱，更是他日后在事业上的坚强后盾。

得知文伏波患肺结核和结婚的消息后，母亲丁和秀借去青岛给三儿子望平带小孩子的机会，由大哥北辰护送，于1953年6月专程从软桥辗转到汉口探望。此时文伏波的大哥二哥三哥均已成家。

6年未归家的文伏波得知母亲和大哥到来的消息，十分激动，他匆匆忙跑去接母亲与大哥，一路上想象着母亲和大哥北辰的面孔，心里非常温暖。他先看见了北辰，叫一声大哥，两双手就紧紧地握在了一起。一个白发苍苍的老人坐在一家小店铺门前的矮凳上，消瘦的面容呈现旅程的疲累，文伏波差点认不出那就是生他养他的老母，六年的光景母亲是大变样了，他轻声地叫了一声“妈”，母亲微弱地应声后旋即拉住了他的手：“瘦了，我的儿。”泪水顺着苍老的皮肤不断线地流下来。文伏波在母亲的抚摸下，一阵锥心的疼痛涌上心头，母亲也瘦了，老了。

“妈，别哭了。我好好的！身体恢复得挺好，我升职了，我还给你娶了一个好儿媳，我也快要做父亲了。”他难忍眼中的泪含笑安慰母亲，母亲笑了，很快收住了泪水。那是来自心底的欣慰与高兴。

丁和秀在汉口停留的日子，看到儿媳端庄贤淑，小两口恩爱幸福，很是安慰。她绝口不提丈夫的事，文伏波也不敢去触动母亲心头的伤痛，可以想像父亲的离开对于母亲带来的打击。

丁和秀与北辰在文伏波家住过数日后，于6月22日启程往青岛，列车启动的那一刻，母亲撩起衣襟拭泪，文伏波再也抑制不住心中的难受，泪水夺眶而出，他站在月台上，久久不忍离开。直到火车变成一个黑点，他才坐上三轮车回家，想到失去父亲的母亲无依无靠，他的泪水怎么也收不住。泪流满面的文伏波怕人看见，只好低着头，强抑忧伤，很久才住了哽咽。他在心底对母亲发誓：“敬爱的母亲啊，我要用加倍的努力，争取进步，更多的为人民服务，养好身体，来报答您伟大的母爱！”

母亲走了，大哥走了，妻子远在武昌，家里只留下孤独的文伏波，他寻找电话，他想听到妻子的声音，此时此刻，只有妻子才能让他痛苦难耐的心得以释然。

他在日记中写道：

> 打电话给真，告诉她母亲已走。听到她的声音，感到无上的安慰，握着电话机，久久不能放。慕真，要以百倍的信心，打退结核菌，在业务上前进的实际行动，报答你的爱情……换取以后永远是欢笑幸福的生活。

这一年，他的岳父刘凤池不幸离世，这个毕业于北京大学中文系的才子，刚刚70岁。他至死没有见到远在台湾的儿子刘继善。

# 第十七章　踏勘汉江

1953年10月，文伏波肺结核痊愈，回到了他离开日久的工作岗位。

大病初愈的文伏波一头扑到了恶补功课的学习中。

此时长江委对汉江的治理已经开始踏勘、选址、做规划中了。文伏波担心自己的专业技术水平落后，给自己拟定了系统的补习计划，科目有《材料力学》《水力学》《土壤力学》《结构力学》等等，妻子劝他顾惜刚刚恢复的病体，他感激地笑笑道：“我着急啦，得赶紧学习，不然国家五年计划的大工程，我插不上手的。”除了学习专业知识，他还自学俄文，直接去阅读俄文版的水利专业书籍，他看完《苏联水利科学技术译丛》里“水位—流量关系曲线”篇后，还摘录了吴持恭的《明渠水力学》笔记。

文伏波看书不只是看，他还做重点摘录，反复消化，他不仅关注水利工程设计，还从其他行业建筑设计中学习重要的设计方案和设计理念。当他看到广州设计公司负责设计南方日报大楼，因基础下沉，只得停工补救时，触动很大，他认真记下这个案例，告诫自己，今后设计一定要慎之又慎！

安徽佛子岭水库施工报告、内荆河流域查勘报告、荆江未了工程查勘报告、排水系统问题，一切与设计、与水利常识有关的专家讲座和报告，他都如饥似渴地听讲、学习；他还组织员工向苏联专家学习，讨论他所拟定的向苏联专家请教的目录，比如，R.C结构裂缝的处理与防止的问题，设计及施工的原因，水闸的哪些部位应进行防止裂纹的计算？底板厚度决定于什么因素？浮托力、弯矩、裂纹？底板如何计算？等等。他还制定了设计科的月计划、周计划，并具体落实执行，他很快适应了重新回到岗位的环境。

在恶补专业知识的同时，他对即将开始的汉江治理工作进行了全面了解。

汉江，又称汉水，发源于陕西秦岭南麓，流经陕西、湖北两省，由汉口龙王庙注入长江，全长1570多千米，是长江最大的支流，总落差1850米。蕴藏丰富的动能资源。干流湖北省丹江口以上为上游，河谷狭窄，长约925千米；丹江口至钟祥为中游，河谷较宽，沙滩多，长约270千米；钟祥至汉口为下游，长约382千米，中下游地势平坦，湖泊星罗棋布，土地肥沃，农产富饶，盛产水稻、棉花、小麦等农作物，素有“鱼米之乡”的美誉，河道经过这个称作江汉平原的大地，蜿蜒曲折渐渐缩小，其下游泄洪能力与上游来量极不相适应。

长江委成立之初，就把长江中下游平原的防洪作为首要任务，其中，汉江流域的规划和治理在长江各支流中最早进行。1951年，沔阳全县动员10万劳力，以工代赈，分别对东荆河堤、汉江干堤进行整险加固，对濒临东荆河尾闾和长江倒灌泛区的重要民垸进行了合堤并垸，加高加固，使之能防御六年一遇的洪水，扭转了过去“大水大溃口，小水小溃口”的局面。

在荆江分洪主体工程竣工之后，长江委就将工作重点转移到了汉江的治理上。1953年，长江委提出了汉江治本与治标相结合的规划，其方针是“以蓄为主，适当扩大中下游泄量”。具体工程为上中游兴建大型水库，拦蓄上游洪水，下游或展宽堤距裁弯取直或开辟分洪区。6月1日至8月14日，长江委派苏楚珩率领汉江下游分洪工程临时勘测队，对鸡鸣场和鄢家湾两个分洪道比较线进行实地查勘。文伏波因患病休养而未能参与此次踏勘。

经过踏勘研究认为，今后如果在汉江上游修建大型水利枢纽工程调控汉江洪水，下游洪峰泄量仍会达到10000个流量。因此下游的分洪工程措施十分必要。

事实证明，这个预测是正确的，后来兴建丹江口水利枢纽工程后，杜家台仍多次分洪。

1954年1月16日，文伏波的第一个孩子出生了，男孩，黑黑的头发，胖胖的小脸，欣喜的文伏波把儿子抱在怀里，为他取名：克明。小家伙的到来给家庭增添了欢乐，也让他忙乱起来，为了照顾妻子和孩子，文伏波把岳母大人接到了家中。

1954 年 4 月初，在踏勘的基础上，曹乐安和文伏波等提出《汉江下游分洪工程意见书（草案）》，拟出 6 个治理方案供讨论研究。

方案一：整理并扩宽堤距，以扩大下游泄洪量，这个方案实施起来占田亩多，工程量大，如以汉口水位 27 米，按超高 1 米，安全泄量 8000 立方米每秒计，需加培土方 1020 万立方米，经济负担过大；

方案二：将蔡甸附近鸡头湾、汉川附近索子垸、江西垸紧连的大湾子实行裁弯取直，扩大过流能力。这个方案中可能引起河势剧烈变化而增加下游河岸坍塌的危险，不宜采用；

方案三：普遍扩宽东荆河两岸堤距，它不仅占地多，土石方量工程大，更主要是东荆河仅能分泄新城站流量六分之一至四分之一，而要扩宽到能宣泄干流的超额洪水量，至少需扩至原泄量的 4 倍以上，如汉江来量大，东荆河流量将超过干流，显然不合理；

方案四：泽口以上分洪，因汉江干流泄量不平衡主要出现泽口以下，如果在泽口以上建分洪工程效果不明显；

方案五：泽口以下汉北分洪，这个方案因为分洪道要通过错综复杂的汈汊湖及东西湖，打乱原有一系列水系，难以恢复整治；

方案六：泽口以下汉南分洪，汉南地区原本是长江、东荆河的洪泛区，已建成的排、灌工程较少，施工较易，移民较少。

长江委对 6 个方案反复比较，最终决定以开辟汉南分洪道为主，同时加强干流堤防和局部整理东荆灌为主的分洪方案。因为这个方案尤其作为既属治标，又兼有治本工程组成部分，无论从技术上、经济上都比较合理。

长江委拟将东荆河尾闾改从三合垸入长江，避免受汉江洪水的影响，修建响水港至窑头沟的隔堤，将原东荆河的泛区划分为南北两部，北部面积466平方千米，作为蓄洪蓄渍区；堵复大军江堤决口，于黄陵矶修建节制闸。按此比例，不分洪年份可防止江水倒灌，保证泛区蓄渍；分洪年份泛区可蓄纳30亿立方米洪水，并可根据长江水情适当地泄洪入江，减少对长江的影响；如遇长江特大洪水，为保证武汉安全，泛区亦可分泄长江洪水。为能维持并改善区内航运交通，拟在火塪沟修建通顺河船闸。

关于分洪口位置和分洪道线路，根据河道形势及城镇村庄分布情况，选定鄢家咀、脉旺咀和鸡鸣场三条分洪道线路和相应进洪闸闸址进行查勘。

1954年4月8日至5月3日，长江委再次组织实地查勘。此次查勘分3个小组进行，即进洪闸闸址和分洪道查勘组、干流查勘组、东荆河查勘组。

干流查勘组会同孝感、荆州地区汉江修防处，对汉口至沙洋河段进行查勘，收集干流下游河段的泄洪情况，分别对阜成、金牛港、韩家祠、索子垸、江西麻布垸、分水咀、华严寺、脉旺咀、鄢家湾、仙桃、黄新场、多祥河、彭市河、岳口、泽口等重要河段进行查勘。东荆河组查勘东荆河河道堤身状况和中革岭以下河道，以便结合荆河水系研究中革岭至董家垱河段的治理办法，结合分洪道下游敞洲蓄洪垦殖工程，查勘引导东荆河自响水港至窑头沟附近入江的路线。

文伏波所在的那一组是进洪闸组和分洪道组，主要对鄢家墩、脉旺咀、鸡鸣场三条线路和相当进洪闸闸址进行了查勘。4月9日，他们到达汉川县，县委、县政府向他们介绍了当地经济发展情况，县领导认为，分洪工程如果“走黄新场、经通顺河，则对沔阳损害太大。如果走大新垸，则工程太大，移民约10万，非一年可成；鄢家湾线，人烟太密，田地好，产棉区，每人分8分田，要搬7个乡，起码四五千户；鸡鸣场与鄢家湾差不多；脉旺咀属沔阳的有三四个乡，田地较坏。”因此县委建议：“希望从少移民出发，考虑以脉旺咀线较恰当。”县领导还介绍说：“鄢家湾地势高，台基高，淹不到水，所以房子多，田地好，油砂土，产棉区，一个乡至少有1200户，脉旺咀属于湖区地带，田广人稀，田坏。”之后，他们分成溃口组和干流组，分别去黄新场看溃口情况及干流堤防冲刷情况，文伏波参加了溃口组的查勘。至 12 日，小组成员由仙桃顺流而下，查勘了松公河险工及鄢家湾闸址形势及鸡鸣场闸址形势，到脉旺咀住下后，第二天查勘了脉旺咀闸址形势，并进行土钻。

5 月 3 日，历经 20 余天的辛苦辗转，三个小组查勘工作全部结束，经过小组讨论归纳总结，当月，提出《汉江下游分洪工程分洪道查勘报告》，比较了鄢家墩、脉旺咀、鸡鸣场三条分洪沿线的地形、地质、村庄（人口密度）、土地分布情况、农业经济状况等认为，鸡鸣场一线，在分洪口上游 3~4 千米的魏家垸险工，水势较差，移民和占用农田不少于另外两条线，可以放弃。

通过大量的查勘资料，长江委编制出《汉江下游分洪工程计划任务书（草案）》。草案提出，应将兴建下游分洪工程作为汉江治本工程的组成部分，仙桃以下汉江南岸分洪方案简便易行，分洪线路选择鄢家湾线路，其分洪的具体位置选取鄢家村和杜家台两个点，待水工试验后确定。分洪闸的规模，初步拟定 14 孔，闸底高程 28.00 米，引水渠高程 26.0 米。分洪流量根据汉江下游安全泄量和 1949 年汉口最高水位 27.12 米的相应水位，汉江下游的安全泄呈量为 5000~6000 立方米每秒，仙桃以上可泄 7000 立方米每秒或更多，泽口可泄 8000 立方米每秒，故拟定分洪流量标准为 3000 立方米每秒。相应东荆河分泄 3200 立方米每秒，新城可通过 12000 立方米每秒，碾盘山可通过 13500 立方米每秒。草案还具体分析了兴建汉江下游分洪工程所能产生的经济效益。

在经过模型试验和反复研究后，文伏波等设计人员将进洪闸确定在杜家台。1954 年 6 月 20 日，风雨交加中，文伏波再次加入地质勘测队，对杜家台进洪闸闸基进行地质勘探，并对闸前的水流态势、地形情况、分洪道沿线的地形及损失、排水问题等进行了为期半个月的查勘，7 月初踏勘结束后，完成《汉江下游分洪工程杜家台线查勘报告》。

# 第十八章 北闸分洪

1954年的夏天，长江流域气候特别反常。文伏波自从第一次在脉旺咀查勘回到武汉，天气就没有好好晴朗过几天。

小克明一天天长大，繁忙的工作后回到家里，岳母抱着小外孙，灯光下妻子忙碌着，文伏波从岳母娘手中接过儿子，看着那细嫩的脸蛋，心里感到十分温暖。他把儿子抱在窗前，看着漫天而下的雨帘，心里闪过一丝惊悸。他的脸变得肃穆起来，儿子看着发呆的爸爸，“哇”地一声大哭起来。

“你发什么呆呀，看把儿子都吓哭了。”妻子嗔怪他。

文伏波回过神来看着妻子：“你看今年这雨下的，竟像是缺了个口子似的，照这样下下去，怕是北闸要分洪了。”

“若是分洪，那检验北闸质量的时候就到了。”刘慕真看着丈夫严肃的神情，理解了他的焦虑，把哇哇哭叫的儿子接了过来。

自进入汛期以来，天空就像一个漏斗似的不断倾倒雨水，到6月份，连天暴雨已至荆江下段江满湖漫。在水面上看得到那雨点子溅起的水泡竟有一个拳头那么大。中南局和长江委组成防汛检查团赴荆江大堤检查防汛准备工作，省政府紧急发出防汛和安全区百姓转移指示。

北闸接到随时准备开闸的命令。横卧在太平口两里多长的钢铁长龙在风雨中燃起54盏绿色信号灯，当红灯亮起，108部绞车呼啦啦轰隆隆转起来，巨大的弧形闸缓缓启开，只听闸底一声巨响，白花花的江水从闸南面腾空而起，这个演习伴随着安全区百姓转移方案的落实，使荆江防汛形势变得异常严峻起来。

到7月下旬，长江上游洪峰接踵而至，荆江河段溢泄不及，沙市水位于

7 月 8 日达到 43.89 米，全线设防，180 千米的荆江大堤上，人挨人地布防起一个 20 万人的防守大军。

雨仍在下着，全然不顾了天底下荆江黎民百姓的祈祷，至 7 月 21 日，荆江大堤险情不断传来，仅管涌就有 25 处，有的已经在翻沙鼓水了！荆江大堤又开始颤抖了。分洪大转移已经将 2 万头耕牛和 16 万人口悉数转移到安全区，手持钢枪的民兵紧急戒严，只准进不准出！

北闸亮起的一排绿色灯龙，严阵以待，剑拔弩张。文伏波看着风雨中的莽莽大闸,他这个曾担任进洪闸质量检查小组的小组长心里如压着一块石头，一旦开闸，北闸的质量就是真正接受检验的时候了。他知道，那闸基下未打基桩，闸身是搁在一片流沙之上的。桥墩可是自己亲自参与设计的！

时间定格在 1954 年 7 月 22 日凌晨，老天一点也不怜惜在荆江两岸与洪水搏斗的抗洪大军，上苍似乎一定要考验那 75 天修成的大闸是不是真能制服千百年来肆虐的洪魔，雨仍在下，水仍在涨，江中的水位格上的数字还在不断攀升。

44.25 米！

44.30 米！

44.38 米！

“开闸！”

总指挥终于传来这两个字重千金的庄严命令。

守候在绞车旁的众启闸工躬身推动钢缆绞车，闸门启开，只听惊雷般的一声巨响，闸身一阵颤抖，说时迟那时快，眼见那大闸底下腾起一片巨浪，如脱缰的野马冲出牢笼一般，洪水嘶鸣着射向还沉睡在黎明中的原野，惊心动魄！一瞬间，身处北闸的千名工作人员误以为闸身要被巨浪冲翻了。待惊魂落定，人们激动得流下了热泪。

北闸的闸门开启指挥部规定了严格的程序，先开单号孔，次启双号孔，以 0.25 米的间隔逐渐升启。北闸接受了洪水的生死考验！颤抖着的闸身在洪流中渐次全部打开，滔天的洪流向分洪区倾泻而去。沙市水位陡降，荆江

大堤得救了，江汉平原得救了，大武汉得救了！

首次开闸放水后，北闸于 27 日 13 时 10 分奉命关闭。而此时，长江上游的金沙江、岷江、赤水、乌江江水再次暴涨，洪峰叠加，沙市回落的水位又窜了上来。北闸第二次接到开闸分洪命令。至 8 月 1 日午夜，北闸第三次开闸，蓄纳的洪水已超过设计容量 60 亿立方米。在分洪区的库容超过设计容量后，黄天湖的水位超过了 42 米，分洪区围堤堤段和南线大堤告急，终于，泄洪闸的 32 孔闸门如北闸一样开启，洪水穿过闸门向洞庭湖奔去。

三次开闸分洪，降低荆江水位 0.96 米，分洪时最大泄量为 7700 立方米每秒，分洪总量达 122.6 亿立方米，这意味着在 12200 平方千米的地面覆盖 1 米深的水的容量。北闸经受了洪水考验，设计施工安全可靠。

文伏波悬着的心终于落了下来。他给儿子克明重新取名：文洪。

# 第十九章　上杜家台

武汉是中南最大的城市，长江、汉水在此交汇。1954 年的洪水是百年一遇的大洪水，武汉水位接近历史最高水位，达到 28.88 米，武汉堤防防洪压力大增。

长江委建议，湖北省防汛指挥部同意，汉江在脉旺咀扒口行洪。文伏波和设计人员背起行囊，在风雨中奔赴脉旺咀，他们在现场仔细观察了分洪口上下左右四角的水流形态。脉旺咀分洪比达到 70%，落差近 1 米。

“好嘞，这下可找到钥匙了！”站在分洪口的文伏波异常兴奋，突然大声叫起来。同行的设计员看着他欣喜的样子，一齐围向他。

规划设计的杜家台分洪工程，因为水利刊物刊载了苏联灌溉渠无落差分流、其分流比很难超过 30% 的经验，而杜家台闸将分洪 3000 立方米每秒，大家曾对此心存疑虑。

由于过闸单宽流量和消能的处理始终难以确定，致使设计不得不停滞返工。

“分流比，分流比啊！你们看，从这水流的形态表明，落差分洪和无落差分洪不同，落差分流比可以比无落差分流比大，直至达到 100% 的分流比。”

同行们恍然大悟。分洪工程分流比的设计难题迎刃而解，文伏波等提出对付汉江下游更大洪水的分洪方案，以解决新城 18000~19000 立方米每秒的行洪安全。该分流比与今后在上游修建的丹江口水库，可较好地解决汉口大洪水。

至此，通过地质勘测、水工模型试验以及脉旺咀分流经验，文波伏等着手汉江下游分洪工程的初步设计工作。1954 年 9 月 24 日，由文伏波等编制

完成的《汉江下游分洪工程初步设计报告》完成并报送水利部。

在等待批复的一段时间，为了获得更详细的第一手资料，1954 年 10—12 月，文伏波等设计人员再一次参加地质勘测队，前往杜家台，按照技术设计拟定的闸轴线建闸范围内进行地质勘探，尔后重新编制《汉江下游分洪工程计划书任务书》，提出泽口分洪道结合杜家台分洪道两处分洪方案，12 月，长江委将该报告上报水利部请求审批。

当月，水利部部长傅作义在北京主持召开汉江下游分洪工程报告审议会。要求杜家台分洪工程和泽口分洪工程同时上马。文伏波带领设计人员又一次加入查勘队，对泽口分洪工程进行实地踏勘，从 1954 年 12 月 16 日至 1955 年 3 月 28 日 分两次先后查勘通顺河线及排湖线、东荆河线，泽口—杜家台干流河段展宽堤距。

文伏波在对汉江下游分洪工程的查勘、设计过程中表现出来的才能及他进入长江委以来的工作能力得到领导和同志们的认可，1955 年元月，曹乐安调任新职，文伏波升任设计科科长，全面主持设计科工作。

1955 年 2 月 3 日，水利部批准杜家台分洪设计方案。根据水利部意见和苏联专家建议，2 月 20 日，文伏波带领设计室人员，重新修改补充，编写《杜家台分洪工程技术设计指示书》

1955 年 3 月 1 日，国家计划委员会批准兴建杜家台工程。

1955 年 5 月 3—8 日，水利部副部长冯仲云和钱正英到长江委审计杜家台分洪闸修正技术设计初稿，提出修改意见。

1955 年 9 月 10 日，水利部对汉江分洪工程提出审批意见，拟核定预算经费为 3134 万元。9 月 24 日，该设计报告获得国家基本建设委员会的批准。

这一年，文伏波的第二个孩子出生，全国各地正在掀起社会主义建设热潮，杜家台也将投入工程大建设阶段，欣喜的文伏波为女儿取名：文潮。

# 第二十章　治水壮歌

现在，对于文伏波和他的战友们付出心力做出的这个分洪工程设计，我将以记入水利史志的权威文本将工程设施呈现给大家。它是枯燥无味的，但是，它里面的每一个冰冷的数据后都饱含甜酸苦辣，都是文伏波们多少次试验及勘测得来的，艰辛和精彩藏在这些数字里。

杜家台分洪工程包括5个部分——泽口以下干堤培修、杜家台分洪闸、分洪道、泛区围堤及恢复排水系统，以分洪闸和分洪道为主体工程。

杜家台分洪闸工程包括分洪闸、引渠、鱼嘴、下游消能防冲设施等工程组成进洪工程体系。因位于沔阳仙桃区东北侧杜家台而得名。闸为钢筋混凝土结构，共30孔，每孔净高4米、净宽12.1米，闸室总宽411.93米，分洪闸最大进洪流量为5300立方米每秒。规定当闸前水位到达35.12米时开闸分洪，在干堤加固后，可将分洪水位提高到35.45米。此属控制运用水位。蓄洪区有效蓄洪容量16亿立方米。

杜家台防洪道全长20.5千米，自杜家台分洪闸向东南至光湖嘴，折向正东至吕家湾，过大兴垸、曹家垸、猪耳垸、西圻大垸，至小朱家台进入洪泛区。洪道堤距宽822米，其出口由800米逐渐放宽为1600米，呈喇叭状，地面高程一般为24~27米。

杜家台分洪闸与荆江分洪工程的北闸一样，建立在平原地区的软弱地基上，建闸之前必须进行特殊的技术处理，才能避免产生较大的不均匀沉陷，

不然，它将直接威胁到分洪闸的质量与安全。

为了解决这个技术性的问题，文伏波吃不下饭，睡不好觉，与同事们一起对基础承载力和沉陷变形反复进行分析，通过对换砂、桩基和预压 3 种方案进行比较，最后决定采用简单易行的填土预压方案。他听取苏联专家的建议，对干堤以内闸室及堤外滩地上的闸室基和左岸墩以及主要结构建筑物的基础，全部进行预压处理，第一期预压工程结束后，1955 年 10 月 16 日，汉江下游杜家台分洪工程开工。湖北省副省长张体学亲自担任汉江分洪工程委员会指挥长。

1955 年 10 月 21 日，沉寂的汉江下游传来震耳的鞭炮声，分洪工程破土动工！来自武汉、沔阳、黄陂、孝感、应城、汉川等地的民工 14 多万人齐聚杜家台，杜家台热闹起来了，工地上红旗招展，你追我赶。在工程建设上，指挥部进行了分工，分洪闸混凝土及金属闸门安装由闸工指挥部施工，闸基及引渠由武汉市指挥部负责施工，分洪道土方由汉川、孝感、黄陂、应城指挥部负责施工，沔阳县负责后勤供应。

▶实地查勘

10 月底，水利部组织苏联专家沃洛宁前往杜家台现场鉴定，第一期预压工程有效，但还存在一些问题，提出了一系列意见与建议。由于在汛期没有进行挖沟排水，不了解地下水位变化，延缓了预压效果的完成时间。预压台要加高加宽，因为按结构物的设计荷重，所计划的预压填土重量，按沉陷曲线看，相应的最终沉陷量尚未全部完成，且闸室底板中心与边缘产生不均匀沉陷。另外，因为堤外滩地虽淤积多年，却无法肯定是否固结，因此位于滩地的闸室和左岸墩，仍应进行预压处理。

根据这个鉴定意见，文伏波立即带领设计科拟定了第二期预压工程计划。第二期预压工程于 10 月 31 日开始，到 12 月 22 日，6~10 闸孔的预压台上游坡有坍坡现象，在上游阻滑板防冲槽处有浅层土层隆起现象，苏联专家现场查看认为，第二期预压工程已取得应有效果，浅导滑动是很普遍的现象，不会影响基础，不需作特殊处理。由文伏波负责设计的第二期预压方案得到水利部和苏联专家认可。

文伏波松了一口气。但他一点也不敢懈怠。汛前建成分洪闸这是一道死命令，每一个工期都是宝贵的。工地上没有了节假日，文伏波也是分秒必争，他想念家中的妻子和孩子们，那个小文潮一定又长大些了吧，文洪在幼儿园还淘气吗？岳母的身体如何？他的胖胖又要上班又要带两个小孩，会瘦了吗？他多么想回去看看他们，可工地上离不开他呀。

他下达任务，在 1956 年的元旦同时挖开堤内外闸室及右岸墩的预压台，一个月后，再开挖左岸墩预压台。在水利部组织沃洛宁等专家到现场查看预压效果后宣布撤除预压台。这意味着他的设计工作获得专家认定。文伏波至此才感觉千斤的重担卸下一半来。

与荆江分洪工程一样，文伏波参与了杜家台分洪工程的勘察、设计与施工的全过程，与荆江分洪工程不同的是，他的角色由参与者转变为核心负责人。

每一个工程设计他都在理论与实践中摸索印证，在专家指导和同事们的共同努力中寻求最佳方案，因此他的业务水平能力与领导才能迅速提高。

1956年4月26日，杜家台工程按预定工期，提前一个月竣工。

1956年6月4—12日，水利部、湖北省水利厅、长江委及有关部门对工程进行了验收。

在杜家台分洪工程接近尾声时，文伏波开始了他新的工作。

依然是总结。在文伏波的一生中，他做过无数次技术总结，每一次总结都对他是一个分号，他在这个分号中吸取教训与经验。

一片赞美声中，文伏波总结的是工程出现的错误与不足。

他说："由于过闸单宽流量和消能未能及时处理，使咱们的设计返工，以致延误一年才使工程开工。之后，关于堤外预压闸进排水、加速固结等措施，没有按专家意见坚决贯彻，直到出现问题，专家指出来，才让我大吃一惊，再去实施，就造成了施工紧张。导致这些错误的原因，除了技术水平不够外，与我组织不力有关。"

文伏波总结杜家台施工的成功经验是：

在组织生产的过程中，抓紧了计划管理与技术管理两个基本环节，施工比较完整地按照设计图纸和设计文件进行，在开展劳动竞赛的同时，确保了工程质量。

在文伏波和他的同事们对工程设计工作进行认真总结时，老天又下起了连日的暴雨，淫雨霏霏，连月不开，水位又一格一格地蹿上来。

"爹，快漫上大滩啦，水浑黄浑黄的。"家住在堤边的小豆子戴着一顶斗笠披着一件蓑衣挑着一担水回到家里，对正在伙房里劈柴的父亲道。

豆子的父亲呵呵笑了："今年咱们不怕了，有杜家台咧。"他放下手中的柴刀。"我挑了几个月的土，闸建得可好了。"

小豆子将一块明矾在木桶里搅了一下："有人在堤面上站着摆脚哩。也跟你说一模一样的话，说是有杜家台哩。"

"是啊，要是往年下这样的雨，咱们都要准备逃命啦。"小豆子的父亲看着雨天道。“今年不怕，水大了政府要分洪的。”

小豆子的爹说准了。1956 年 7 月 2 日，工程杜家台分洪工程竣工两个多月后，第一次启动闸门分洪。

闸边围满了前来观看的附近的乡亲，分洪道水面非常宽阔，有鱼儿在欢快地跳跃，只见那闸里冲出的浑浊水流翻滚着奔腾而出，巨大的漩涡发出阵阵咆哮，向东南狂奔而去……仙桃水位站水位降低了 1.05 米，大闸安然！

同年 8 月 24 日，在居高不下的洪水的压力下，杜家台第二次开闸，降低水位 1.82 米。

两次分洪检验了杜家台分洪闸的质量。据 6—9 月的实测结果，文伏波和他的同事们对闸基渗压进行了分析。实测渗压与电拟试验大致相符，试验是按均质土进行的，分五层，靠近底层的是渗透性较大的砂质垆姆，依次为弱透水粉砂质黏土层、薄砂层、弱透水粉土质黏土层和大面积细砂层，两砂层均与汉江相连通。通过闸前反滤层的集中排渗后，渗压急促减小，使闸底板渗压力趋近于零。这表明，当对闸底板起渗压作用的主要渗流集中在浅层的时候，闸前排水是一种很有效的措施。

1956 年底，文伏波和同事们再次对杜家台分洪闸的沉陷进行了分析研究。结果表明，闸室上游端较下游端沉陷量稍大，即向上游倾斜，实测沉陷量与计算结果很接近。闸室沉陷基本是均匀的，闸身未发现任何裂缝。

成功分洪和实测结果让文伏波和他的同事们非常欣慰。在成功面前，他更加认真地进行研究分析，他将工作分成三步走，全面涉及分洪闸设计的各个技术层面，组织内外资料收集分析，让同事们在总结中，在比较中吸取教训，获得经验，提高技术水平。

他们总结出杜家台分洪工程中在设计上最大的教训是，杜家台闸基地地下水资料收集太少。由于对成层土壤地下水的特点没有经验，无法掌握地下水运动规律，使观测的水位有时偏低有时偏高。地下水位资料太少，给设计工作带来了许多困难，致对消力池及防冲槽不敢挖深；无法肯定建筑物沉陷的最低地下水位；对外滩的预压无法作出正确判断；另外在设计时拟采用的设计价值约 14 万元的板桩，最后也取消了。

总结认为，以上问题表明地下水位与建筑物的沉陷和稳定以及对施工的复杂程度都是有影响的。在未掌握地下水资料时，任何土力学的计算结果都是片面的，不切实际的。因此，以后必须对建筑物地区的水文地质资料进行长期的系统搜集，进行观测并做一些工地试验，以满足设计要求。

总结还对工程预压经验进行了归纳。

总结中，他们开始集体编写《平原地区水闸设计参考手册》，文伏波负责“通则”“水闸总结”等内容。

1957 年 3 月，文伏波卸任水工建筑物室副主任，被任命兼职专业设计室副主任。任职仍为一年。

1958 年，《平原地区水闸设计参考手册》由水利电力出版社正式出版，至此，荆江分洪工程和杜家台分洪工程建闸的设计与施工经验，正式上升为理论，在相当长的时期内，这本手册都是平原地区建闸的重要参考资料。

杜家台分蓄洪工程是江汉平原的一个大的水利工程，当年两次分洪所减少的损失额度即超过了工程建设总投资。

工程自 1956 年建成至 2011 年的 56 年间，历时 11 个大洪水年，分泄汉江洪水 21 次，对确保汉江下游和武汉市的防洪安全起了重要作用。

## 中篇（二）

# 山高路远留禹迹

# 第二十一章　情系汉水

杜家台分洪工程缓解了中下游洪水逼境时的压力，但根治汉江必须在上中游兴建大型水库，拦蓄上游洪水，与下游分洪闸相配套，方可解决汉江防汛问题。

1935年汉江发生的特大洪灾一夜之间夺去8万多人的生命，对每一位亲历者都是一场挥之不去的噩梦。曾有一些中外专家利用现代化科学技术，收集汉江流域的基本资料，研究汉江治理开发方案，纷纷提出一些治理开发意见，如在马良筑坝拦洪、碾盘山筑坝建库拦洪、江汉分治等，但因战火连绵、政治腐败，根治汉江只是一个梦想。直到新中国成立后，汉江的治理开发也进入新的历史时期。

1950年2月，林一山率专家查勘了碾盘山坝址和郧阳小孤山坝址，秋冬时节又经过详细查勘，找到了丹江口坝址。三个坝址比较，丹江口地理位置很好，地质条件优越，可获得较大的有效库容调节洪水，并进行综合利用。长江委当即用从上海联合国善后救济总署仓库中接收的两台CP5钻机，在丹江口和碾盘山打钻孔，详细了解地质情况。钻探资料表明，丹江口的石头是火成岩，基础比较好；碾盘山是砾岩，条件相对较差。

1952年11月，水利部部长傅作义、副部长李葆华，率各有关部门负责人及中外专家近百人，对汉江进行大规模查勘，重点查勘了丹江口坝址。确认此地是少有的高坝良好坝址，并最终选定了丹江口作为汉江流域规划的主体工程，碾盘山作为将来开发汉江的梯级工程。

1956年，随着荆江分洪工程和杜家台分洪工程的先后建成，至1956年，长江委将工作重点转移到流域综合规划与高坝大建设，1956年长江委改组为长江流域规划办公室（简称长办），以丹江口工程为主体的汉江流域规划由幕后走向前台。

1956 年 3 月，为工程设计需要，长办将原来的设计处进行拆分，成立了汉江规划设计室和水工建筑物室。魏廷琤和曹乐安分别任主任，文伏波和吴淞樵、吴康宁担任水工建筑物室副主任。

枢纽的水工设计本由水工建筑物室的坝工组设计，但汉江规划室积极争取，长办最终将这项工作交由汉江规划室负责。文伏波所在的水工建筑物室配合其他室搞些流域规划中的水工规划工作。

此后，水工建筑物室的各组并入汉江室及后来的三峡室，剩下的专业人员合并成立专业设计室，1957 年 3 月，文伏波被分派到专业设计室担任副主任。由于丹江口水利枢纽工程的规划及水工设计都由汉江规划室承担，文伏波的专业设计室只负责机电、金属结构、施工组织设计工作。

# 第二十二章　抓住河妖

这是一段相对轻松的日子，文伏波和妻儿在一起度过了难得的一段光阴，

儿子文洪已经满地跑了，女儿文潮也在牙牙学语，两个孩子让文伏波的家里充满欢乐。

文伏波一家这时已经由长春街单位宿舍搬迁到上滑坡四栋二楼的长办宿舍，这是单位提供给高级工程师与处级干部的住房，宿舍铺的是实木地板，卫生间有坐式马桶，厨房、阳台、储藏室一应俱全，条件较之以前大有改善。

工作紧张的文伏波一回到舒适的家里，总是感到十分幸福和开心，每每一踏进门，儿子就跑过来缠着他。这天，他刚进屋放下公文包，儿子就扑进他的怀里。

“爸爸，你为什么总往外跑呢？”

“爸爸要干活呀！”

“爸爸，你是干什么的？”儿子歪着脑袋问他。

文伏波想了想，认真地对儿子说：“我是抓河妖的！”

“河妖是什么呢？”儿子又问。

“河妖是兴风作浪的？”

“什么叫兴风作浪？”

文伏波才知道对于一个三岁大的孩子，这个回答是太高深了。他笑道：“兴风作浪就是在河里掀起大浪，涨起大水，冲垮大堤，冲毁房屋。”

“哦，明白了，你要到水里去游泳，才能抓住他。”儿子若有所思道。

文伏波哈哈大笑。

“对对对，要学会游泳！”

“那，你能带我去游泳吗？”

“你也想抓河妖？”

“想！跟爸爸一起抓！免得他把我们的房子冲垮啦。”

文伏波一把搂过儿子，紧紧地抱在怀中。文洪后来走上水利之路，或许父亲这一刻的拥抱就已确定他的人生志向。

文伏波明白，杜家台分洪工程只是国家在当时对汉江防洪的权宜之计，如果要在更大程度上控制汉江洪水，必须在上游兴建一座大型水利枢纽控制工程。而这个工程的建设之日，已经为期不远了。他知道，一旦工程确定建设，他与儿子相处的时间就少之又少了。

他珍惜和家人在一起的每一分钟，回到家里尽可能带着孩子们玩，他带他们玩的唯一方式是讲故事，这是文洪最盼望的美妙时刻。

他从父亲那里了解了捉河妖的大禹，知道大禹是很久很久以前的一个部落皇帝，他为捉河妖，捉了 13 年，三过家门而不入；他还听父亲讲过一个叫孙叔敖的人，他建了一个好大好大的池子，把河妖装了进去，已经装了 2500 年了。

文伏波愿意儿子这样理解，小小的年纪他还不知道什么是大型引水灌溉工程，那期思雩娄灌区和淮河流域著名古陂塘灌溉工程，他相信儿子日后一定能够了解到。

文洪最喜欢听父亲讲《西门豹治邺》的故事。

很久很久以前，在北方有个国家叫魏国，魏国有个人叫西门豹，他刚到一个叫邺城的地方做官时，看到那里人烟稀少，田地荒芜萧条，一片冷清，百业待兴，于是立志改善现状。当地有个巫风，叫河伯娶妻，人们说我们苦于给河神娶媳妇，因为这个事我们越来越穷。人们还告诉他，长老、廷掾每年都向百姓征税，搜刮的钱财，三老只拿一小部分为河伯娶媳妇，剩余的私自分了。

“为什么要给河伯娶媳妇呢？”听到这里，文洪好奇地问。

“因为呀人们传言说，假如不给河伯娶媳妇，就会大水泛滥，把那些老百姓都淹死哩。所以呢，每年到了给河伯娶媳妇的时候，女巫就找那小户人家的漂亮女子给她洗澡洗头，做新花衣和挂着绸帐的屋子让她斋戒，过十几天后，就让这个女子坐在床铺枕席上面，把她送到河里。女子在水上漂了几十里就沉了下去。”

“啊？那多吓人哪！爸爸，那个三老好坏哟。抓住他呀！”

“对，儿子，西门貌抓住了这个坏蛋。这一日又到了为河伯娶媳妇的日子，西门豹到河边与长老相会。看热闹的老百姓都来了，女巫也来了，带了好多女弟子。西门豹说，‘叫河伯的媳妇过来，我看看她长得漂亮不漂亮。’人们马上扶着这个女子出了帷帐，西门豹一看说：‘不漂亮，麻烦大巫婆为我到河里去禀报河伯，需要重新找过一个漂亮的女子，迟几天送她去。’立即派差役们一齐抱起大巫婆，把她抛到河中。过了一会儿，西门豹说：‘巫婆为什么去这么久？叫她弟子去催催她！’又把她的一个弟子抛到河中，抛了三个弟子后还没动静，西门豹说：‘她们都说不清楚，那请三老去一趟。’又把三老抛到河中。

“西门豹弯着腰，恭恭敬敬面对着河站着等了很久。长老、廷掾等在旁边看着的都惊慌害怕。西门豹说：“巫婆、三老都不回来，怎么办？”想再派一个廷掾或者豪长到河里去催他们。这些人都吓得在地上叩头，而且把头都叩破了，额头上的血流了一地，脸色像死灰一样。从此以后，他们不敢再提起为河伯娶媳妇的事了。”

“好！”听故事听得入神的文洪跳起来，鼓起掌来。他想了想又问：“那后来呢，魏国还淹大水么？”

文伏波笑了：“西门豹后来发动修了 12 条渠道，百姓为他建了西门豹大夫庙，直到现在，河北临漳地区还有一条渠道叫西门子渠。”

西门豹的故事让小文洪回味无穷，他盼望着和父亲相处的时候，父亲给他讲了一又一个故事，让那颗小小的心灵被水的故事浸润得饱满而快乐。

1958年，中央在成都召开会议，决定对长江流域进行规划，同时准备上马三峡工程，林一山说，我们要一步一步来，先修丹江口，再建三峡，这是练兵。周恩来总理对此表示同意。

到1958年5月下旬，文伏波又开始紧张起来。此时，长办汉江规划设计室和水工建筑物室共同提出《丹江口水利枢纽设计要点报告》。其中，第五篇和第六篇造价，由曹乐安、文伏波所在的专业设计室负责完成。

文伏波很少有给儿子讲故事的时候了，他又加起班来，儿子不高兴地说："爸爸，你是不是又要往外跑了？"

"是啊，儿子，河妖还没捉到呢。"

"是北方魏国的河伯么？"

文伏波哈哈大笑："儿子，北方魏国的河伯早被西门豹捉住啦！爸爸和叔叔们要捉的河妖在汉水哩！"

"汉水在哪？"

文伏波抱起儿子，双眼凝望远方："在大山深处。"

"爸爸，你一定要把河妖抓住啊！"儿子伸出胖乎乎的小手。

"拉钩上吊，一百年不许变。哈哈哈哈……"父子俩同时念出声来。

"爸爸答应你，一定抓住河妖！"文伏波的小拇指与儿子的小拇指钩在了一起。

◀全家福

# 第二十三章　参与设计

文伏波所在的专业设计室主要负责丹江口工程的机电、金属结构、施工组织设计工作，这天，文伏波决定组织设计室人员开会研究方案。

可会议开始时，还有两位技术员没有来，文伏波耐心等着，一屋子人也耐心等着。离通知开会的时间已经过了5分钟，那两人还没来，直等到10分钟，两人才相跟着进来。看到一屋子人都在等他们，低着头赶紧坐了下来。

“太不像话了！开会还迟到！”文伏波突然吼了一句，从来没见他发脾气的同事惊呆了，一个个屏气息声，不敢声张。会议按事先的安排开始进行，大家发现，自与文伏波共事以来，不仅是开会，就是上班，他从来没有迟到过。

从那以后，设计组的会议再没有人迟到，大家共同投入到紧张的设计工作中，不久《丹江口水利枢纽工程初步设计要点报告》施工和造价篇的完整报告编成。报告选定正常高水位170米，死水位150米，并建议遇特别枯水年，死水位可降低至145米。采用中坝段第Ⅱ坝轴线作为选定坝轴线，拟定两个枢纽布置方案待进一步确定。

方案一：河床为宽缝重力坝型，两岸为塑性斜墙堆石坝，两者衔接采用插入式联接段，泄洪布置采用坝顶溢流、大孔口或深孔泄型式，以鼻坎挑流消能型式与下游尾水衔接，电站位于河床左岸，坝后式厂房，施工导流采用分期导流方式。

方案二：河床为双墩大头坝型，其他同方案一。施工总工期为4年3个月，计划1958年10月开工，1962年完成。

枢纽总投资，方案一为63136万元，方案二为61490万元。

1958年6月4—6日，根据周恩来总理的指示，中央有关部委和中共湖北、河南省委等有关部门，在武汉洪山宾馆召开了鉴定会，审查《丹江口水利枢纽初步设计要点报告》，会议由湖北省委书记王任重、水电部副部长冯仲云、湖北省省长兼丹江口水利枢纽工程委员会主任张体学主持，参加会议的有计划委员会、经济委员会、水电部、铁道部、地质部的相关领导，河南省副省长彭笑千，水电部勘测设计总局局长李化一、总工程师须恺，水电部水工建设总局总工程师汪胡桢，清华大学教授张光斗，湖北省水利厅厅长陶述曾，即将成立的丹江口工程局局长任士舜，长办主任林一山、总工程师李镇南、枢纽设计室主任魏廷琤，以及包括苏联专家在内的各相关专家和工程技术人员等。会上，魏廷琤代表长办汇报丹江口水利枢纽初步设计的情况。

既而，会议分专业进行审查。文伏波参加了施工组的审查会议，并代表施工组介绍了施工设计。最终鉴定结论是：

丹江口正常高水位定为170米；坝轴线定为二坝轴线；采用混凝土双墩大头坝；枢纽布置为河床混凝土溢流坝和坝后式电站，两岸土石坝，河床混凝土坝与两岸土石坝之间采用插入式联接，溢流坝布置在河床右部和中部，包括大孔口溢流坝段及开敞式溢洪坝段，总长464米；电站布置于河床左部，坝后式厂房，装机5台，总容量73.5万千瓦；通航建筑物在右岸预留位置，暂不兴建；施工采用分期导流，第一期先围右部河床。施工期限，对内称两年建成，第三年扫尾；对外称3年建成，第四年扫尾；1958年汛后开工。

# 第二十四章　仓促上马

洪山宾馆会议结束之时，正是全国工业“大跃进”新形势在全国燎原之际。1958 年 5 月，党的八大二中全会正式通过了“鼓足干劲、力争上游、多快好省地建设社会主义”的总路线。

张体学作为湖北省省长和丹江口水利枢纽工程委员会主任，要求工程尽快开工，他召集林一山等人再次开会，要求长办迅速制定出施工设备和器材的计划，文伏波参加了此次会议。

会议一开始就卡了壳，这在张体学主持的会上不多见。张体学信心百倍地安排任务，要求长办汛后开工改为尽快开工，林一山却一直不动声色。张体学已经点炮了，可林一山就是燃不响，这么大的水利工程，好多准备工作都没做好，怎么可能尽快开工，他对那些工农业产品产量成几倍甚至几十倍增长的速度持怀疑态度，那如果只是虚报产量，还不致酿成大乱，而一个大的水利工程，涉及千万人的生命安全，要他迅速开工，他还真没有把握。他沉思着，透彻人肺腑的目光，时而闭目沉思，时而微微睁开，轻轻扫过每一个人的脸。

有一张脸渐渐吸引住林一山的目光。这是一张国字型的脸庞，浓眉下架着一副眼镜，深藏的双眼闪着沉稳与智慧的光芒，刚毅中透出些许柔情。他低着头正在笔记本上写着什么，仿佛在凝神演算一道习题，眉头皱成一条线，饱满的嘴唇铁闸一般紧闭着。

张体学耐心地等着林一山，林一山认真地看着文伏波。

张体学不易觉察地笑了，他估计引线已经燃到了炮芯，炮就要响了。

果然，林一山往椅背上靠了靠，双臂抱在胸前道：“文伏波，你在想什么？”

文伏波被领导突如其来的问话打断了思路，“我在想，汛后开工，尚只有 4 个多月的时间，照省长的安排，大概要提前到 9 月初开工，这意味着，在还有不到 3 个月的时间里，必须拿出一期工程的施工详图以满足开工要求，如此艰巨的任务，必须废寝忘食、夜以继日地工作了。”

文伏波操着一口浓重的湖南桃江口音，声音浑厚洪亮，吸引了在座的每一个人，也让张体学和林一山为之一动。两个人的眼光忽地一碰，停顿了一下，又闪开去。林一山知道，省长要干的事情，自己就算是一百个反对，他也是要干的，可工程质量是开不得玩笑的事，文伏波心里想的事正是他在琢磨的事，这家伙自从参加荆江分洪工程设计后，杜家台工程干得漂亮，是个可造之才。张体学心里也在想，你林一山厉害，带来的人也不赖，我何尝不知有困难，可咱共产党人啥时候怕过困难了，有条件要上，没有条件创造条件也要上。他的眼睛闪电似地扫过全场，斩钉截铁地说：“同志们，困难是有的，像文伏波同志说的一样，咱们干的这个工程就是从现在起必须废寝忘食、夜以继日了！”

林一山道：“咱当兵的，都不怕困难，我是担心时间太仓促开工，准备工作不充分，欲速则不达啊。”林一山与张体学都是军人出身，两人的性格都可谓雷厉风行。

“我知道，你不是那种人，但现在是箭在弦上，不得不发了。”张体学谈了当前的形势，又部署了开工前的工作，林一山同意着手开展汉江丹江口水利枢纽扩大初步设计。

从见完张体学省长回来，文伏波就把自己的关进了设计室，他踏着晨雾出发，顶着星星归家，真的是夜以继日了。小文洪常常是揉着惺忪的睡眼等着父亲，最后失望地钻进被单里。他不知道，从现在开始，父亲再也难得给他讲故事了。

1958 年 6 月 12 日，汉江丹江口工程委员会和汉江丹江口工程局在武汉成立，省长张体学任主任，长办林一山、河南省副省长彭笑千任副主任，武汉水利电力学院党委书记任士舜任丹江口工程局局长。

7月20日，汉江规划设计室和水工建筑物室根据丹江口工程鉴定会对初步设计要点报告的审查意见，开始共同编制《汉江丹江口水利枢纽扩大初步设计报告》

7月28日，水电部水工建设总局局长黄宇齐未等中央对丹江口鉴定会报告批复，同意任士舜提出工程马上动工的报告。8月8日，湖北省委发出《关于支援丹江口水利枢纽工程的指示》，决定工程于1958年9月1日正式动工。

在紧张而有序的加班中，分秒必争的曹乐安、文伏波和工程设计人员们夜以继日赶制施工详图，3个多月，饿了才记得吃饭，渴了才想起喝水，没有节假日，没有休息时。功夫不负有心人，总算赶在9月完成施工详图纲要。这个纲要涉及水利机械、电器及金属结构；施工组织总设计；工程概算5.23亿、总造价4.59亿。纲要中第二、第三部分由文伏波所在的建筑物室负责完成。

如期完成的施工详图保证了工程开工，但由于长办的工作重点又转移到三峡工程，施工详图设计还不是那么严密，尚不能完全满足施工要求。

工程开工后，《汉江丹江口水利枢纽扩大初步设计报告》尚在编制中，到1959年1月24日完成后才上报水电部。这个报告对于枢纽布置、建筑物型式及结构设计、施工方案及附属企业等做了进一步的深化设计，这些文件和图纸才得以满足施工所需。

对于善于总结经验的文伏波来说，他对丹江口在施工前的设计工作有过认真的总结，在1958年第5期的《人民长江》杂志上，我们找到了他的署名文章《解放设计思想实现跃进计划》。他在文中谈到4个观点，值得深思。

要明确各设计队段的任务及关键问题，才能避免拖延或返工，关于两年来一直没有选中坝轴线的问题，一是地质情况不清，二是水工、施工设计方面过早将精力集中到第二坝轴线上，对其他坝轴线研究过少，以至于1958年春再次补作第四、六、七坝轴线的水工和施工比较。

他还写道:“1952年至1957年的地质勘探,没有充分从水文、地形、地质、水工、施工及造价等综合条件论证坝区坝段，就大体确定了坝址，集中布置了相当数量的勘探工作。”文伏波认为，应该按照1958年春专家组查勘时提出的意见和建议勘探，就枢纽布置、地质条件、工程量、工程造价、运输条件、施工条件等方面进行比较后，淘汰不利的坝段，在选定的坝段上进行坝轴线比较，方可保证设计工作有条不紊地进行。

对于设计的比较方案过多的问题，文伏波认为，平行罗列的14种坝型和近百种枢纽布置组合，有的方案结构复杂，根本不适合高水头的要求，有的坝型基本相同，只是局部结构的差别，以至造成设计工作效率不高。

关于导流方案，前后提出了57个，一些方案缺乏深思熟虑，目的性不明确。如隧洞导流方案花掉660个工作日，但以丹江口的高程不够的地质及流量很大的水文条件，这个方案有明显的缺点，一个直径12米的导流洞就得40万立方米混凝土，造价过高，早就该放弃。

关于堆石坝的分期导流方案，技术上存在困难，导流底管的封闭堆石体在施工期间即需挡水，工期不易满足1962发电要求，造价不比其他坝型便宜，粗略研究即可放弃，而不应长期作平行方案进行比较。文伏波建议以后的设计工作，要经各专业组讨论协商，选择几个在工程量、工期、造价等主要技术经济指标有竞争价值的方案进行比较，便于减少设计工作的盲目性。

文伏波还认为：

> 有些设计脱离实际。在苏联专家的指导下成长起来的设计人员，在设计中搬用苏联的资料与规范进行设计，有不少脱离了中国实际。比如施工机械的选择，用两艘500—60型的挖泥船来修筑二期横向围堰，用300辆以上的25吨重型自卸卡车出渣运料，因为是国外的设备，很难供应到位，不切实际。另施工机械设备购置费高达8000万元，超过按折算混凝土规程设计的机械购置费30%，应组织一部分人力施工，尤其土石方工程。

保守设计致工程造价过高，工期增长。导流组反复核算了汉江水文条件施工进度安排，通过对比两个时段的数据，把原定的截留流量标准 1510 立方米每秒降为 830 立方米每秒，减少了截流底孔断面尺寸，基本克服了底孔封闭的困难。

文伏波认为，从这个案例中看来，以前的设计标准都必须重新审查，这便于在确保工程质量和安全的前提下，降低工程造价，缩短工期。

《人民长江》是长办主办的学术期刊，这些石破天惊的直率意见，不仅仅是文伏波对设计经验的总结，更是一个工程设计人员的高度责任感的体现。他精益求精的专业素养，他实事求是的工作作风体现了纵观全局的眼光和领导才能，对于当时国内少有自行设计施工的水利枢纽工程来说，那些意见对于设计人员来说无疑是中肯、及时而宝贵的。

# 第二十五章　慧眼伯乐

文伏波在直率地陈述自己对技术业务的思考结果时，他没有想到，那一双早已关注他的双目此时露出了欣喜。

林一山多日以来被一个问题所困扰，建设丹江口的那副重担，到底托付给谁才好。这个人不仅要有技术才能，还要有领导才能，更重要的是还得能与省长张体学交流沟通。张体学参加过抗日战争和解放战争，英勇善战，威震一方。身为湖北省省长，他将要领导丹江口水利枢纽工程的建设，在他的身上体现出一种雷厉风行的果敢。风卷全国的浮夸与多快好省的建设热情，势必左右他的思维，而工程技术却要建立在科学基础上，自己几次与他的争论就体现了这个矛盾。可工程技术的质量是灵魂，没有质量做保证的工程，是对人民的犯罪啊。谁能担此重任呢？他考察了长办所有的中层干部和技术骨干，最后把目光停留在文伏波身上。

7 月 3 日的下午，湖北省委书记王任重在家中召集张体学、任士舜和林一山开小会，林一山带着爱将魏廷琤与文伏波参加。会议决定，将设计工作由汉口的长办转入现场，配合施工。会议要求，长办作为设计单位，要派 25 名工作人员进驻丹江口工地现场，其中水工专业 10 名，由李贻祖负责；施工专业 15 名，由文伏波负责。两个专业的人员共同组成设计代表小组，由文伏波担任组长，专门负责与施工单位紧密配合，进行随施工条件变更所需要的设计修改工作，同时监督施工是否符合设计要求，以确保工程质量。

文伏波万万没有想到，领导会在这个会上对自己委以重任。他深深明白，这个小小的设计代表小组组长，不仅仅是承担设计图纸的工作，更是承担着丹江口水利枢纽工程的千秋质量大计。那是把千斤的重担挑在了肩上。

会上他不敢推辞，回到长办，他跟随着林一山进了主任的办公室。

"林主任，你咋把这个重担交给我了啊，我能完成得了么？"

林一山朗声大笑起来："你能行！你当过兵，地下党，又懂技术，我可是优中选优把你选出来的呀！"

"工程开工的准备工作不充分，一旦仓促上马会引起一系列矛盾。"文伏波着急地说。

"我知道！"林一山严肃地道。

"人家是省长，大的原则问题他若是一意孤行，我怎么扛得住，如果我坚持工程的原设计方案，而省领导又要改变，我在现场怎么解决呢？"

林一山正色道："你在现场，我怎么管得了你呢？你自己解决呗。"

文伏波闻言一呆："这么大的工程质量问题，可不是开玩笑的，您这是把我架到火上烤啊。"

林一山看文伏波当真着了急，便道："你也知道这个差事一般人不能胜任，我与张体学好多问题也无法达成一致，我怎么不知道这个事情的难度啊？"老领导踱起方步："可是，工程要建设，省里已经下了决心，开工在急，别无选择。必须要有一个人来协调。既不能无原则地让步，也不能争吵把事情搞僵收不了场；必须是既要坚持原则，还要会处理施工与设计的矛盾。"

文伏波静静地听着，他没有言语。

林一山接着道："选中你，我是权衡再三！煞费苦心啊！"

"可，这样的重任，我能行吗？"文伏波急了。

"你能行！你不要着急，我给你三个原则，你回去仔细琢磨。"林一山言罢从上衣口袋里搜出一张折起的纸片递给文伏波。

文伏波纳闷地看着老领导，他郑重地收下了纸条："您这是送我的锦囊妙计么？"

林一山笑笑，旋即严肃地道："文伏波同志，咱们打的这是一场硬仗！只不过没有敌人，只有盟军。我们的敌人是征服那些砂石土方，在汉江架起一座大坝来。干工程责任重大啊！你依计行事，任重道远！拜托你了！"

看着领导郑重其事的样子，文伏波情绪激昂起来：“请首长放心，我记下了，保证完成任务！”

林一山满意地点了点头。

回到家里，他展开字条，上面写着：约法三章。

（1）只要不影响大坝的安全，不予争论。

（2）质量有问题但可弥补，写下备忘录，力争整改。

（3）凡涉及大坝安危的，寸步不让，必须书面报告我！

字字千钧！这真是三条锦囊妙计啊！他心里终于有了踏实之感，从这个时候开始，他才真正感觉一种出征的急迫与激昂。文伏波将纸条慎重地夹进一个笔记本中，向妻子报告了省领导和长办领导做出的决定。刘慕真默然，她凝望着丈夫那双智慧的脸庞，它充满坚毅、睿智与果断。正是这张坚毅、朴实的脸，在她的青春时代，让自己动心。她既为丈夫高兴，又为他担忧。她高兴丈夫的能力得到领导的认可，她高兴丈夫这匹千里马终于有了驰骋的广阔天地，她只是担忧丈夫一个人在外照顾不了自己的生活。

“你就不担心我干不好？”文伏波侧着脸问。

“你能干好的！我相信，我和林主任一样，相信你！”

“那你也不担心自己在家孤独辛苦？”

刘慕真低着头，眼里竟泛起泪光：“你说呢？那应该是你的担心呀！”

文伏波一把搂过妻子将她紧紧地抱在怀里：“是的，是我的担心！”他沉吟片刻道：“这一仗是一场恶仗，不是三年两载能打完的。家里的事全指望着你了。”

刘慕真靠在丈夫温暖的胸膛上，轻声地说：“家里有我，你放心去吧！有孩子们陪伴我，有妈妈帮着我，你不用担心的。”

夜已深沉，两个人还久久无法入眠，他们絮絮叨叨说着家里的事，单位的事，工程的事，他们都知道，往后像这样相拥相伴的夜晚，一年里是难得有几回了。

1958年8月21日，文伏波告别家人，远赴丹江。

丹江口，因江而名，系汉江最长的支流，丹江汇入汉江的地方。它地处鄂西北，水资源丰富，著名的道教圣地武当山亦在其辖区内，使这一方水土形成山水交融的旖旎风光。

丹江口市历史悠久，至今已有近3000年的历史。春秋战国史称均陵郡，自秦代设武当县。汉承秦制，隋唐首称均州，京剧《秦香莲》里的那个陈世美就是均州人。后历经武当郡、武当军节度、武当县。明洪武二年，废武当县入均州。宋、元、明、清历代皆为重镇。

在丹江口水利枢纽工程兴建的决定下达之日起，水库上游的古均州城就搬到了丹江口工程所在地，此地原名沙陀营，后更名为丹江镇，是均县搬迁后的县城关所在地。

1983年均县撤销，成立丹江口市。丹江口得名完全是因为丹江口水利枢纽工程而来。当地百姓称丹江，外地人一般会叫丹江口。

此时33岁的文伏波已不是当初的青涩小伙，有了荆江分洪工程和杜家台分洪工程的设计经验，从理论到实践已经具备一定的条件。但是他明白，对于承担起这副重担，他还有许多工作要做。

首先是施工详图的设计工作量巨大，其次是"大跃进"的形势对施工不利，还有……文伏波把即将开工的丹江口水利枢纽工程想一遍，头就大了，他把自己关在房间里，一件件地想，他要理出一个头绪来，再去想如何解决的途径，他终于在一团烂麻中于一个黄昏将那些困难清晰地写在了日记本上。

其一，由于长办工作重心已向三峡转移，设计人手有限；其二，由于仓促上马，缺少机械化设备，只能土法上马，采取半机械化施工，原设计方案大部分面临推翻的困难；其三，在大干快上的形势下，既要满足施工进度，又要确保设计对工程质量的要求，同时抓好两项工作实属不易；其四，国家处在三年困难时期，施工设计必须尽可能减少工程量及施工难度，巧妇难为无米之炊，为节约一立方米混凝土、一立方米土石工程都要绞尽脑汁；其五，改变了原来以左岸为主的设计方案，而实际主要工程集中在了右岸，必须重新设计围堰方案；其六，开工不久，即遇到中苏关系恶化，苏联专家全部撤离。

文伏波对一同赴丹江的25名长办设计代表小组成员摆出了枢纽工程开工前后将面临的巨大困难，让大家明确了形势，做好充分的思想准备。

六大困难就如六座大山拦在了所有人面前，这时有人怀疑，以文伏波的能力，他能挑起这副重担吗？这么多矛盾，过去有苏联专家的指导，要解决这些难题都不容易，现在他文伏波有三头六臂吗？各种猜测接踵而来。

可开弓没有回头箭！已经到达丹江的文伏波，已无心理会那些猜测与疑问了，因为即使换了另外的同事来，大家一样面临这些困难。现在最重要的是：闯关！

# 第二十六章　大干快上

9月的丹江口，酷暑难耐，文伏波头戴草帽，上着一件白色短袖衬衫，下穿一条深色长裤，脚踏一双大头鞋（劳保鞋），出现在围堰、清基现场，这里必须采运足够的砂石骨料，满足一期混凝土浇筑的需要。

高音喇叭里播放着“大跃进”的洪亮歌曲，工地上扯起了“多快好省大干快上”的大红横幅，有人提出“一年基本建成”设想，即一年内把左右河床的两期围堰内的混凝土工程做出水面，达到全线上升的条件。

省长张体学为此召集了几次会议，他说：“经过大家讨论研究，认为一年基本建成是有可能的。”他要求文伏波召集设计组进行讨论。文伏波说：“只有在一切条件都迅速具备的情况下，才有可能。”

张体学说：“没有条件咱们就创造条件。”

看到工地的准备情况，文伏波心里可是一点底都没有，这一年基本建成与原设计方案相比，有重大改变，光是设计工作就有好多要调整，何谈建设？技术人员、设备、材料都不具备啊。

文伏波感到十分忐忑，他向张体学请假，他要回武汉向长办党委汇报，并听取其反馈意见。张体学批准了文伏波的请求，同时叮嘱文伏波说：“你回去看林主任有何想法，就说设备、器材、物资、交通运输、劳力等，不要设计方面考虑，设计方面要研究这样高速的施工，在技术上、质量上有什么问题。”

薄暮时分，文伏波和长办党委委员、秘书长孔晓春便回到了武汉，两人来不及回家休息，立即向林一山做了汇报。林一山迅速召集党委扩大会议，总工程师李镇南和各处负责人参加了会议。会上讨论了两个问题：一是坝体上升速度，浇筑场面是否可同时容纳大量混凝土；二是混凝土的散热问题如何解决。

会议决定成立散热组和浇筑组专门研究上述问题。散热组负责解决混凝土浇筑过程中的散热问题，浇筑组负责计算出混凝土浇筑上升速度及允许的最大日浇筑量。三日后，两个专门组汇报，散热组提出了一些散热的原则措施；浇筑组根据古田水库大坝一次上升45米、22米的经验，证明浇筑场面可控。结果，大家一致认为，加速浇筑速度一年建成有可能实现。

省长张体学也回了武汉，省委召集了专题会，林一山出席了这次会议。省委书记王任重在会上问林一山："如果一年内无法建成，会有什么危险？"林一山说："如果设备、器材、物资、交通运输、劳力等问题都能配合工程建设，散热问题采取措施，控制浇筑场面，没有什么危险。"

就这样，会上形成一年内基本建成的方案。

与荆江分洪工程一样，丹江口依然打的是人海战术，10万民工云集，工棚一间连一间，采取大兵团作战，人山人海。

可由于开工仓促，施工现场没有足够的机械化设备保证，作为汉江丹江口工程最高决策者的张体学省长着了急。

"没有机械咱们就干不成事了么？把全省的能工巧匠找来。咱们土法上马也要干！"张省长下令在全省抽调十大水利工程的指挥长、有经验的老工人和工程技术人员来到工地现场，让大家开动脑子，集思广益。

"土"专家认为，既已开工，就面对现实，没有足够的机械，咱们有一双手两条腿，就是一座山，人多力量大，也能移动。

"洋"专家认为，这么大的施工现场，这么重要的工程，没有机械，工程进展慢不说，也无法保证工程质量。而且之前对于工程的设计都是建立在机械化的前提下拿出的设计详图，如果靠人海战术，原设计方案得推倒重来。

两派意见不一，各执一词，工地进行了两次大规模的讨论，"土洋之争"轰动了工地，轰动了全国。两派争论的结果是，面对现实，土法上马。

这个方案急坏了文伏波，他打电话向林一山汇报，林一山说："同意会议决定，这么大的工程，在这么困难的时期，要引起全国的重视和支援是不容易的。先土法开工，下了河，干起来了，就会引起重视，支援就多了。就好比要猴把戏，敲起锣，杆子树起来了，猴子爬上杆了，观众就来了。”

听了老领导的话，文伏波的思想也转了个弯，国家财力不足，物资紧缺，这也是不是办法的办法，唯有配合施工改变设计方案，做好新的设计。

1958 年 10 月，秋高气爽，张体学带着文伏波等一行人前往北京，向周恩来总理汇报丹江口枢纽工程的施工情况。张体学首先向水电部刘澜波、钱正英谈了土法施工、一年工期的方案，然后将同一内容向李先念副总理进行汇报。最后，周恩来亲自主持召开了有关中央各部的会议。会上，周恩来总理要求各部支持、支援丹江口的器材、物资和设备。这次会议解决了丹江口工程的不少问题，尤其是水泥、汽车等一类的物资设备供应问题等。

文伏波一路上想，这不就是林一山主任的“先打锣让猴子上树、再引起注意获得支援”的想法么？看来领导的思路就是不一样。总理的和蔼、亲切、睿智、果断给他留下了深刻的印象，他一生中有幸 7 次得到面见周恩来总理的机会，这是第一次。

1958 年 10 月 31 日，汉江丹江口工程局党委提出，将机构原名改为“汉江丹江口工程总指挥部”。11 月 20 日，中共湖北省委和湖北省人民代表大会常务委员会批准，指挥部正式成立，王任重任政治委员，张体学任总指挥，指挥部按军事建制设置和管理。

指挥部出台 28 字施工方针：

政治挂帅、加强领导、依靠群众、自力更生、土洋结合、以土为主、先土后洋。

28 字方针彻底放弃原来的机械化和半机械化施工的设计方案，从上到下，以部队建制成立团、营、连、排，实行大兵团作战的人海战术。

可工地的条件实在艰苦，“走进羊皮滩，两岸是荒山，喝的是泥巴水，住的是油毛毡。”这个顺口溜是形容人们的居住条件。地板是油毛毡铺的，墙壁是泥巴糊的，房顶是树枝搭的，许多人甚至连草棚都没有，只能天当被、地当床，身裹三尺雨布御寒。

人们还编出了另一个顺口溜形容自己的一日三餐：“早上硬邦邦，中午靠山桩，晚上调个顿，还是红薯汤”。一天十三四个小时的重体力活，一个月的供应根本解决不了肚子问题，民工们只得从家里带红薯干、苞谷糁，发霉的红薯干吃得他们直拉肚子。由于缺油少盐，许多人得了浮肿病。

这是一个新奇的时代，这是一个人定胜天的时代，这是一个后来称为浮夸的时代，“大跃进”的高潮席卷全国，丹江口不能幸免，为跟上全国形势，创奇迹，放卫星，实现丹江口工程建设，施工方提出了“速度第一、质量第一、勤俭第一”的施工方针，口号归口号，符合“多快好省”的指示精神，可三个“第一”最终只变成了“速度第一”，只强调破除迷信，解放思想，却忽视了尊重科学和客观规律。

▲在施工现场

作为现场质量代表小组的负责人，文伏波看在眼里，急在心上。水利工程的施工应该严格按照设计而行，短工期、高速度是质量之大忌，可这里却是设计听命于施工，怎样方便怎样干，怎样快速怎样干，他无法改变，无法阻止。他既要满足施工进度的要求，又要确保设计方对工程质量的要求，真是进退维谷、左右为难。折中的办法是，在确保质量的前提下，主动修改部分设计以方便施工。另外组织设计人员轮班到现场监督质量。对于无法纠正的，认真做好记录以期寻找解决问题的办法。

首先进行的是料场选择的设计修改。在最初的料场选择设计方案中，地点是在汉江干流南阳、邓县、枣阳等地普查，因距离远、造价高、运输困难而放弃；后来扩大初步设计阶段对于料场选择遵循砂石质量好、适合人工开采、经济合理的原则，拟定了 3 个方案：

其一是辽河粗砂掺羊皮滩细砂加羊山碎石方案。优点是辽河砂质量较好，与羊皮滩就地细砂掺和，可解决细骨料的来源和质量问题；缺点是路远，不经济。

其二是王家营砂及卵石加羊山碎石以补充 4 厘米以上卵石的不足的方案。优点是运距最近，利用 4 厘米以上的卵石造价经济；砂的质量数量能满足要求，有施工场地和堆放现场。缺点是水下开采，需利用大部分碎石。这个方案不适合一期工程，仅适合二期工程。

其三是包括前两个方案。这样，一期工程以土法为主，人工进行水上开采，同时利用汉江水道重下轻上的运输，无须修建交通道路，准备时间短，为过渡到机械化施工赢得时间；具有第二方案中的优点。缺点是二期工程仍需水下开采，需要一部分碎石。

经过比较，设计代表决定选择第三个方案。截流前充分运用水文和地形的有利特点，选择坝址上游 15~30 千米以内的青山港、黄家垸、陈家港、渔郎滩等沿地滩地，作为主料场，并利用枯水季节开采坝址下游 3~5 千米以内的羊皮滩、饶家营作为辅料场。

料场确定了，砂石料的开采和运输问题接踵而来。开采、筛分、转运、清洗和装船这五道工序里，以转运设计的难度相对最大。骨料成品在河边的临时堆料场上集中分级堆放。装船后运往工地，一般在距水50米内不再转运，50~100米由人工担运，超过100米用胶车转运。

一条废石料铺填的路基上铺一层黄黏土，再撒铺一层小石子及粗砂。夯实踏平，4米宽的路面就可供民工们往来运输了，人力施工灵活性大，最初运来的石料大部分堆放在右岸河边沙滩上的临时料场，只有一部分送到了围堰，供现场混凝土拌和。至1959年4月，汉江春汛来临，这个地方因地势低洼，骨料遭到洪水三次淹没后，影响了质量，只得在坝址上游右岸500米处的黄土岭上，新辟一个永久性露天堆料场，才解决了骨料堆放问题。到10月份，运往黄土岭的骨料因路远、坡陡、场小，便改人力担运为皮带输送机及卷扬机转运。

料场的变化引起场外运输的重新设计。第一期骨料产地主要分布在坝址上游的渔郎滩、陈家港等4个沙滩上，左右两岸都有，渔郎滩最远，贮量最大，质量最好，加之两岸山崖陡峭，要修运输线路，工程量大，短期也无法竣工。河段水流湍急，多浅滩暗礁，至坝址水面落差达6米。而枯水季节，通航水深不到1米，只能用木船运送，机动船无法使用，为了保证骨料运输，只得设计在30千米的航道内重新开辟纤道，设置航标、航灯，疏通浅滩、炸除暗礁。

按照一年基本建成的目标的原设想，1959年3月或4月左右，左岸要下河截流。但当时右岸河床还在挖地基，混凝土浇筑才刚刚开始，左岸尚未下河。当王任重和林一山到工地视察时，知道一年基本建成的目标已不可能。为此，经过数次会议后，王任重提出："确保右岸，力争左岸"的口号，林一山说："一年方案实现不了，左翼兵团必须赶快撤退，确保右岸。这好比一个人爬岩壁，上得不高，掉下来不要紧，现在左岸不下河，保右岸，等于掉在棉花包上，没有一点损失。"

不过，工地此时仍然按照原来两年基本建成、第三年扫尾的规划进行施工。这个速度也是相当快的。

从 1958 年的 8 月到 1959 年的 10 月，一年多了，文伏波没有休息日，除了回长办、上北京向领导汇报工作，他没敢离开岗位。

暑往寒来，又近冬月。江上依然船帆点点，文伏波身穿棉袄站在坝址前，他在思考水上运输系统与陆上装卸系统该如何配合才能提高速度。

将船只编上号，确定吨位，在船舷两侧打上满载水线，以每方石料重 1.89 吨，砂为 1.45 吨载装放量。上水拉纤，下水摇橹，急流险滩处，20 多人拉纤逆流而上，装、运、卸三个单位协商研究，签订三方合同，日夜通航作业，风雨无阻，大大加速了船只的周转，日运输量达到 7000 立方米，月运输量达到了 14.5 万立方米，大大提高了骨料运输进度。

到 12 月截流之前，通过重新变更的设计方案，丹江口工地完成了砂石骨料 120 万立方米的开采和运输任务，保证了截流前 41.5 万立方米的混凝土浇筑，如期完成了一期工程，迈出了丹江口工程创业史上最艰难的第一步。

# 第二十七章　不负众托

丹江口工程开工时、工地基本建设严重缺乏，许多民工不得不住在油毛毡做顶、棉梗稻草做墙壁的芦席棚里，冬冷夏热。

文伏波每每走近这些油毛毡工棚时，就在心中暗暗想着一个重要的问题，那就是如何在物资极度匮乏的情况下，既保证质量，又配合进度，还能尽量减轻这些民工的劳动强度。

修改设计！这是他所能作出的唯一让步！

第一，改坝型，从混凝土双墩大头坝改为宽缝重力坝。

坝址河床地质结构为坚硬不透水的前震旦纪辉绿岩和闪长岩，两岸则为片岩、千枚岩和红色岩系，且地形切割，冲沟发育。原设计中河床部分的混凝土坝型是考虑大容量的溢流建筑物及大型水电站厂房的需要采用混凝土双墩大头坝。但是开工仅一个月，张体学在主持召开的省委会议指出：混凝土双墩大头坝施工技术复杂，工地技术人员少，民工多，而且缺乏大头坝所需的木材，运输条件差，没施工设备。为便于施工，提出将双墩大头坝改为结构简单、木模板用量较少的宽缝重力坝。这个提议遭到曹乐安和魏廷琤的坚决反对，理由是重力坝需要的混凝土方量多，不经济。但林一山同意修改设计，他认为重力坝是靠本身重量稳定，是一个三角形，就是倒过来也是一个三角形，推不跑移不走，另外双墩大头坝对地基的地质条件要求较高，破碎带很难处理。因此文伏波在现场对坝型设计作出重大修改。

第二，改围堰，右岸一期低水围堰改为土沙石混合围堰。

这是一项重大修改，说它重大，是因为指挥长两次召集工程技术人员集思广益出主意，是因为没有施工条件打下钢板桩，3 万多人焦急等着新的设计方案，是因为文伏波提出的方案遭了众多技术人员的质疑。

右岸一期围堰在多种方案中，选择将一期纵向围堰设计为格形钢板桩围堰，并在纵向段修建丁坝。这个方案可以防止围堰基础渗水，降低江水流速。从而在水下清除沿纵向段深达 25 米的覆盖层，并使临时作为混凝土纵向围堰的混凝土大坝第 18 跨的基础开挖及基础处理的质量达到要求。然而这个方案需要钢板桩 2100 吨，还需要打桩机、高压抽水机等。这些设备中国没有，只能在国外订货的机械设备，如不能如期到货，将错过枯水期，工期就得推迟一年。张体学指挥长两次召集开会，有人建议用木板桩代替钢板桩防渗，尽管遭到设计代表组的反对，但最终会议决定使用这个办法。这木板桩需要粗大的杉木 3000 立方米，而丹江口附近不产这种杉木，只得到襄河附近寻找，结果只搞到 1200 立方米，远远达不到施工要求，而且，即使弄到，那么大的杉木运到工地也需要很长时间，况且经过试验，木桩根本难以打进卵石层，费了九牛二虎之力，看来只能除掉木板桩。3 万多双眼睛看着文伏波和他的设计代表们，他们也没了把握，因为右岸基坑若抽不干水就可能延误工期。

文伏波电话请示林一山，林一山道："可以取消木板桩，假如基坑抽不干水，可以重新再做，这个并没有什么危险。"

取消了钢板桩和木板桩，一个"以土赶水"的新法开始实行。3 万多人投入到这个新法子里。它是用土石从岸边向河床推进，把整个围堰范围内的河床用土石造滩，填出水面，造出陆地，然后再把土挖掉，形成右岸一期低水围堰，同时在预定的堆石戗堤轴线上抛块石及竹笼块石。此法施工简单，就地取材，但工程量太大，开工 10 日，劳动力不能按量到达，又遇洪水，此法又被迫放弃。

工程停了下来，3 万多位民工无可奈何地等待着。

"文组长，你还有什么办法吗？"张体学省长急了。

"文组长，你那个脑子快点造出个新点子吧！"民工急了。

文伏波不吱声，他暗中将钻机调到了现场，对覆盖层进行采样，却发现覆盖层并不像想象的那么厚。同时请地质队重新对河床、沙砾石覆盖层进行抽水试验，补充砂卵石覆盖层的渗透系数测定。11 月下旬，已是寒风呼啸，地质队拿来了测试结果：

每昼夜渗透系数 K=16~29 米，这与开工前长办地质队所测试的每昼夜 K=20~150 米要小得多。

新的试验数据表明，一期围堰施工，可以取消板桩和井点系统。做一道防御本年 11 月到次年 5 月中低水位的围堰，使作为纵向围堰使用的混凝土大坝第 18 跨及上下游混凝土纵向围堰（上游最大高度为 43 米，下游最大高度为 25 米），在低水围堰保护下，清理基础，开挖覆盖层和岩石，问题就迎刃而解。

文伏波说：“只要混凝土纵向围堰工期得到保证，采用 11—5 月 5% 频率流量 8060 立方米每秒，作为低水围堰防御标准，则平均流速可降至 4.5 米每秒左右，那么，一期低水围堰纵向段的型式及其基础的防冲措施就会大大简化，可以放弃规模较大的垂直防渗法，采取土砂石混合法修筑右岸一期低水围堰，迎水面用块石护坡，迎水坡基础用柴排块石保护。”

有人问：“如果出现较大流量怎么办？”

文伏波分析道：“经过考证，坝址处历年从 11 月至次年的 5 月，每个月最大瞬时流量从未出现过此前设计防洪标准 10000 立方米每秒以上的流量。5 月以后，如果汉江出现较大流量时，一、二期合用的混凝土纵向高水围堰及一期上下游横向高水围堰已在低水围堰保护下修好。即使发生大的洪水，纵向围堰的防冲问题也已经不存在了。

这个牵挂着张体学指挥长和 3 万多民工焦急目光的设计修改，一下子引起了水利技术界的密切关注，人们为文伏波捏了一把汗。他们担心，土砂石混合围堰工程量太大，很难在一个枯水季节内完成；他们担心，围堰基础覆盖层渗透系数太大，只有抽槽或打板桩，才能有效解决渗水问题。他们还担心，截流时裹头保护困难，怀疑葡萄串块石及竹笼块石能否抵挡 6 米左右的流速冲刷。更有人担心，土砂石围堰不可靠，不可能修建起来，提出要做混凝土围堰与汛期过水围堰，裹头采用木笼结构。

这些担忧不无道理！面对质疑，林一山组织长办专家和水电部专家收集资料，讨论、计算、试验、研究、论证，结果表明，混凝土围堰和过水围堰比起土砂石围堰，木笼裹头比起块石裹头，技术更复杂，工期更难保证，尤其不能就地取材。“以土赶水”改为“分期围堰，分格排水”，土砂石混合围堰的设计方案得到了专家和施工单位的一致赞成，获得水电部的批准。

为了基坑能抽干水，文伏波等在设计中扩大了围堰黏土断面，加了一截水平铺盖，原设计用 19 坝段作纵向围堰，内移到 18 坝段，增加抽水设备。文伏波和他的设计代表们守在抽水机旁，日夜值班观察围堰边坡的变化。抽水 2 小时后，围堰合龙即开始出现裂缝，并不断扩大，此时采用砾石土及碎石渣压坡脚，内坡不再开裂，趋于稳定。这表明，修改设计在理论上、技术上和实践上，都是成功的。

林一山没有选错人，这是一匹千里马！文伏波出名了，以前认不得他的民工都知道那个戴着眼镜话语不多的设计师了。他让 3 万多名民工再次投入热火朝天的劳动中了。

# 第二十八章　成功截流

文伏波从右岸一期围堰的设计返工修改中认识到，河床覆盖层的分布及其性质，特别是渗透系数值及截流轴线的基岩地形，是两大关键，在设计左岸二期围堰时，他集中力量补充了围堰的地质勘探。

可不能再让几万人等着拿设计方案了，可不能再让指挥长焦头烂额了，现在的问题是要解决渗水问题，一旦拦蓄设计预估的 20 多亿立方米洪水，必须做到安全可靠，在摸清了围堰基岩形状及覆盖层的分布后，决定在两侧基岩高的地方抽截水槽，在基岩低的深槽部分用黏土铺盖的办法防渗。电拟模型试验证明，此法可行。

二期围堰的上游横向围堰型式，是关系截流成功的重要因素之一。既要安全可靠，又要充分利用当地建筑材料和一、二期基坑留下的废料，在施工上要力求简便宜于土洋结合，还得保证尽量减少施工量。鉴于这些因素，设计代表们最后决定大打人民战争，采用背水堆石体截流。截流后作迎水砂体及黏土心墙，抽水抽至基岩，上接黏土墙。

每一个设计方案都凝结着设计代表们的心血和智慧，组长文伏波深深感慨，在实践中得来的设计方案较之理论上的设计方案要全面实用得多。每一步都得走实，每一步都如履薄冰。因为一个方案的差异、一个数据的不同，都会带来一个不同的结果，他所要做的是带着大家去寻找那个最优方案。

围堰的拆除让他深有所感。苏联专家提醒他："除了纵向围堰，其余围堰是要拆除的，必须考虑这个问题。"

最初的设计是上下游围堰建迎水堆石体，只是考虑了安全的需要，而忽视了拆除的便利。

专家的提醒如醍醐灌顶，文伏波立即组织设计人员做修改，他们将迎水堆石体改为堆砂体，这样既减少了石方数量，又便于日后水下拆除，大大减少了施工干扰，引河开挖出很多的沙砾料一下子有了用处，真的是一举多得。后来设计电厂尾水河段二期下游围堰抛块石时，亦设计改为了抛沙砾石。

每行一步都得深思熟虑，每个方案都有最好的设计，失之毫厘，谬以千里，文伏波的脑子是紧绷的，他除了设计室，就是工地，他做梦都在寻找设计的最佳方案。在围堰打好后，下一步就是截流的设计方案了。这是工程的关键。

如何选择截流位置？截流采取什么方式？

文伏波拿到导流组反复核算的数据陷入了沉思。原设计截流流量标准为1510立方米每秒，测量时间为12月1日至次年的3月31日5%最大日平均，而在12月16日至次年2月28日5%最大日平均所得的截流标准仅为830立方米每秒。经过时段流量作频率分析后，选定12月下半月5%的瞬时流

▲丹江口大坝建设汉江截流

量 640 立方米每秒 作为截流设计流量。如此，截流工程量和截流底孔断面尺寸也会减小。截流流量的巨大变化意味着截流位置、方式、方案及抛投材料等一系列施工方案必须重新设计。

这是眼下迫在眉睫的设计大事。

截流的位置在哪里？设计代表们看着文伏波。

“截流的地点无外乎三个，一是上游围堰，二是下游围堰，三是上下游围堰同时截流。”文伏波分析：“下游围堰覆盖层厚达 21~30 米，截流体基础保护困难，任其冲刷，工程量太大。如上下游围堰同时截流，施工组织复杂，指挥不易。”最终，大家选择在上游围堰截流。具体位置又需得精心比较。

有代表提出：“在上游围堰迎水堆石体及背水堆石体同时截流。”这个方案因施工要作两个裹头和两个龙口，组织复杂。放弃。

又有人提出：“在上游围堰迎水堆石体处截流。”这个方案因龙口需沉排或抛大块石，且束狭水流将大量冲刷覆盖层，对防渗不利。亦被放弃。

设计代表们最终选择在上游围堰的背水堆石体处截流。它因下游堆石体处拥有覆盖层薄、有利于防渗、节省块石、减少运输里程和工程量等显著优点。缺点是合龙后需得上游迎水沙堤合龙闭气才能抽水。

真是群策群力，集思广益，讨论的结果令文伏波十分满意。他又抛出一个问题：“选择什么样的方式截流？”

他采取上述方式给代表们分析：“截流无外乎两种方式：平堵与立堵。前者流速较小，抛投块体较轻，工程量小，但架设浮桥需要大型驳船 10 多艘，型钢 200 吨，钢丝绳数千米，这些目前没法弄到。而立堵，适合于岩石河床基础，200 米宽的左岸河床显然不适宜。”

文伏波说完，立即有代表道：“截流体轴线处左岸基岩高、覆盖层薄，可先平堵右岸河床形成左岸龙口。”话没说完，另有人接口：“以立堵为主，辅以平抛，最后合龙。”

这个经设计代表讨论的截流方案最终形成，即：龙口留在左岸，龙口右部以平截为主，龙口形成后，再自左岸端进，立堵合龙。

方案形成了，是否能真正成功还是一个问号。文伏波道："咱们是在冰层上行走，不能有任何闪失，必须是万无一失！"他布置了设计代表组与施工方的截流演习，1959 年 11 月 1 日，截流轴线处水面宽约 150 米，水深 11 米，流量 5903 立方米每秒，右岸导流渠安然无恙，没有泄水！继而，文伏波决定再举行两次进占演习。

12 月 22 日下午 2 点 30 分，汽车、自卸双拼木船集中到了上游围堰处，它们有序地上料，运输、抛石，施工方统一指挥，统一调度，灯火通明的工地热气腾腾，至晚上 9 点演习结束，设计代表们方松下一口气。两日之后，又组织了同样的一次进占演习，这次时间长达 13 个小时，从 12 月 24 日 12 点开始直至 25 日凌晨 1 点结束。呼啸的寒风中，文伏波的脸上露出欣慰的笑容，进占演习证明截流设计是合理的，施工方组织工作井然有序，通过一年多的协调磨合，施工人员的素质大有提高。

1959 年 12 月 26 日，是毛主席 63 岁寿诞。丹江口水利枢纽工程建设工地红旗猎猎，人声鼎沸。此时水情组提供的数据显示，江上的流量为 280 立方米每秒，龙口尚宽 22 米，最大流速为 6.88 立方米每秒，水位差 2.84 米。指挥部成员和设计代表组全部立于岸边观看着这一重要的历史时刻。指挥长张体学站在文伏波身旁，不时用眼神去询问他，文伏波沉着地看着江面，不时点头。他们把目光投向大坝的建设场上。

岸上，只见一辆辆自卸车插着小红旗，组成突击队在路上快速端进，有序抛投砂石；而江面上，对对双拼木船承着 30 吨的装载量，一次就抛出 3 吨重的竹笼 6 个，还有数只木船在岸上设置的卷扬机的牵引下，在 5 米以上的急流中稳稳停泊、抛投，用时短暂，行走灵活，这些竹笼块先是填平了龙口较深的地方，为截流戗堤进占增加了稳定性。

水陆并进，土洋并举，原本设计的合龙时间由预设的 60 小时减到 24 小时，最后正式合龙只用了 3 小时 10 分钟！

工地沸腾了，欢呼声响彻云霄！张体学指挥长紧紧握住了文伏波的手，文伏波的手紧紧握住了设计代表们的手，设计代表紧紧握住施工人员的手，一双双大手紧紧握住一起！这是激动的时刻，是欢乐的时刻，是庆祝胜利的时刻！

从 1958 年 11 月 5 日正式下河，修筑土砂石组合围堰，至汉江截流，在短短 1 年 4 个月的时间里，为配合高速度施工，设计代表们巧妙地利用丹江口的自然条件，不断修改设计，简化施工，缩短工期，减少了岩石开挖量 6 万多立方米，节约钢材 3000 吨。一年多千辛万苦，一年多风霜雪雨，一年多的寝食难安，换来今天的成功与喜悦。文伏波百感交集，他憧憬着丹江口工程竣工发电的前景，心潮起伏，即兴吟诗一首：《浪淘沙・丹江口有感》

一九三五年，洪水滔天。汉江两岸漫无边，八万生灵随逝水，含恨九泉。

人民掌政权，干劲冲天。丹江口外筑石堤，防洪发电兼灌溉，福满人间。

看着设计代表们一张张憔悴的面容，文伏波心里一酸，他决定给大伙放几天假，让他们回家去看看家人，休整休整。下一步即将开始的新项目施工建设，需要他们整理一下行装，再出发。

# 第二十九章　调剂盐梅

文伏波的家在上滑坡宿舍的楼房里，实木地板，干干净净，坐在回武汉的汽车上，文伏波闭着眼想，半年多没有回家，孩子们又该长高了些，妻子又该累瘦了些。这几年好多人都吃不饱饭了，工地上的一些民工说，就冲着每天供应的白面馒头也愿意上工地。文伏波漫无边际地想着想着，就进入了梦乡，他实在是太累了。

一觉醒来，已到武汉，事先没有告诉家里，等他胡子拉碴回到家中时，一家人围了上来。他惊喜地看到，他的胖胖又成了将军，她又怀孕了。文洪、文潮呼叫着拉爸爸的衣襟，蹭在他的怀里，用小手摸他扎人的胡茬。文伏波接过丈母娘倒来的茶水，心里感到一阵阵熨帖，这是家！是温暖的家！是游子日思夜想的家啊！

他喝一口水，赶紧解开了提包。一包一包拿出他带回来的礼物，那是一小包花生、一小袋红糖、一小包大米、一袋孩子们爱吃的饼干。刘慕真嗔怪道："你看你，自己舍不得吃，都累瘦了，还顾着家里。"

文伏波憨厚地笑笑："我可是吃得饱饱的啊。" 刘慕真知道，这是丈夫在计划口粮里省下来的。

过完元旦，文伏波依依不舍地告别怀孕的妻子和孩子们，迅速返回到工地。他将要面对的是基础开挖标准与爆破标准的设计处理。

丹江口工程坝址的基础开挖分为三期，即一期河床基础开挖、二期河床段基础开挖、1964 年主体工程复工后的防渗板基础开挖和左右岸联接坝段的基础开挖。

按施工方法划分，可概括为以土为主的右岸一期和左岸二期的基坑开挖和以技术为主的防渗板基础和左、右岸联结坝段的基础开挖。前期由于开工仓促，地质情况不明，技术薄弱，设计任务相当艰巨，施工方与设计方的矛盾甚为尖锐。开工前的 7 年中，地质勘测对坝区构造破碎带、节理、裂隙的规律了解不深，变质火成岩系的生成原因也没摸清，新构造的影响也没作出肯定的结论。因此在第一期基坑开挖过程中，发现几条相当大的破碎带与破碎带交汇影响区和一条岩壁陡立的深槽时，文伏波等设计人员处于完全被动的境地。

文伏波知道，大坝基础开挖的质量关系着工程的成败。他和设计人员制定了建基面利用岩石标准、开挖轮廓和基坑形态标准、岩石开挖爆破技术措施、基岩整修和一般地质缺陷处理等设计施工标准。但在“左倾”思想影响下，施工方往往对长办制定的设计标准提出异议，我行我素，文伏波和曹乐安不得不每天带领设计代表亲临现场，24 小时轮流值班，亲自协助或监督施工方按标准施工。

设计员丁琦是个女同志，她每天坚持拿一个地质锤敲打浇筑面，遇到不合格的就要求立即返工，否则坚决不验收，人称“小钉锤”。一个阳光灿烂的早晨，“小钉锤”发现，施工方为抢进度，在左岸山体上准备放“坛子炮”，就是在地上挖洞装炸药爆炸。坛子炮必将损坏基石，“小钉锤”立即出面阻止，这惊动了省长兼指挥长张体学，他在工地主持了现场调度会。

施工经理说：“这个进度太慢了，必须想办法，我们要挖三个坛子，每个坛子装 3 吨炸药。”

丁琦立即反对：“你可知道，这些炸药的破坏力相当于 3 度地震，基石受不了那么大的震动！”

谁知坐在一旁的一个地质工程师说：“一吨炸药只等于 0.3 度地震，三吨炸药没有问题。”

省长大约没听明白两人的争论，他笑道：“‘小钉锤’，你怎么把个小数点移了位呢？”会场里轰地笑起来。

丁琦十分生气，她懒得再申辩，一个人走出了会场，这时正好碰到了在工地来视察的林一山，林一山看到她的样子，了解了事情的起因，安慰她道："别怕！不能让他们放！不管是几级地震，集中放炮就是破坏基岩！"

丁琦听了老领导的话，回到了会上，她再次坚决重申不能放坛子炮的理由。文伏波据理力争，会上最后还是决定，炮仍是要放，但可把雷管改成延发的，多次点火，减少一次大药量爆炸的集中冲击。

张体学后来碰到丁琦，就跟她开玩笑："小丁啊，我一看到你拿着个地质锤到处敲打，我就心惊胆战哩，你那锤子一扬，说不定什么时候就要返工了，返工就得耽误几天工期哟。"

张省长尽管这样说，但从来没有阻止过丁琦的行动。

施工方与设计方出现的矛盾，大多由文伏波出面调解。无碍大局的建议，文伏波有时会妥协。这一次双方都作出了让步，既尊重了设计方的意见，也考虑了施工方的开挖进度。文伏波只得随他们去用雷管起爆了。

但一些不符合质量的建议，文伏波定会"寸步不让"，如此一来，双方的矛盾开始尖锐起来。

丹江口坝址的火成岩，要求爆破标准严格控制起爆药量，严格禁止大爆破，严格控制岩石起伏差。但是施工方认为这妨碍了施工进度。

这一天，施工方在右岸的河床上启动了钻机，他们要用机钻钻深孔爆破坝址区地基。文伏波和设计代表们上前阻止，钻机仍是轰隆轰隆地响起来。

"这是危及大坝安全的愚蠢做法！请你们立即停止！"文伏波急了。

施工方哪里肯听他的，他们听张体学指挥长的，指挥长要的是速度。

文伏波气得跑回指挥部拿起了电话，直接向林一山汇报。林一山道："你别急，我立即电告总理。"周恩来总理很快接通了水电部的电话，水电部随即作出了禁止放大炮的规定。

如此几次，张体学没辙了，他很是有些恼火，唉，以前总与自己抬杠的是林一山，现在变成了文伏波。这个人比林一山还难对付，那林一山是个直率人，往往跟自己对着较劲，文伏波不对着干，他还转一个弯，转一个大弯，拿水电部来说事！够厉害的，我这个省长兼指挥长发个话，他也这么顶着来！

张体学这些心理活动，文伏波猜得清清楚楚。反正林一山给过底。不是他文伏波不想听指挥长的，实在是工程建设在质量上来不得半点含糊。

每次看着文伏波认真的样子，张省长就毛焦火辣，有几次急了，他冷着脸对文伏波说：“你这个人，技术上有两下子，能吃苦，也勤奋，就是什么事都听林一山的。”

文伏波看着张体学着急的模样笑起来：“省长啊，长办是设计的代表，设计与施工在工程中是互相制约的，我虽然是工程局党委的委员，但在涉及工程质量的大问题上，必须听从设计意见。有不同意见时，得寻求一个解决办法。”听着文伏波有板有眼地拿工程质量说事，张体学的脸上有所缓和，文伏波又道：“林一山主任对工程的意见，我会原原本本地讲给省长听。省长对工程的看法，我也会原原本本地传达给林主任。”

张体学不再说什么，他知道，文伏波的认真虽然有碍于工程进度，但他是为了工程质量，从心眼里他是认同和赞赏他的。

# 第三十章　如履薄冰

工程地基质量关乎千年大计，基础不牢，地动山摇。坝基开挖后，即实施混凝土浇筑工程，文伏波的心就被深深地揪住了，他深深地懂得，一旦混凝土浇筑之后，一切都难以补救。如履薄冰，是他这一阶段的心理最恰当的形容。

是时，黄河三门峡水利枢纽工程实行工程验收的做法给长办以极大启示，在林一山、李镇南、曹乐安等长办领导的积极建议下，水电部决定成立丹江口基础工程验收委员会，下设基础验收小组，由设计、施工和地质三方面人员组成。组员们日夜坚守在基坑内，验收合格发放合格证才准许在地基上浇筑混凝土，一旦发现问题，便及时进行处理。

林一山和水电部副部长王英先一行，带着中国和苏联专家组成的国务院军质量检查组，曾到工地检查基础开挖质量，对文伏波坚持验收制度、严把质量关表示满意。

丹江口大坝坝址的地质条件总体来说是不错的，绝大部分是坚硬的岩石，天然的基础岩石，长期受到内外营力的破坏，也在存在不同程度上出现风化、破碎、断裂构造、软弱夹层的缺陷，开挖中发现了 9~11 坝段、14~16 坝段、20~21 坝段、26~28 坝段、26~32 坝段、33~35 坝段等坝段都存在地质条件复杂、影响范围广、处理难度高的破碎带，尤其是 9~11 坝段最为复杂。这些特殊的地质问题如不及时结合施工条件，进行处理，就会影响基础质量。

右岸 9~11 坝段基础的 F16 和 F204 断裂构造带交汇带的处理，是十分典型的一例。右岸河床 9~11 跨（即 9~11 坝段）的基岩，为变质闪长岩与变质辉长辉绿岩，新鲜完整的岩石结构致密、坚硬、强度高，但该处断裂构造特别发育，大小断裂共 88 条。其中主要有 F16 与 F204 两条破碎带。F16 构造岩有块状破碎岩、块状岩夹糜棱岩、坚硬糜棱岩、软弱糜棱岩和构造黏土岩；F204 构造岩有块状破碎岩、角砾岩和糜棱岩，两条破碎带在大坝范围内呈“八”字形分布。由于交汇带规模大、岩石破碎、构造岩强度较低，其饱和极限抗压强度仅为新鲜完整岩石的 1/12，软化系数较小，且构造岩与两侧完整岩石的弹性模量比值相差悬殊，基础会产生不均匀沉陷。如果水库蓄水后，在高压水头长期作用下，软弱构造岩有可能产生机械管涌。

这是丹江口工程坝基中规模最大、形状最差的地质缺陷区。文伏波召集全体设计代表通报了地质状况，设计代表们面面相觑，十分惊诧。文伏波冷静地说：“整个丹江口工程设计的最大技术难点即在于此。我们要立即组织力量处理。”

他迅速向长办领导汇报并寻求支援，一边在开挖过程中收集地质资料，进行大量深孔钻探以判明破碎带的走向与影响深度、进行野外静载试验及室

◀丹江口大坝

内地震法的物理探测试验求证破碎带范围内不同性质岩石的弹性模数，勘测和试验得出了大量数据，为破碎带地基处理提供了科学的依据。

在长办的组织下，前来支援的地质勘探队、长江水利水电科学研究院、北京水利科学研究院、苏联专家组，共同对破碎带地质条件和岩石情况进行了详细研究和勘察，拟定出处理办法。

专家们认为，先将基础挖至新鲜、紧密岩石，槽挖深度满足混凝土梁回填厚度要求后，沿 F16、F204 的断裂带再下挖 1 米。两侧边坡是混凝土梁承受荷载的主要地区，开挖时必须保证边破形状和岩石完整性。同时，为了便于施工，拟定开挖边坡为 1 ∶ 0.5。开挖后，东侧边坡形状较好，岩石也较完整。西侧边坡由于受北东向构造断裂和节理密集带的影响，岩石较破碎，个别处由于陡倾角顺坡裂隙发育，边坡较陡，约为 1 ∶ 0.3。软弱构造岩还具有失水后再浸水，即软化现象，故在开挖完毕后，必须进行严格的整修，对受爆破、浸水影响的岩石进行清除，确保混凝土与新鲜岩石结合良好。开挖处理之后，再一次做好基础灌浆和接触缝灌浆处理、防渗排水处理等。楔厚 10 米，梁的两端支持在较完整的岩石上，根据弹性模数的试验资料，考虑梁底部的破碎基岩承受一部分荷载。为验证梁的工作条件，还埋设了大量的观测仪器设备，获得了一套十分可贵的科学研究资料。

对宽度在 5 米以上的破碎带，首先将风化部分挖掉，然后用楔形梁的办法进行地基处理，挖深等于宽度的一倍，其中胶结的块体要挖到新鲜岩为止，再回填混凝土进行固结灌浆。

在每一天早晨醒来的时候，文伏波会在床上静静地躺一会，以此来清醒自己的头脑，往往是昨夜思考的问题，到第二天早上会更清晰。他把一天的工作在心里排上一个顺序，再一件一件去落实。而在每一个夜晚上床后，他也会将全天的工作在脑子里过一遍电影。古人云，每日三省吾身，他是做到了。如履薄冰的感受，他也是深深地体会到了。

有了 9~11 坝段基础的 F16 和 F204 断裂构造带交汇带的处理经验，斜穿 14~16 坝段的 F241 断裂构造带、20~21 坝段地基断裂带交汇区、F185 集中渗流断裂构造带、33~35 坝段的 F697 断裂构造带和剥离裂隙密集带的地基处理，基本沿用同样办法，比较顺利。

右部河床坝段基础处理的施工阶段，文伏波几乎没有睡过一个囫囵觉，他总结到，正确地掌握地质条件，是合理进行基础处理设计的重要依据，地质勘查的精确程度，直接影响到设计工作的正确性、施工的进度和建筑物的施工质量。基础处理设计是建立在精准的地质勘查基础上的。否则轻则贻误工作，重则造成不可估量的损失。

左部河床开挖，文伏波及时地进行了施工技术设计阶段的补充勘察，为基础处理提供了充分的设计依据，使设计方案更加完善和合理。

文伏波遇险不惊、沉着冷静的处事方式，如履薄冰、谨慎求实的工作态度，使破碎带的基础处理取得了效果，满足了坝体运行的要求，这里面蕴含了严谨、科学、责任的元素。后来，水电部在《丹江口水利枢纽施工技术总结》里，称赞文伏波为日后葛洲坝等大型水利枢纽工程破碎带处理提供了简单易行的范例，是水工技术上的一个新突破。

# 第三十一章　山雨欲来

破碎带的基础处理后，大坝进入混凝土浇筑阶段，“大力反右，大鼓干劲，大挖潜力，掀起一个以大坝为中心的施工高潮”的口号变成大大小小的标语在工地醒目地张贴，工地党委将全年混凝土浇筑指标定为160万立方米。

“小钉锤”式的设计代表不断报告浇筑的速度过快，质量出现问题的情况。混凝土大坝坝身出现了大量的裂缝、冷缝、蜂窝洞、狗洞，甚至架空，不止一个坝段如此，18坝段更为严重，发现问题后，解决的方法是边浇混凝土坝身，边补强灌浆。

在指挥部召开的干部会议上，文伏波义正词严地指出：“出现这样的质量事故让人痛心！我们万万不可贪多求快，否则会贻误大局！”

在质量分析会上，文伏波严厉告诫：“万不可贪多求快，如果这样只求速度不顾质量，只会有一个严重后果，那就是停工。”还在工地报纸上撰文呼吁：不可贪多求快，一定要确保工程质量。

有人对他的言论不以为然，认为他是小题大做。有人说，大家都知道，就你这么直言不讳地批评人，你这叫不识时务，你这叫惹火烧身。文伏波管不了那么多，领导不革他的职，他还是认认真真干他的工作，一次一次提他的意见。

他不知道，这是“大跃进”的大背景；他不知道，他的呼吁不合时宜。他只知道工程建设是需要科学的、实事求是的态度的，是来不得半点虚假的。

山雨欲来风满楼。文伏波真的是惹火烧身了，他的执着与直率得罪了不少人，这时候，全国开始“反右倾”投降主义进入高潮，他被扣上了“保守”“右倾”的政治帽子，在工地上出现了大字报，一张接一张，铺天盖地。

文伏波陷入了深深的痛苦之中，自己被贴大字报是小事，被批判是小事，可工程质量是大事啊！如果没有自己和设计代表们的坚持与认真，那些已经发现的设计问题和建设中出现的质量问题会不会就那么放过去了？一个问题放过去了，10 个问题放过去了，你好我好大家好，相逢一笑多开心啊，可是 100 个问题放过了呢？！等到大坝要返工的那一日呢？等到大坝出现大事故的那一日呢？自己如何面对林一山主任？如何面对湖北省委、长办、水电部领导对自己的信任？又如何面对那些住草棚吃窝窝头勒紧裤带酷暑严寒战斗在工地上的 10 多万建设大军呢？

不！不能被打垮了，扪心自问，自己是无愧的，为着工程质量哪怕承受再大的委屈，也必须坚持到底！

他把痛苦深深地埋在心中，一如既往干着自己每天从清晨醒来就理好当天要干的活儿。他和设计代表们共同提出《汉江丹江口水利枢纽第一期工程大坝已浇坝体混凝土裂缝初步分析报告》。这是文伏波和他的设计代表对丹江口大坝混凝土裂缝分析及处理进行的第一次较全面的分析，同时，他们还提出了处理意见，包括第一期工程右部河床大坝已浇坝体混凝土裂缝情况及初步分析、裂缝形成的原因、裂缝的处理意见 3 个方面的内容。

他想起临行前林一山给他的叮嘱，他把这份报告呈给林一山，他认为这个质量问题必须引起高度重视。

他还想起基础开挖质量检查时，领导们深入现场察看，在浇筑 18 坝段第一仓混凝土前，张体学戴着白手套亲自揩拭基石岩面的情景，他坚信，省长即使渴求工程加快建设进度，对工程质量也不是不重视的。只是他在建设速度和工程质量上，更重视工程速度而已。

他趁张体学到地工视察的机会，向他递交了一份报告，报告内容涉及丹江口水利枢纽规划、设计、施工中的一些重大方案决定变动的经过。

文伏波相信，作为这么大的一个工程建设的指挥长，张体学能判断是非曲直。

是的，现在，面对铺天盖地的大字报，面对这些给文伏波扣上的大帽子，张体学是冷静的，如同他在战场上指挥若定。

他召集干部会议，说：“设计的重要性在于它是建立在科学的基础上的，文伏波的认真正是维护了设计的科学性，他对工程的质量负有不可推卸的责任，大家要理解他的苦衷。”

张体学顶住了这股歪风，也压下了这股大势批判文伏波的气势，张贴大字报的风潮渐渐平息下去。

而与此同时，林一山在了解情况后，便以1959年2月国家在杭州召开的质量现场会议为依据，于当年6—7月，亲任组长，对丹江口混凝土浇筑质量进行了一次检查。继而湖北省政府副秘书长刘天明担任组长，又进行了一次质量检查。两次检查认为，已浇筑混凝土的强度有很多达不到设计要求，而且均匀性差，初凝冷缝、蜂窝较多，没有温度控制措施，混凝土入仓温度超过允许值较多，担心以后要发生裂缝。

检查组指出，质量问题的原因在于施工抢进度，机械设备少，技术工人少，主观上没有加强管理，重视质量的宣传教育工作做得不够，重速度轻质量。

然而，这些意见和建议，都并未引起施工方的重视。

1959年7月，水电部派出44人的质量检查组到丹江口工地检查，水电总局副局长朱国华为组长。此时丹江口右部河床已浇筑大坝混凝土约17万立方米，检查组指出的问题更细致，意见更具体。要求根据水电部指示，开展一次深入细致的质量检查运动，设计和施工单位在职责分工上要更明确，设计代表组要更好地发挥对工程质量的监督检查作用，并希望建立健全质量检查的专门机构。

这次质量检查之后，工地试验室和质检机构逐步扩大，设计代表组更进一步加强了对质量的监督，定期写出质量简报，送丹江口工程指挥部和长办，重大问题转报水电部。这次检查后，混凝土浇筑的强度和密实性的质量有了一定提高。

但已经浇筑的混凝土出现的问题仍然存在，而且面积过大。1959年冬至1960年初，右部河床大坝混凝土受寒潮及降温影响，出现不少裂缝，最严重的是 9~11 坝段面基础处理基础破碎带所采用的混凝土浇筑出现的贯穿裂缝。

这是一个严重信号，文伏波和设计代表们多次向施工方提出裂缝检查分析报告及处理裂缝补强方案，由于补强技术复杂，希望施工方严格控制混凝土浇筑时的温度，搞好散热措施，防止再次发生危害性的贯穿裂缝。施工方仍未能引起足够重视。

无奈之下，文伏波再次向林一山汇报，林一山反映到了水电部。1960 年初，水电部派出检查科研组到现场与设计方、施工方共同分析研究裂缝产生的原因及应对措施，但是三方意见无法统一，便共同上北京汇报。在北京，经过中苏专家会议激烈争论，最后由水电总局局长黄宇齐向水电部副部长冯仲云请示，才确定了 9~11 坝段楔形梁裂缝的补强方案。

9~11 坝段按照苏联专家的建议进行了处理，但是对混凝土温控标准、浇薄层浇高块的利弊、裂缝危害性等重大技术问题的认识，各方还是没有取得一致意见。

紧张纠结的工作，让文伏波时刻处于周旋的疲惫里，这时从汉口传来妻子刘慕真生产的喜讯，1960 年元月 23 日，腊月二十五，文伏波又得了一位千金，年关将近，他抽空赶回家，为可爱的小女儿取名“文丹”，是为丹江口工程之意。

新年刚刚过完，面对月子里的妻子和 3 个儿女，文伏波多么想陪陪他们啊，可工地离不开他，他只得将妻儿拜托给丈母娘，冒着严寒重新踏上征途。

# 第三十二章　惊魂未定

在文伏波和他的设计代表们全力对坝段混凝土浇筑绞尽脑汁督查质量寻找解决裂缝问题的处理办法时，在离坝址500米的地方，架起了一座雄伟的悬索大桥。桥梁设计师姓陈，他是应丹江口工程总指挥长张体学省长向全国发出的求援信后，从北京专程而来参与建设的。

在那个仓促上马的工程建设工地，交通滞阻，物资匮乏，小型施工材料还可以肩挑手抬，左岸的物资材料还可以用船运过对岸，可那些大型施工设备却无法过江。大江，那是一道无法逾越的天堑，设备运来了，也只能望江兴叹。

路在何方？得修一座桥，修一座横跨汉江的大桥。

陈工程师应邀而来后，即刻投入实地勘查中，他完全放下知识分子的架子，与工地上的工人同吃同住同劳动。不久，他设计出了当时湖北省唯一的汉江悬索大桥。大桥6墩5孔，跨径120米，全长698.7米。

从1959年3月25日破土动工，到1960年5月1日完工通车。不到一年的时间，这座大桥就奇迹般地横跨在了汉江两岸，人们欢欣鼓舞，奔走相告，这是丹江地区千百年以来架起的第一座跨汉江大桥，再不需要在急流中乘着那小木舟战战兢兢地过江啦，那些庞然大物似的机械抬上车，一忽而就从左岸开到了右岸，工程建设的进度可以突飞猛进了！

鞭炮放起来了，锣鼓敲起来啦，居住在附近的老百姓倾巢涌来，青山岗的、土台村的、凉水河的，更有一些来自河南的老百姓，竟背着干粮赶来了，他们是专程到丹江口来看桥的。

汉江悬索大桥的建成，让工地上的材料运输得到了极大的便利。随着大型设备的启动和工程材料源源不断地运达，工程进度大大提高。从山上俯瞰离坝址 500 米的大桥，仿佛近在咫尺，这时有人私下议论，这座桥似乎离离大坝太近了。

汉江的洪水大多是秋汛，在大桥通行 4 个多月后，汉江上游发生了 28000 立方米每秒的特大洪水，严重威胁着正在施工的上下游围堰和河床坝体混凝土浇筑的安全。而离大坝仅 500 米之隔的汉江悬索大桥同样饱受洪水的冲击。

江水上涨，上涨！猛烈的浪花翻滚，后浪推着前浪，前浪撞击着悬索大桥桥墩。桥身在动，悬索在晃。五号桥墩发生了倾斜现象。车、人都禁止通行。

我们从 1960 年 9 月 7 日出版的《丹江口日报》二版，可以查到当时的概况：

> 9 月 5 日晚上九点半钟，雨下得更大了，惊涛骇浪翻上了桥，这时五号桥墩歪得更厉害了。基建局大桥指挥所命令坚守在五号桥墩上的刘么狗、卢继才、李必涛等同志立即撤到了四号桥塛。他们刚刚按照命令撤回来，突然右岸引桥又发生了情况。为了解确切情报，卢继才、李必陶自告奋勇担任侦察任务，跑步冲过五号桥墩，在人们提心吊胆中完成任务归来。

夜深了。桥面突然发生了“咔嚓“的响声，这预兆桥墩要倒。这时，在左岸桥头上，由工地常委副书记石川同志主持召开“三结合”会议，研究抢救措施。

6 日早晨七点钟，工地党委副书记任士舜、夏克、李枫等同志又同顾问工程师雷鸿基、总工程师赵钟灵来现场进行察看，决定拆掉桥面，以减少桥墩的压力和阻力。但是，派谁去呢？基建局党委书记张耕民同志说：“我们已经组织好了突击队，可以把任务交给我们完成。”

“好”，书记们说，“不过人不能过多，每班只要十个，轮流上。”同时又指定公安人员保护他们安全。

八点钟以后，突击队员们已经全部集合起来。第一班10个突击队员穿上救生衣，手拿撬杠、斧头、锯子等工具走到4号、5号桥墩的桥面上，撬杠还没有撬下去，一个大浪向他们身上扑来，衣服全湿了，战士们躲过一浪又一浪，换了一班又一班，一直在桥面上坚持战斗。但是洪水冲击越来越猛烈，黄色的波涛像连绵起伏的山峰，一个浪头比一个浪头高，五号桥墩越晃越凶，战斗到下午四点多钟，突击队员们只得无可奈何地撤退了，退到岸上的一刻，五号桥墩歪斜着倒下。

这时撤出的人忽然发现何连金还没有撤出来，只见他在桥面上爬呀，爬呀，他爬不动了。他受了重伤了！在这一霎那时，奋不顾身的公安警察刘映贵、电厂安装大队黄发忠、基建局起重安装大队副队长王一尘同志跑步冲到三号桥墩，齐力抢救了这个兄弟。

眼看着大桥就要被洪水冲垮了，这时人们惊奇地看到，陈工程师独自站在桥上，风雨中，他拿着相机正在咔咔地拍照，这座凝聚了他心血和众人关注的大桥，他不甘心它就这么垮了，他要收集数据资料，积累经验教训。

面对这个惊险的场景，人们在桥下大喊："陈工啊，桥要垮啦，快下来！快下来！"可工程师却大喊着："你们走开啊，危险啊，我要观察，我有罪，桥要完了！要完了！我对不起人民，对不起党啊……"陈工程师的话没说完，大桥"轰"地一声随着怒吼奔腾的江水消失在风雨中。

陈工程师选择与大桥同归于尽，人们后来寻找多日，都没有找到他的尸首。

大桥的垮塌给惊魂未定的人们敲了一记警钟，更是让文伏波后背冒出冷汗，设计！设计！无论是工地总指挥部，还是长办，无论是工程设计人员，还是施工人员，都意识到这是设计出了问题，人们说那大桥修的离坝址太近，还说它修在了汉江最狭窄的地段，说它如果不是修在离坝址500米的地方，而是选择在再靠下游200米的宽阔江段，或许不会如此。

可是现实中没有如果！

文伏波黄昏时常静立江边，望着江水出神。那个桥梁设计师熟悉的身影不时在他的眼前浮现，他就那么走了，什么也没有留下。留下的只是一记警钟：设计，人命关天哪！

不止文伏波，也不止亲眼看到大桥顿然轰塌的现场目击者，就是当时尚不在现场而后看到那座雄伟的江上大桥如灰飞烟灭一般无影无踪的人们，也无不惊得目瞪口呆。

多年以后，我听曾经参加丹江口水利枢纽建设工程的父亲讲到这一幕，父亲的脸上亦呈现惊悸之色。2019 年 5 月 1 日，我携 82 岁的父亲与家人前往丹江口，在大坝上极目远眺，父亲指着江上的一个参照物，道："那就是大桥冲毁的地方，水的力量无与伦比，竟将钢缆扭成了麻花状。"

在大坝上，在展览馆，回到年轻时战斗过的地方，看到油毛毡棚，看到那些黑白照片，看到一幅画着苇絮与野鸭的油画，父亲满眼都是回忆与留恋。

# 第三十三章　锦囊妙计

这些天，工地上来了一位年轻记者，他叫成绶台。成绶台出生于1933年，比文伏波小8岁，他是长办党委秘书，办公室来往的公文都要经他的手，核心机密是避不开成绶台的，比如丹江口设计代表选谁，成绶台是最早知道林一山的想法的人，那个时候，对文伏波还不大了解的成绶台就关注到了这位戴着眼镜的设计室科长。

举国关注的水利工程涌现出无数英模的感人事迹，林一山深感宣传工作的重要性，时值《洪湖赤卫队》的电影在全国一炮打响，几乎是家喻户晓，观看时万人空巷。火热的“大跃进”运动和水利工程建设催生长办成立了“万里长江”编辑部，碧野从新疆来了，徐迟从北京辞去《诗刊》的职位，也到长办来安家了。千篇文章万首诗，光辉的诗篇讴歌伟大的长江，徐迟任政治部主任，在名家的指点下，成绶台积极创作，崭露头角，他加入了武汉作协，成为大区作协的一名骨干，被任命为长办宣传部对外宣传科副科长。

1961年，武汉作协号召作家深入生活，徐迟向林一山请示：“给成绶台一个机会，让他去锻炼一下。”林一山道：“长办工作这么忙，怎么能放他去啊？”徐迟说：“年轻人，下基层，才能成长，才能出好作品，就让他到丹江口去一段时间吧。”在徐迟的努力下，林一山终于同意，叮嘱他在工地一方面深入生活搞好创作，一方面也要协助督查工程质量。就这样，28岁的成绶台被派往丹江口水利枢纽工程基地挂职工程指挥部宣传部副部长。

丹江口轰轰烈烈的劳动场景让成绶台的创作激情大增，工地上以师、团、营、排为军事建制的管理让他感到十分新奇，他戴着柳条帽，推着小车，浇混凝土，与工人们同吃同住同劳动，写下了很多感人的新闻和诗作，也结识了很多工人朋友。成绥台矫健的身影穿行在工地上，很多人只要一看到他来了，就会说：“成部长来啦，成部长来报道我们事迹啦。”成绥台嘿嘿一笑，会跟他们聊上半天。

大坝混凝土浇筑所出现的质量问题，成绥台倍加关注，他看到由于物资匮乏，浇筑大坝混凝土所需的水泥和钢筋都不能按时按质量地供给，人们处处节约，把节约当成了一种美德。

浇筑混凝土的工人有一部分是从安徽佛子岭来的，成绥台曾随林一山到佛子岭水库建设工地去考察过，有几位老师傅一下子认出了这个可爱的小伙子，成绥台看到他们也格外高兴 . 每天中午，他们一起蹲在工地上，就着一桶面上漂着一点油星的青菜汤，啃一种形似草鞋的馍馍。

“你们能不能给我说说这搅拌混凝土的新闻？”一天，成绥台边吃饭边和工人们聊天。

“哎呀，成部长，你可知张省长用手捧水泥的故事？”有个瘦高个的工人煞有介事地说。

“呃，我可不知，你能不能给我说道说道。”成绥台兴趣来了，他赶紧说。

“好嘞。话说这天省长和右翼兵团的副司令廉荣禄来施工现场检查，突然看见前面有个民工正扛着一袋水泥送往搅拌机，可能是被一块石头绊住，他一个踉跄，摔了一跤，肩上的水泥包‘哗啦’一声掉在了地上，水泥洒了一地，民工爬起来揉揉自己的腿脚，见四下没人，就走了。哪知有人叫住了他。那民工一看，完了，是省长来了，真是倒霉，被他抓到，一定是要惩罚自己了。民工忐忑不安地走了回来。张省长说：小同志，水泥袋虽然摔破了，但水泥弄起来还是能用的，多一袋水泥就能多浇一方混凝土啊，你去找个箩筐来，咱们把水泥装起来。说着竟蹲下去用手将水泥扒拢。民工赶紧按省长的吩咐去找了只箩筐，和省长，还有廉司令一起把水泥捧进了箩筐。”

“啊，真叫节约，也真叫感动。”成绥台道。

那工人看成绥台感兴趣，又说："谁说不是呢，小民工当时就流下了热泪，他鼓起勇气对省长说：'我犯了错，你不但不惩罚我，还亲手帮我捧水泥，我再难看见像你这样的好干部。'张省长和蔼而严肃地说：'国家还不富裕，咱们搞建设可不能大手大脚，要勤俭节约，发扬艰苦奋斗的精神。'他走到人工拌和混凝土的现场，看到地上拌和混凝土用的大铁皮四周都是水泥和砂石料，便拿起一把铁铲，一铲一铲地把撒在铁皮周围的水泥和砂石铲到铁皮上。民工们看着省长这样，也纷纷效仿。省长说：'古时候有句话说得好，一粥一饭，当思来之不易。半丝半缕，恒念物力维艰。咱们一定要克服人多工程大、浪费一点没关系的思想。'省长说的话真是让人受教育呀。"老工人讲完，还沉浸在对省长的敬佩之情中。

成绥台不知什么时候，已经掏出了他的采访本，认真地记了起来。听到那瘦高个工人讲完，也沉浸在一种对领导蒙生的尊敬情绪里。

"可干工程，光想节约，会出问题的。"突然，他听到一旁有位老工人说了一句。老工人说完，起身洗碗去了，没再把话往下讲。

到了傍晚，成绥台找到这个老工人，想听听他的想法，哪知老工人愁眉苦脸地说："成部长，我带你去看个东西。"

"啥？这么神秘。"成绥台问。

老工人把成绥台带着去了32坝段，这里习惯把每一坝段叫作一跨，每一跨有三个仓，称为一仓二仓三仓，一仓挡水最关键。

在32跨的挡水仓，成绥台在老工人的指点下，看到已经浇筑的混凝土下巨大的空洞，他吓了一跳："这怎么成？这样的质量会出大问题的！"

老工人道："小成啊，你现在是部长了，还是笔杆头，我从佛子岭水库就认识你了，我可不敢随便乱说啊，可咱们修过水库，这出不得一点问题的啊，一旦大坝修成，再返工都来不及。"

"感谢您对我的信任，您可知这是什么原因造成的？"成绥台着急地问。

"这是因为大块石没有振捣碎就埋了进去，这虽然提高了埋石率，可块石底部不容易与混凝土严密结合，尤其当块石底部有凹塘时，更不易填实，形成了架空。还有，你可能有所不知，为了节约水泥，我们一开始就降低混凝土的入仓温度，改善混凝的渗水性，在混凝土中渗了不少烧黏土。

“我一定不负您对我的信任，我马上向咱们领导汇报。”

成绥台当即去找到文伏波

“什么事？”看到成绥台慌张而着急的样子，文伏波冷静地问。

一听到文伏波那特别的桃江口音和他和善的面容，成绥台如吞了定心丸，紧张的情绪缓和下来，说：“您可知，工程质量连工人师傅们都担心起来了！”接着他向文伏波汇报了 32 跨一仓的问题及事情的经过。

文伏波说：“从他们报的报表来看，表面看不出什么问题啊。我去看，他们用红绳子围上了。”

成绥台道：“文科长，如果只要速度，只讲节约，而不重视工程的质量，下面就会投机取巧，农民们不懂这些，只求搞了多少方混凝土。一个工人师傅心里都那么发怵，那么担忧，证明这问题有多么严重了。”

文伏波听得头皮都硬了起来，他赶紧找个设计代表一道查看了现场。站在 32 坝段上，他没法平静了，夜幕下，冷风吹着他的头发，也吹着他直蹿上头顶的怒火。这样大的空洞，已经不是一般的质量事故了，而这是巨大的隐患，一旦混凝土浇筑完毕，倘若大坝因之而垮，那不就是悬索大桥的命运么！那悬索大桥卷走的只是一个陈设计师，而大坝如果垮掉，那可要涉及千千万万人的生命财产的啊。

文伏波不敢想了，他意识到了事故的严重性，这样大的质量事故竟然连他这个质量组长都不知道，可见还会有更多这样的漏洞和隐患。他叮嘱成绥台暂时不要声张，他要好好考虑对这件事情的处理方法。

他默默地回到自己的住处，在书桌里找出了林一山在临行前送给他的锦囊妙计，他一条一条地看，逐字逐句地想，开工以来所有关于施工与设计，速度与质量的矛盾场景，一幕幕从脑海里如电影一般飘过，每一次出现问题，他都是电告林一山请示工作思路与方法。这一次，他不能只打电话了，他曾多次在会上义正词严地要求把质量摆在首位，他曾做出自己最大的努力促使水电部对工程质量的检查与督办，可施工方仍然置若罔闻，全然不顾有可能带来的不堪设想的严重后果。他要详细汇报，详详细细地用书面形式郑重地把这个巨大的工程隐患汇报上去。

他想起张体学省长，心里五味杂陈，自己这一纸说明无异于一封告状信，会把省长推到风口浪尖。他知道在反右斗争中，是张省长顶住那股甚嚣尘上的邪风，才得以让自己幸免扣上右倾的大帽子，省长还带自己上北京，向周总理汇报工作，他对自己有知遇之恩哪。可是，这危及工程质量的严重问题可不是小事啊。

他已经顾不了那许多了，他收起林一山送给他的锦囊妙计，在书桌上打开了台灯……

# 第三十四章　32 跨一仓

32 跨一仓的质量事故报告传到林一山，引起了林一山的震动，他迅速将情况报告给水电部和周恩来总理，引起水电部和国务院高度重视。

不久，水电部决定派出副部长冯仲云前往丹江口进行明察暗访。

文伏波在这一段时间进行了深入的事故调查，他认真分析了出现严重质量事故的原因，除了大干快上的背景，除了物资匮乏，还有技术操作的问题。

由于施工设备有限，大坝混凝土只有少数仓位使用汽车，通过栈桥直接入仓外，其余大多采用的是以胶轮车漏斗入仓的人工平仓方法。这种方法不仅费时费力，还对工人的技术要求较高。

在丹江口工程初期，由于土石方开挖、填筑大多是在广阔的平坡地或浅水中施工，给施工方造成不需要大规模的机械化施工手段，仍然可以完成大坝的上升、安装等工作的错觉，因此，施工方放松了机械化施工的准备工作。

1959 年底汉江截流后，随着大坝浇筑高程的增加，混凝土浇筑缺乏必要的运输和升高手段，砂石供应不上，混凝土拌和能力不足，人工入仓施工法会越来越困难。指挥部党委却制定了年内完成混凝土浇筑 160 万立方米的高指标，导致工人们过于追求高速度，对工艺把关并不严，另外在施工中缺乏温控措施，从而直接导致浇筑的大坝混凝土发生裂缝、冷缝、蜂窝洞、狗洞、架空的重大质量事故。尽管后来施工方采取了一些简易的温度控制，并改进了埋石方法，按照平仓、埋石、振捣的施工工序进行作业，混凝土浇筑的质量才有所改善，但已经浇筑坝段的事故已经铸成。

水利部副部长冯仲云从北京抵达丹江口水利枢纽工地时，淋漓的雨滴一直不停地下着，工地上大都停工了，陪同冯仲云检查的工地指挥部领导和施工方在雨中一个坝段一个坝段地察看检查，雨点打在伞上，经风一吹，斜飘到冯仲云的身上。冯仲云将发现的问题一条一条记到了本子。

当行走至31坝段时，雨愈下愈大，陪同检查的负责人说："冯部长，雨下得大，情况都差不多的，咱们往前走吧。"

冯仲云心中有数，他继续往前走，不动声色地说："还是看看吧，看看放心。"

至32坝段，冯仲云停下了脚步，在32跨一仓处，像文伏波看见的一样，那里仍是用红绳子围着，木头做的梯子，高高地立在一旁，用手一推，摇摇晃晃。冯仲云试图走上木梯，那位负责人走拢来，拦住冯仲云："您别爬上去了，太危险了，不安全！"

冯仲云笑道："不就是上个木梯吗？有什么不安全的？"他把红绳一拉，说道："我要到32跨一仓去看看。"

工程局的几位同志一起劝道："下雨，不安全，您要小心。"

冯仲云的右脚已经踏上了木梯，"小心啊，冯部长，注意安全！"几个人赶紧扶住了梯子。

爬上顶部看了一眼，冯仲云"哎呀"一声惊叫起来，梯子下的检查组成员看着木梯上的冯仲云，不知他看到了什么，冯仲云大声说道："不入虎穴，焉得虎子！你们来看看，都来看看！搞的什么名堂！这样的质量是大事故！大事故啊！"

工程局的人一个个低下了头。

冯仲云迅速召集干部大会，工地大礼堂里坐满了来自各个项目部科级以上的干部，施工方、浇筑队都被邀请来参加了会议。上千人挤满了简陋的大礼堂。

冯仲云开门见山："同志们，我这次来是奉周恩来总理之命来检查工程质量的。"

大礼堂响起了热烈的掌声。冯仲云道："丹江口工程的质量是千年大计，万年大计，这是新中国成立以来修建的第一个大坝，也是汉江修建的第一个大坝。关乎着千百万人的生命财产安全，来不得半点马虎！我这一次来看，看的心惊胆战，那个 32 跨一仓，那哪里是蜂窝狗洞啊，那简直就是，就是龙潭虎穴啊！”

台下面想起了一片“嗡嗡”的议论声，瞬刻间安静下来。

“工程质量一而再，再而三地要求，还是出了这么大的质量事故。工程局的同志还在想掩饰，说上那木梯不安全，同志们哪，如果不上那木梯，大坝就不安全了！我这叫不入虎穴，焉得虎子。”冯仲云说着说着从座位上站了起来，他的目光像子弹一样扫过全场，气色森严，言辞犀利，语气里带着不想掩饰的愤怒：“不要让后世子孙骂我们无能！不要让后世子孙把我们从坟墓里拉出来鞭尸三百！”

大礼堂静得连根针都听得见，台上坐着的工程局那位领导老泪纵横。

“大坝一旦修成蓄水，补救都来不及了！我要回去向周总理汇报，停止施工！”冯仲云掷地有声，洪亮的声音传到大礼堂的每一个角落。

全场的人站了起来，接着传来了哭声，开始是一个人，渐渐地哭声竟响成一片。

2018 年 10 月 12 日，当我在长江委那栋“山”字形大楼采访已经 85 岁高龄的成绶台先生时，老人说到这里，止不住泪流满面，失声痛哭。

半天他恢复平静后对我说：

> 请你原谅我的失态。我一想起那样的情景，就感到情绪无法控制，那些话掷地有声，振聋发聩！所有在场的人都记得那个场面啊，如果丹江口工程继续干下去，那样的质量会造成垮坝的危险，那样，就真是对人民的犯罪啊！

看着老人的满头银发，透过泪眼，我仿佛看到丹江口大坝那些蜂窝狗洞，看到文伏波冷静果断的脸色，看到冯仲云部长在风雨中爬上木梯的模样，看到礼堂中黑压压站起的人群，悚然中我的心陡生敬畏之情。

# 第三十五章　总理决策

冯仲云尚未离开，文伏波又接到通知，水电部要派员检查。

清苦的生活，设计的压力，体力上的辛劳，背负责任而承受的内心的煎熬，使文伏波终于倒下了，他脸色蜡黄，饮食无味，到医院一检查，确诊患上了肝炎，1961 年 7 月中旬，他被长办送往东湖疗养院疗养。

1961 年 11—12 月，水电部和湖北省委共同组成 70 多人的检查组，由朱国华任组长的检查团，分别负责检查质量、施工管理、政治工作和财务，其中质量小组分为基础处理、混凝土温度控制和裂缝、混凝土工艺、施工机械设备 4 个工作小组，先后由小组分开检查，形成了 4 个检查报告。正在住院的文伏波身体尚未痊愈，也参加了混凝土温度控制和裂缝小组检查工作。

质量报告认为，丹江口大坝的质量性质严重，由于坝体存在大量的裂缝、冷缝、架空、与基岩结合不良等弱点，强度不足，破坏了大坝的整体性，降低了大坝的抗渗抗滑能力，影响坝体安全。

根据工地出现的事故，文伏波和质量小组成员拿出的补强处理意见，所涉及的工作非常大。对于下一步的安排，设计方与施工方出现了不同意见。

设计方不同意继续上升浇筑混凝土，施工方则坚持继续浇筑。1961 年 12 月初，文伏波与魏廷琤、陈济生、邵长城四人一起商量，达成一致意见：要求施工方停止浇筑混凝土。

双方召开协调会商谈。魏廷琤说："我们必须集中力量处理好事故，整顿队伍，搞好机械化施工准备工作，汛期依靠围堰挡水度汛。"

施工方的副书记李枫说："不能停工，如果要停，也得等到浇筑到大坝混凝土高出围堰顶高程，再停浇处理事故，汛期不能依靠围堰挡水。或者，边浇边处理，混凝土浇筑绝不能停！”

魏廷琤道：“这样的质量你还敢继续浇筑？出了问题谁担责！”

李枫针锋相对：“出了问题也不是我们施工方单方面的问题，这与你们设计有重大关系！”

“你是在信口胡言！设计有什么问题，分明是施工中没有按照设计规范操作，你有不可推卸的责任！”

双方唇枪舌剑，互不相让，矛盾出现白热化，文伏波至此已无力调和。

1962年的元旦刚过，林一山就带着总工李镇南、魏廷琤及文伏波前往北京汇报丹江口大坝的质量问题。与此同时，施工方由张体学带队，任士舜、周发田、雷鸿基、岳荣寿等也启程前往北京汇报，碰巧两班人马正好坐在同一列列车上了。张体学闻讯便派一位姓徐的处长来请林一山。

“林主任，张省长请你到他的车厢去一下。”

林一山的嘴角闪过一丝冷笑。心想出了这么大乱子，你还在摆谱。我去你的车厢？你就不能来？

▲ 陪同林一山主任考察调研

“哦，我想休息一会哩。”林一山回绝了。当初你不听我的劝告，准备工作没做好就急着开工，大干快上，岂不知工程质量问题是来不得半点虚浮风的。

从心底来说，林一山是佩服张体学的。

这个出生于贫苦家庭的儿童团长，读过两年私塾，参加红军后身经百战。从首长的贴身交通员、警卫员起，他历任红军交通队长、营指导员、特派员、政治部参谋，新四军第四支队警卫排政治指导员，毛泽东主席和周恩来总理接见过他。抗日战争中，他独当一面，依靠广大群众狠狠打击黄冈大崎山区的日军，获得胜利。在与国民党顽军的突围中，妻子遇难。豫鄂挺进纵队成立后，张体学任副团长，不久，改为独立团，张体学为政委，他率独立团东进，连打胜仗，他率领的新四军九团建立了8个独立营，发展了几十支便衣队，使鄂东地区抗日游击战争蓬勃发展，取得了军事上和政治上的双重胜利。抗战结束后，他转赴延安，根据中央战略部署，他又回到大别山区，任鄂豫区第四军分区司令员，组建独立旅南渡，从各方面支援刘邓大军。三大战役结束后，鄂豫军区组成独立师，张体学为师长，他扫清渡江障碍，摧毁国民党在鄂东的重要军事据点，使人民解放军顺利从麻城到浠水渡江。新中国成立后，他曾任湖北大冶地委书记兼大冶军分区政委、省委副书记，现任任湖北省省长。

“怎么啦，林主任，累了？”正闭目凝神默想的林一山听到张体学的声音，睁开了眼睛，张体学看请不来林一山，便亲自到了林一山的车厢。

“到我那边去休息会。”林一山的车厢里还有文伏波和长办的同事，张体学想跟林一山单独交流。

林一山看到张体学亲自来了，嘿嘿一笑：“我就不去打扰你这个大指挥长哪，你也在车上好好休息休息吧。”张体学见林一山这点面子也不给，只得坐下来。

张体学似乎看出了林一山的心思，他盯着林一山的眼睛说："林主任，质量问题可是个意外，整改可以，千万不能停工啊。"

张体学单刀直入，林一山倒没感到意外，两个人经过几个工程的磨合，早已知道彼此的脾性。

"我倒认为停工才是上策。这次事故已经通天了，岂是你我所能决定的？浮夸风害死人，可不能吹到工地上，就算是风再大，也得提防着被这股风带上天去。"

张体学听到这话，半天没言语。如果说张体学在战争年代总是打胜仗，这次的质量问题，却是一个大败仗。他没有料到他心心念念的工程建设历程上还有这么多的"天堑"，这么多的"雪山草地"。

从心底来说，张体学也是佩服林一山的。

这个早年投身抗日救亡运动的知识分子，毕业于北平师范大学，组织参与"一二·九"爱国学生运动，抗日战争，前往胶东组织领导抗日武装起义，历任胶东特委常委、宣传部部长、统战部部长、特委书记和胶东区游击司令员。面对日寇的铁壁合围，他积极组织反扫荡斗争，粉碎了敌人围剿胶东抗日根据地的图谋。解放战争时期，他先后任中共青岛市委书记兼市长，中共辽宁省委副书记兼军区副政委，第四野战军南下工作团秘书长。新中国成立后，历任中南军政委员会水利部副部长、党组书记，中南军政委员会财经委员会副主任，现任长江流域规划办公室主任。被毛泽东主席称为长江王。

两个人是棋逢对手，势均力敌，在工程开工之时，张体学和林一山就打过几个回合，照理丹江口工程应由林一山到现场和自己一起领导建设，可他派了个文伏波来，自己遥控指挥，真是走的一步好棋。谁知道竟出了个32跨一仓的事故，要真是工程停工，按目前的形势，不知道何时再能复工。湖北省39个县市位于长江和汉水两岸，每年都遭受不同程度的旱涝灾害，每一次灾害都给百姓带来不可估量的损失。工程早建设，百姓早受益。他心里着急啊。这个“长江王”这下可有话说了，看他那淡淡的、冷冷的语气和样子，他知道和林一山再谈不到一块，只得聊了几句闲话，就回到自己的车厢去了。

林一山一行人到了北京，却恰逢着周恩来总理忙于召开一个7000人的人大会议。只得等在了北京。日子一天天过去，总理始终没能抽出时间来。

眼看春节要到了，李镇南和魏廷琤回家过春节去了，长办因要召开一个大办农业的会议，林一山决定与秘书张行彬飞回汉口，把文伏波一人留在北京等国务院办公厅的消息。

这一年，北京的冬天奇冷，临近春节，天空中飘起了雪花，文伏波一个人走在大街上，看着街景，强烈地思念起刘慕真和孩子们来，也思念起自己的母亲和兄弟们来，算起来自从到丹江口工地，几年中与家人聚少离多，竟不知母亲在三哥那里生活如何，身体怎样？想起母亲为几个儿子操劳一辈子，为自己和三哥的学业起早贪黑付出了那么多的心血，而自己工作多年竟无力照顾一下年老的母亲，他的心里难受极了。他又想起妻子一个人带着三个孩子，在这样万家团圆的时刻，该是多么盼望一家人相聚呀。

文伏波又强烈地思念起了二哥藕耕，想起父亲为了自己和三哥的学业，让大哥和二哥同时辍学的往事，他明白，是大哥和二哥辍学，换来了三哥和他的学业，甚至事业。大哥尚在书店工作，而他的二哥却一辈子在乡下耕作，他觉得欠下了二哥一辈子也还不完的债。他记得自己在益阳县立第五高等小学读高小时，二哥已经开始跟随父母学种庄稼，二哥常赤脚草鞋，像这样寒冷的冬天，他挑着米去学校看望自己，从家里走到学校，几十里的路，二哥的棉袄敞开着，额头上还沁着汗珠，文伏波的眼里浮起了一层泪光。四兄弟中，二哥条件最差，也最辛苦，想起这些，他的心里格外的沉重和难受。他摸摸自己的荷包，所带的钱并不多，他留下自己的生活费和回汉的路费，跑到邮局，给二哥寄去了20元。

他不知道，此时此刻，在汉口的家中，几个孩子正倚在上滑坡的家门，看着飞舞着的雪花，殷切地盼望着爸爸的归来。

算起来他已经有几年没在家里过年了，小文丹在门口远远地看见了爸爸，她大叫着：“爸爸，爸爸。”说着迈着蹒跚的步伐追过去，文潮和文洪也跟着跑出去，正在准备年夜饭的刘慕真惊喜地从厨房里赶出来一看，原来是邻居洪庆余，她不好意思地抱住文丹，文丹却还在稚气地叫着“爸爸，爸爸。”原来，文伏波一直在工地，她的印象里只记得父亲是戴着白框眼镜的，看到那个男子跟爸爸一样也架着一副白框眼镜，竟错将父亲的同事洪庆余当成了父亲。

文伏波在北京的街头走了一圈，他感觉到北京的冷远不同于汉口的冷，也不同于丹江口的冷，更不同于家乡软桥的冷，这里的冷是隆重而宽大的无边无际的冷，街道上的风像锐利的小刀割着他的脸，地面上坚硬且滑溜。

他赶紧裹紧围巾，缩着头回到住处，把惆怅的思绪赶开，着手撰写丹江口质量事故的原因分析报告。

1962 年 2 月 4 日除夕，文伏波一个人在北京度过了除夕。大年初二，林一山便赶到了北京。初三，中央 7000 人的大会闭幕。

2 月 8 日，正月初四，周恩来总理便通知召开丹江工程质量事故处理会议。参加会议的有，副总理李先念、邓子恢、谭震林，计划委员会的副主任王光伟、李岩、顾旺，水电部的部长刘澜波、副部长钱正英和冯仲云，水电总局局长朱光华，湖北省省长张体学，丹江口工程局党委的任士舜和夏克，长办的林一山和文伏波。文伏波随身带了设计代表组统计的质量事故数据和报告。

上午 9 点半，会议在中南海办公室召开。林一山首先汇报，他谈到三个问题：设计方案和施工中的工程质量事故问题；改善施工队伍的作风，教育职工重视质量，尽最大可能做好机械化施工的配套和人员的训练工作；拟定事故处理设计方案和对质量事故处理的设想方案。

周恩来总理听完汇报，说："黄河三门峡水利枢纽工程出了问题后，我才接手。现在丹江口工程质量也出了事故，大家不要着急，初生的婴儿，毛手毛脚不好看，长大了就好了。"总理的几句话，把在座的各位领导心里的恐慌与紧张消除了。

总理接着说："1960 年 2 月就发现了贯穿性裂缝，为什么当时不作结论？把丹江口工程质量搞好，这是一件大事，现在工程质量很不好，应停下来，认真研究，进行处理。是否由原班人马来处理？可以看一看，一看二帮，相信现有人马及班子可以搞好。"

在谈到工程建设过程中的设计与施工问题时，总理说道："长办负责设计，施工要服从设计，长办可以邀请全国有关单位和工程技术人员进行研究讨论，设计要监督施工，施工一定要按照设计进行，处理质量事故的设计弄好了，要水电部批准，那时，我也到工地去看看，并且讲一讲。水电部在物力上要大力支持，施工队伍要精简。"

关于防汛问题，周总理说："防汛要加强，二期围堰要确保安全挡御洪水。要搞好机械化施工准备工作。工程后期必须要实行机械化才能保证质量。"

总理在会上调解施工方与设计方的矛盾："你们不合作是不对的。林一山你要多到现场去看看，我也要去看一次，这时看有意义，可以总结经验。设计方要经常去检查和监督施工质量，施工方则必须诚恳地接受设计方的质量监督和检查，双方必须密切配合，共同努力。"

设计方与施工方关于是否停工与否的争论宣告结束。

会议结束时，李先念副总理叫住了林一山："一山，你要多去工地，与张体学同志合作，共同做好丹江口工程。"林一山苦笑道："李总理，我们两个人在原则问题上很好合作，在具体问题上怎么都合作不好。就好比那三只脚走路一样，总是走不好，走得很别扭。"

"你这样不行啊！我要批评你，要从自身找原因啊。"李先念总理道。

"首长批评得对！" 林一山忙道，"我来找自身原因。"

2月12—15日，长办召开党委扩大会议，传达总理对工程质量处理意见，并讨论下一步工作安排。16日，水电部党组向中央呈报《关于丹江口工程大坝质量处理与施工安排的报告》：混凝土浇筑立即全部停工，集中力量处理质量事故；精减整训施工人员；关于补强处理方案，丹江口工程严格按设计规定施工，不允许再采用边浇筑边处理的施工方法；做好施工组织设计，解决所必需的设备供应。

3月6日，中央以中发〔62〕90号文批示，同意水电部的报告。至此，丹江口工程大坝正式停止浇筑混凝土，进入小施工、大准备、质量事故调查研究补强处理阶段，工程局抓紧时间精减队伍，民工由10万人逐步减少到3.5万人、1.5万人，直至年底，留下了1.3万人。经过精挑细选的民工进行了专门的培训，他们较为熟练地掌握了各种技能，成为丹江口工程局的重要技术力量，后来他们有些人转战到葛洲坝等水利工程工地。

# 第三十六章　停工补强

从 1962 年 1 月 18 日，丹江口工程大坝停止浇筑混凝土，到 1964 年 12 月 16 日大坝复工，近 3 年的时间，文伏波蹲在工地，组织设计人员检查各大坝类混凝土质量事故，开展多种灌浆材料、新老混凝土结合材料及施工方法的试验。他先后编写出多篇设计文件，干同一件事：做大坝的补强轮廓设计。

轮廓者，指边缘；物体的外周或图形的外框。引申为事情的概略。所以叫轮廓设计，文伏波解释说，那是因为质量事故太多，那些裂缝、蜂窝、狗洞、架空等，都是在混凝土大坝内部，外面看不见，钻孔灌浆不一定能找得到所有的质量事故处，故而补强方案只能被称为“轮廓”设计方案。

为了保证设计补强方案的质量标准不受施工方的影响，时任长办枢纽处处长魏廷琤提议设计代表组全体人员尽量撤回汉口长办总部设计补强方案，1962 年 3 月，文伏波带着他的设计代表们回到了长办总部。

回到家的文伏波倍感到家的温暖，在外 3 年多，他吃食堂，睡工棚，生活没有规律，饮食不卫生，以至患上肝炎，尽管疗养了一段时间，但是重负荷的工作还是消耗了他的体能，他又黑又瘦，让刘慕真心疼不已。刘慕真和母亲尽可能把生活安排得好一些，让他的身体渐渐得到了恢复。

1962 年 3 月开始，文伏波主持设计大坝补强方案初稿，将 19~33 坝段迎水面的防渗板设计成薄板，其间请丹江口工程局到长办进行了讨论，至当年 10 月，完成《汉江丹江口水利枢纽大坝补强轮廓方案报告（讨论稿）》，长办在 10 月底邀请国内有关水工、施工及地质专家 37 人在武昌饭店召开会议，对补强方案进行讨论，专家提出补充方案，改薄防渗板为厚防渗板。

1963 年 1 月 7 日，长办和丹江口工程局派员共同组成丹江口大坝处理科研组，在现场分成五个小组对已浇筑的 89 万立方米混凝土进行了全面的裂缝检查，统计各类裂缝计 2273 条，基本弄清了重要裂缝的深度和贯穿裂缝的分布。1963 年 4 月，在这次研究成果上文伏波等提出了大坝补强修改方案。之后，由魏廷琤带队，文伏波与吴康宁随同到北京向水电部和水电总局报批。从 4 月 18 日到 5 月 9 日，补强轮廓方案进行了数周的审查，着重讨论了坝上游面的防渗方案及第 18 坝段贯穿裂缝的处理及地震设防烈度问题，基本同意文伏波等提出的方案。

文伏波一颗忐忑的心落到了实处，在回程路上，他顺道去济南看望了母亲和三哥。此时距老母在汉口短暂停留已经 10 年，这 10 年母亲一直与三哥一家共同生活。5 月 14 日，文伏波带着母亲取道南京，于 17 日回到武汉，自此，母亲便与文伏波一家一起生活。

当年 11 月 4 日，文伏波将母亲的户口从湖南桃江县软桥村转到汉口，他，终于能凭自己的能力供奉老母晚年的生活了。他把母亲接到汉口，在对父母双亲一直心存日久的抱愧中，他的心终于得到了些许安慰。

1964 年 1 月 27 日，水电部将审查意见告知长办：

> 同意补强方案。地震设防烈度可先采用 8 度；左部河床坝段防渗处理，同意采用上游坝面加浇厚防渗板方案，起到防渗、稳定、结构强度三个作用的要求；右部河床坝段，详细检查，分坝段提出处理意见；同意对裂缝、架空采用以机钻孔为主的灌浆处理，对严重部位作专门处理设计；同意对第 18 坝段的事故处理，采用加宽压重混凝土，但对裂缝的处理，采用灌浆和抽槽浇筑夹板等综合处理措施，作进一步研究；事故处理按最终正常高水位 170 米，同时不放弃 175 米的可能性。

至此，文伏波主持完成的丹江口大坝混凝土浇筑质量事故补强轮廓设计告一段落。

对混凝土质量事故能否用灌浆的方法处理是一项新课题，当时可供参考的资料不多，国内对于不密实混凝土的灌浆处理一直沿用的是基岩灌浆的技术规定。基岩灌浆采用的是机钻钻孔，然后压水检查裂隙漏水率，再用水泥浆由稀逐渐变浓地进行压力灌注。为了验证这个办法，文伏波与设计代表组的成员分析了基岩与不密实混凝土两种钻灌对象的不同性质及不同的吸浆条件。两者因为压水检查，得出了完全不同的结果，基岩因裂隙获得较稳定的流量，而不密实混凝土压水流量最终接近于零，这就要求，对不密实混凝土的检查鉴定指标还需一个相应的总进水量指标及压水过程线的辅助资料，才可以比较正确和全面地判断事故的性质及处理后的质量。

依然是讨论与研究。

“进水后，不能排出，必须影响进浆量并冲淡浆体浓度。”

“打水平孔进行排水。”

“可打水平孔如何定位？你根本无法从外部确定事故的位置。”

“补强灌浆的目的在于提高混凝土的强度，而灌水会影响混凝土的强度。”“起始浆体采用浓浆，定量注水，压水及压风代替习常的压水检查，尽可能采用风钻和干钻，代替机钻和水钻。”

这就是讨论的结果，经过技术革新后的新方法，在不密实混凝土的灌浆补强工艺上前进了一步，后通过实践，证明这个设计方案是切实可行的。在处理过的部位，经过钻孔取样和力学试验，事故混凝土内浆体充填良好，强度超过了坝体混凝土的设计标号 100 号。

但是，由于灌浆补强处理是一项隐蔽工程，浆体的充填度无法确定，造成试验工作的核心、质量鉴定评定迟迟作不出结论，拖延了工期。

1964 年 6 月，文伏波主持编制了《丹江口水利枢纽左部河床混凝土坝 19~23 坝段厚防渗板技术设计报告》，报送水电部。

这一年 8 月，为回答毛泽东 1963 年提出的三峡水库的寿命问题，林一山携文伏波前往东北，对内蒙古、宁夏，陕西一带 10 多条河流的泥沙含量，以及在这些河流上修建的水库被泥沙淤积的情况进行考察，得出了三峡水库可以长期使用的结论。

9月底，水电部下达审批意见：

> 同意厚防渗板轮廓尺寸和总体布置；慎重研究新老混凝土的结合；分坝段分期开挖防渗板基础；做好与右部河床混凝土坝段的防渗衔接。

厚防渗板和混凝土大坝之间的结合，关系到如何控制温度的问题，经过反复研究，设计代表组采用了“先自由，后嵌故”的技术措施。即：初期板和大坝间预留1米的宽槽，厚板可以自由活动，待新老混凝土均匀冷却至稳定温度后，再回填宽槽联成整体。这样厚板混凝土的浇筑在脱离了基础约束区后，便可放宽温度控制，有利于施工安排；同时，厚板可自由活动，利于防止发生裂缝。这需要解决厚板与大坝自由滑动的支座。设计代表组在对待减低支座面的摩擦力问题上，提出采用钢板接触方案，并于板背支座混凝土墩内安放钢筋，后征求施工方意见，并分析研究，用两层油纸中涂黄油的方案代替钢板接触方案，且没有在墩内安放钢筋。支墩设计采取调查试验的办法，使得设计的结构安全可靠，还节约了约百吨钢格和较多劳力。

对于混凝土的温控设计，设计代表组也做了大量的现场调查研究。

夜晚的工地上，万籁俱静，没有了开工时如水般的喧嚣，也没有了星火点点的隆隆机声，没有了人，工地的静就显得格外孤清，文伏波喜欢在临睡前在山路上散散步，这个时候，是他一天中最轻松的一刻。

# 第三十七章　大坝复工

补强设计取得成果后，文伏波即开始主持编制完整的机械化施工方案。

经过近三年的准备，国务院规定的精简队伍、补强设计、机械化施工准备的三大任务均已完成，为丹江口工程复工做好了充分准备。

在长办总部工作三年零 4 个月后，文伏波带着他的设计代表们，于 1964 年 10 月底返回丹江口工地。这时他与老母亲在一起朝夕相处，度过了一生中最宝贵的一年零 5 个月的美好时光。

12 月 16 日，大坝恢复混凝土浇筑，这标志着丹江口工程全面恢复施工。丹江口水利枢纽工程的工地上，机声隆隆，从机械设备、生活条件以及人们的观念，都发生了根本变化，一个接一个喜讯让人们欢欣鼓舞。

1965 年 1 月 13 日，大坝混凝土浇筑一条龙系统全部建成投产；

1965 年 7 月，预冷骨料系统建成投产；

1966 年 1 月 18 日，施工期货运过坝的左岸上游驳运码头建成投入使用；

1966 年 1 月 1 日，武汉至丹江口的汉丹铁路全线建成通车，解决了大施工期间材料和大型设备的进场问题。

机械化让施工速度乘上了快马，工程质量得到保障。

看着工程进展顺利，文伏波感到十分欣慰，从开工到复工，为适应施工方的需要，他所带领的设计组代表们曾想过很多办法，也搞了一些科学创新，也取得了较好的效果，他相信，那些成果在今后的治江实践中还会得到应用。

就在工程建设步入正常轨道之时，“文化大革命”的风暴席卷全国，丹江口水利枢纽工程工地，也来了大批造反派。

张体学被迫中断工作。1966 年 11 月，省委书记王任重被揪斗，造反派要他承认王任重是“反革命修正主义”，张体学闻言气愤地说：“中央没有给王任重定性，我不能作结论，我宁可犯政治错误，也不犯组织错误。”

这句话惹恼了造反派，张体学也被推到台上揪斗，“月月斗，天天斗，时时斗，把张体学斗倒斗臭！”“张体学的屁股也要摸，摸定了！”武汉三镇的街道上刷满了大标语。

张体学被打倒了，任士舜被打倒了，工程局的许多领导都停止了工作。

1967 年 1 月下旬，张体学被造反派抓走，消息传到周总理那里。周总理十分担任张体学的安全，打电话通知湖北省委有关人员，命令送张体学到北京休息。

文伏波也在一夜之间成了被专政的对象。

“你能干什么？”红卫兵看着他吼叫。

看着这些乳臭未干的小伙子们，文伏波无可奈何地笑了笑：“我能画图。”

他由监督工程质量的设计代表组组长降格为绘图员，红卫兵看着他画的图纸说：“这人还可以画画图。”

憋着一肚子气的文伏波闹不明白，怎么突然间现实成了这个样子，文伏波默默地承受着。

1966 年夏，这时从武汉传来一个令他伤心欲绝的消息，受他这个臭知识分子的牵连，他的母亲、岳母、妻子竟经常被街道居委会和妻子就职的长办幼儿园拉去批斗。

8 月的武汉，暑热炙人，文伏波的老母亲在一次又一次的游斗中，终于因中暑晕倒在路上，被人扶回家时，到中午就去世了。尚在丹江口挨批的文伏波肝胆俱焚，母亲啊，想是将您接来享享天福，哪知不孝的儿子没让您享到福，竟是让您付出了性命啊。

文伏波面对苍天，泪水长流。

掩埋了瘦骨嶙峋的母亲的遗体，文伏波回到了丹江口工地，他失去了绘图的资格，被贬到厨房当起了伙夫。他在厨房里学会了做饭，炒菜，他煎出了一道备受欢迎的老家湖南软桥的家乡菜——油煎小鱼，那味道让吃过的人难忘。

一波未平，一波又起，此时在汉口的家中，也正面临着另一场灾难。1968 年，一家老小被人从上滑坡的“高知”楼赶到了罗家庄的集体宿舍，这里不仅没有了干净的红木地板，而且连厕所和厨房也是几家人共用。集体宿舍面积太小，住不下一家子，文潮只得到别人家里借住。

1969 年底，造反派把文伏波押回汉口，离开了他为之付出智慧、心血与汗水的丹江口工程了。

看着胡子拉碴、脸色蜡黄而被押解回来的丈夫，刘慕真泪如泉涌，文伏波轻轻地擦去妻子的泪水，忽然，他看到了她头上的白发，他的身子猛地一颤，瞬间也泪眼模糊，他转过身去，擦干眼角，极力控制住自己。妻子的憔悴使他惊呆了。自己没日没夜地在工地上，把一个家全托给妻子，她才 40 多岁，头上就已有了白发。

“苦了你了！”文伏波说完，再找不出一句话来。刘慕真盯着他，她的眼神温暖而湿润，“回来就好。”说完也再找不出一句话来。

文伏波回到了家，心却丢在了丹江口。

# 中篇（三）

# 不破楼兰终不还

# 第三十八章　千古丰碑

从1958年至1970年，长达12年的时间里，文伏波为丹江口水利枢纽工程的设计、质量可谓呕心沥血，他每天一睁开双眼，就仿佛看到那荒凉山川里的工程。

万幸的是，丹江口工程在“怀疑一切、打倒一切”的荒唐岁月里，因为在复工前制定的各项规章制度及施工进度、方案，都能得到具体实施，尊重科学、质量第一的观念已经深入人心，没有任何人敢破除和否定，大坝浇筑的质量和秩序始终没有受到这场浩劫的干扰，工程竟然顺利地按照文伏波等当初设计的初期规模一步步推进，这不能不让文伏波得到些许安慰。

他被造反派押解回汉，虽然他们一家人搬到了简易宿舍，但一家人终于能朝夕相处在一起了。文伏波倒也慢慢习惯起这样的日子来。

他在家时一般会看书、吟诗，若有邻居小朋友来找文丹玩，他便抓住机会一定要教小朋友读古诗。

更多的时候，他坐在屋子里，摇头晃脑地吟诵古诗，他吟的诗不是唐诗三百首，是唐诗三百首之外的古诗，文丹眼中的父亲，已经把唐诗三百首全记熟了，父亲吟诵的古诗她在唐诗三百首里没有找到。

这一日，文伏波把水壶放在煤炉子上后，又在屋子里摇头晃脑地诵读，水开了，他没注意到，隔壁的孩子以为他们家开水注满了，便提起来拿回家注在了自家的开水瓶里。一会儿，水又开了，那孩子又拿回家倒了。等文伏波记起炉子上还在烧开水，跑去门口一看，说道：“哦，水还未开！”他又转身回去吟他的诗去了。

夜晚，酷暑难耐，文伏波便在门前摆上竹床。拿着大蒲扇给孩子们扇风，直到夜色沉静，才回到屋子里休息。

他总能用自己的方式打发无聊的时间，他给邻居裁剪裤子，绘图的功底让他把裤子的尺寸裁得不差分毫，这让裁缝师傅大为惊讶；他还做起饭来，他烹饪的香煎小鱼是孩子们最爱吃的，在这盘小菜里，他寄托着对童年软桥的儿时记忆，他还会做湖南风味的豆豉干子、大白菜丁丁，炒出的香味让孩子们闻之垂涎欲滴。“父亲的湖南菜做得很地道。”多年以后，我在长江委采访已经退休而被返聘的文丹，回忆父亲给她炒过的菜，她一脸的幸福。她怀着这样幸福神情的时候，她的父亲已经躺在了医院，他再也不能为她炒一次菜了，现在是文丹经常做了饭给父亲送到医院

这样的日子没有过多久，文伏波处境就有了好转，他又被赋予了新的历史使命。

丹江口大坝混凝土浇筑再没出现质量事故，直至 1973 年 10 月 1 日，第六台机组并网发电，电站全部建成，丹江口水利枢纽工程，真正实现了周恩来总理所期望的防洪、灌溉、发电、航运、水产养殖“五利俱全”的开发目标。

这个庞然大物在建成后，从枢纽布置及其相关数据可以看出它的威风。河床布置混凝土坝、泄洪建筑物及坝后式厂房，左右两岸为土石坝，通航建筑物布置在右岸。坝顶高程 162.0 米，相当于一栋近 60 层楼房的高度；挡水建筑物总长 2494 米，有 5 里路长；其中混凝土坝长 1141 米，左岸土坝 1223 米，右岸土坝 130 米。泄洪建筑物包括泄洪深孔和溢流坝两部分。泄洪深孔位于河床右部，设置 12 个宽 5 米、高 6 米的深孔，孔底高程 113.0 米，供泄放中、小流量兼作放空、排沙之用。最大泄流量 9680 立方米每秒。溢流坝位于河床中部，总长 264 米，设有 20 个宽 8.5 米，堰顶高程 138 米的开敞式溢流孔，中间有一个坝段布置成隔墙，那是在施工时由纵向围堰改建而成，它将溢流坝分隔成两部分，只有在洪水超过 1935 年的洪量时，才开始运用左部分共 12 孔，以保护电厂尾水少受泄洪干扰。最大泄量 39900 立方米每秒。

坝后式厂房位于河床左部，厂房坝段长 174 米，安装 6 台单机容量为 15 万千瓦的竖轴混流式水轮发电机组。转轮直径 5.5 米，总重 658.3 ~ 588 吨，额定转速每分钟 100 转，额定出力 15.4 万千瓦，最高效率 92.8%。初期单独运转时，最大水头 71.5 米，最小水头 44 米，设计水头 63.0 米；后期运转时最大水头 81.5 米，最小水头 45.4 米，设计水头 63.5 米。机组最大过流量 275 立方米每秒和 277 立方米每秒。发电机为伞式空冷型，额定电压 15.75 千伏，额定容量 17.65 万千伏安，额定功率因数 0.85，定子铁心内径 12.8 米，转子重 572 吨和 490 吨。引水压力钢管直径 7.5 米，埋设在坝内，进口高程 115 米。

左岸土石坝全长 1223 米，最大坝高 56 米，为黏土心墙及黏土斜墙、沙砾料坝壳土石混合坝。左岸土石坝与河床混凝土坝之间的左岸联接段长 220 米，为实体重力坝。为避开片岩区，混凝土坝轴线向下游转弯。

左岸土石坝在联接段混凝土坝上游面与其正交联接。联接处设有上、下游挡土墙。

右岸土石坝长 130 米，为黏土心墙风化石碴坝壳土石混合坝。右岸联接段长 339 米，为实体重力坝。

通航建筑物布置在右岸，越过右岸混凝土连接坝段，采用垂直升船机与斜面升船机相结合的形式。

这些数据闪花了眼睛，看起来是多么的枯燥无趣，可是每一个数据都是文伏波和他的设计伙伴们精心计算的结果，巍然屹立的丹江口大坝运转到半个世纪，依然英姿飒爽；它蓄水而成的丹江口水库，淹没丹江口市土地面积 347 平方千米，包括 23 万亩耕地，以及均州古城和大量的基础设施，先后动迁移民 16 万人，风景迷人，成为亚洲第一大人工淡水湖，为南水北调引水工程留下了一个完美的伏笔。

千秋功业，千古丰碑。丹江口水利枢纽工程，是综合治理开发汉江的关键工程，是南水北调中线工程的水源工程，是汉江治理史上由平原建闸向高坝大库建设的首次实践，是当时中国最大、世界一流的水电站，其建设成果，对长江流域综合规划和三峡工程建设，乃至全国的高坝建设，都有十分重要的意义。

大禹治水，三过家门而不入，文伏波修丹江口大坝，十二载辛勤在工地。在文伏波的一生中，这是一个最令他怀念与牵挂和难忘的工程，这是他和长办设计师们做的第一个高坝，这个高坝为长办培养了一支理论联系实际的强大设计队伍，为他日后在葛洲坝水利枢纽工程的设计与建设中的现场设计奠定了坚实根基。

# 第三十九章　长江开发

1970 年 3 月，等待审查的“臭老九”文伏波平反。随即他接到长办的军代表麦汝强的通知：“文科长，张体学省长请你赶快到他那里去一下，有重要事情商量。”

此时，张体学已经恢复工作。

文伏波闻讯心中一震，省长找我是什么事呢？妻子还在担心此行是吉是凶？但经历了被批斗、被押解回汉、被贬扫地擦窗之后，文伏波已是宠辱不惊。

他安慰妻子：“我感觉我的清闲日子已经到头了！”在他心中引起波动的，是他强烈感受到省长要与他“商量”的事情与他热爱的水利事业密切相关！

在阳春三月的和煦春风里，他赶到省政府，果然，张体学省长要调他去葛洲坝工程指挥部勘测设计参谋团，并要他担任团长。

丹江口工程开工时，张体学是省长兼任总指挥长，文伏波是长办派驻工地的设计代表。针对丹江口工程的建设程序、施工质量，俩人有过争论，但都是为了工程，文伏波严谨负责的态度和高超的设计水平给张体学留下了深刻的印象，他打心眼里认同文伏波的才学与人品。他要文伏波专门负责葛洲坝水利枢纽工程的初步设计工作。

张体学说：“长江委有支队伍正在三峡地区的茅坪从事现场设计，希望你与曹乐安（后为全国工程设计大师）、陈炎炉（后为湖北省水利厅总工程师）一同前往参加，进行技术指导。”

文伏波开始认为他要去从事的工作是三峡工程设计，一听说他工作的重点不是三峡工程，而是葛洲坝工程，而且葛洲坝工程有可能提前开工时，颇为吃惊。因为他知道，葛洲坝工程是三峡工程的反调节水库，应该与三峡主体工程同时或稍后施工，怎么会绕过三峡工程提前上马呢？

张体学告诉他：“因为三线建设，湖北省在西部进行了大力开发，原本紧缺的电力供应形势更加紧张。去年 5 月，毛主席在湖北视察时，我向主席请示三峡工程早日上马的要求。毛主席说：‘目前战备时期，不宜作此设想。’所以我们先上葛洲坝工程。”

葛洲坝工程，是一项关乎长江治理的重大工程。

事实上，新中国成立之初，中央就高度重视长江治理与开发工作，长江委亦将此项工作纳入重要日程。

▲ 葛洲坝水利枢纽

# 第四十章　治江方略

葛洲坝工程的兴建构想，起始在1932年国民政府资源委员会考察三峡水利时。只是当时设想在葛洲坝兴建的是三峡工程的主坝，这一设想在萨凡奇计划修建三峡高坝时已被放弃。1955年，中苏专家针对三峡工程的坝址在南津关还是在三斗坪展开了激烈争论，最终确定了在三斗坪建三峡主坝，在葛洲坝作反调节水库和航运梯级的方案。

1964年5月，紧张的国际形势促使毛泽东主席提出“要下决心搞三线建设”的方针，翌年10月全国计划会议提出1966年国民经济计划按照“大小三线建设和一、二线国防工业、战备工程”为重点优先的安排的意见。此时宜昌及鄂西地区，十堰及鄂北地区都成为三线建设地区。至1967年夏已有十多个大中型企业兴建于宜昌。之后，一大批国防军工企业和科研单位落户于宜昌山区。一下子增加这么多用电大户，鄂西、豫西、湘西、川东等地一下子陷于电力严重短缺的困境，武汉市也不得不经常拉闸停电。

1969年10月1日，长办在向水电部副部长钱正英、湖北省省长张体学汇报三峡水利枢纽工程的勘测设计工作时，钱正英部长转达了毛泽东主席不宜在战备时期兴建三峡工程的指示。长办参加汇报的几个年轻人便建议，可先修葛洲坝水利枢纽工程。鉴于华中地区用电紧缺的严重形势，钱正英和张体学同意了这个建议。12月6日，水电部军事管制委员会生产组希望长办于1970年4月底拿出初步设计报告。

文伏波深知，葛洲坝工程在三峡工程之前上马，是严重违背基本建设程序的，将给自身以及三峡工程的建设造成一系列的不利影响。对于三峡高坝可能久拖不决，长办考虑过分期开发，可在一定程度上解决三峡建设工期长、投资大的困难，因此没有葛洲坝提前上马的准备。

文伏波就在这个背景下投入到葛洲坝工程设计工作中。

葛洲坝地处湖北宜昌南津关，这南津原来叫“难进关”，是三峡最著名的泡漩发生地，长江中上游的分界点。

从四川奉节到湖北宜昌之间，是举世闻名的长江三峡，全长200多千米。三峡自西而东，包括雄伟险峻的瞿塘峡、幽深秀丽的巫峡和滩多水急的西陵峡。峡中“两岸连山，略无阙处，重岸叠嶂，隐天蔽日”。峭壁高出江面500米以上，下临急流，最狭处仅100来米，河道迂回曲折，真有峰与天相接，舟从地窖行之感。三峡控制了长江上游100万平方千米流域面积内大小河流的来水，宜昌多年平均水量达4500多亿立方米，几乎占长江总水量的一半，水力资源极为丰富。坡度陡，落差大，峡长谷深，不但水利资源丰富，地形条件相当优越。是兴建巨型水利枢纽工程的理想坝区。

造物主真是神圣，似乎上天早有安排，在距三峡出口南津关2.3千米处，恰有一个是优良的坝址葛洲坝小岛。葛洲坝小岛原为长江中的一个沙洲，与旁边的西坝相邻，将这一段长江自南岸向北分成了并行的大江、二江和三江这三条河道。葛洲坝小岛原来叫“搁舟岛”，来往行船的船家为了吉祥，把搁舟改了个谐音，成了“葛洲”。葛洲坝水利枢纽的坝址就穿过这个江心小岛。

这是人类与水的又一次重大博弈。

# 第四十一章　参谋团长

1970年1月23日，鄂西水电工程指挥部在长江西陵峡南岸的茅坪镇成立。指挥部下设勘测设计参谋团。3月，张体学将文伏波调来后，任命他为参谋团长，专门负责枢纽工程的设计工作。长办同时派去的有曹乐安、陈炎炉等。曹乐安任副团长。

由于葛洲坝工程是三峡工程的反调节水库，按基本程序，应该在三峡工程之后或同时进行。因此，在三峡主体工程尚未确定之前，长办对葛洲坝的设计工作很不充分。在当时，长办只有一份1960年所作的规划性报告。该方案的设计洪水为8.4万立方米每秒，正常蓄水位65米，反调节库容为0.8亿立方米。其枢纽布置为在三江布置一个船闸，二江布置电站泄洪闸，初期装机为200万千瓦，后期为250万千瓦，在大江则全为沙砾石坝。这一方案因为没有送到上级审查，因此鲜为人知。

由于这一方案是在三峡工程已经建成的前提下设计的，葛洲坝工程提前上马，实际上打破了这一前提，因此要进行较大修正。长办设计小组在茅坪集结后，尤其是文伏波、曹乐安等到任后，刻不容缓，分秒必争，在1970年4月交出的设计要点报告，其主要内容是三江仍布置一条船闸，二江布置4台发电机组和18孔泄洪闸，在大江则设置10孔溢流闸和8台发电机组。

5月，鄂西水电工程指挥部将该设计报告向水电部汇报，水电部立即向国务院业务组李德生汇报，未正式审批。5月30日，水电部军事管制委员会将《关于停建鄂西清江水电站、兴建长江葛洲坝水利枢纽的报告》上报国务院业务组，并于29日和31日，分别向国务院业务组作了葛洲坝枢纽初步设计要点报告的口头汇报，李先念、纪登奎、李德生、余秋里、粟裕、苏静等听取汇报后，均同意兴建葛洲坝工程。李先念指示，要继续做工作，向周恩来汇报。

在等待报告批复的日子里，文伏波有了些闲暇，他不用通宵达旦地忙活了，傍晚他会去散散步，看看西陵峡的美丽风光，看看山顶上满天的星辰。这一天，他和同事傅秀堂一块出门，两人聊起了家常。

“文工，一有时间就看见您在看书，总不见休息一下。”

“不学不行啊，得向书本学，向同事学。”

“您真谦虚。”傅秀堂由衷地说。

文伏波看看这个小伙子哈哈一笑道：“谦虚使人进步啊。”

傅秀堂比文伏波小 15 岁，也出生于湖南，分到长办已有 17 年了，与文伏波朝夕相处，他把文伏波既当领导，又当兄长，还有着对前辈的尊敬。两人有时会在一起聊天。他突然想起一直在心里想问的一个问题，关于考大学的作文题目，这个问题同学们在一起聊，可大家都忘记了。

“您是哪一年考大学的？”

“哎呀，算起来，该是 1943 年吧。”

“可记得您当年参加考试的作文题目么？”

“呵呵，那时候考试由各所大学自己命题，我考的是中央大学，记得当时的作文题为：论《士先器识而后文艺》”

“啊，这么多年了，您还记得！我们早忘了！”

“记得。”

“什么事先气死，而后文艺？”傅秀堂问，他没有听懂。

“呵呵，是‘士先器识而后文艺’。‘士’是名士的‘士’，‘器’是器度的‘器’。意思是说一个人要想有远大前程，先要培养器量见识，其次是文才技艺。”

“哦哦。”傅秀堂洗耳恭听，“说得极是，是谁说的？”

它最早出处在《旧唐书》，后《资政通鉴》描写唐朝裴行俭时说过这句话，裴行俭想把自己的儿子拜托给王勮和苏味道，这两人当时还未成名。当

时成名的有王勮的弟弟王勃，就是后来写《滕王阁序》的那个少年天才，他和杨炯、卢照邻、骆宾王那时都以文才而享有盛名，被称为‘初唐四杰’，很受一些官员的赏识。”

“那裴行俭为什么不把自己的儿子托付给这些有才学的人呢？”傅秀堂不耻下问。

“你问得好！那裴行俭说：‘士先器识而后文艺。勃等须有文名，浮躁浅露，才高性傲。傲乃相中最忌，文人败像，多由于傲，千罪百恶，皆由傲上来。像之不仁，丹朱之不肖，未常言相恶，皆只是一傲便结局无成。故子傲不孝，弟傲不恭，臣傲不忠，友傲不信，妻傲不贤。谦字乃傲字对症之药，四子不能成远大之器者傲也。’”文伏波记得这段话，信口说来。

“子傲不孝，弟傲不恭，臣傲不忠，友傲不信，妻傲不贤，所言极是啊！”傅秀堂听得懂这段古文之意，他本是大学高才生，也是很有才学的年轻人，只是学的是工科，对古文兴趣不大。“那，初唐四杰，后来的命运怎样了？”

“都被裴行俭说中了哩，他说那四个人都不能成大器，只有杨炯可做县令。"后勃溺南海，照邻沉颍水，宾王被诛，炯终盈川令。一一应验。当时我们的作文题就是这内容。整个故事说的就是一个道理，不能自恃有才，目中无人，须谦虚谨慎啊。”

真是好记性！好见解！傅秀堂回到宿舍认真琢磨文伏波说的话，他觉得文伏波的气质与一般同事不一样，现在细想，文伏波的身上的确有一种气度，一种谦虚的风范，这让他的人格充满魅力。

以后有闲的时候，傅秀堂总想与文伏波一块聊天，他觉得与文伏波这样的长者在一起可以学到很多做人的道理。

1970 年 5 月，湖北省和水利部作出了停建清江隔河岩工程，集中力量修建葛洲坝的决定。将原先集中于长阳的队伍拉到宜昌，同时从正在建设中的丹江口抽调大批人马，在很短时间内便组成了一支水电大军。与此同时，兴建葛洲坝工程的方案也在中央形成共识，工程上马已是箭在弦上。

6 月 22 日，鄂西水电工程指挥部成立葛洲坝工程筹建领导小组。长办与武汉水院的工程技术人员连续加班七天七夜，赶制出了工地的第一个试验模型，经过多次紧张的水工和泥沙试验，发现工程建成后将形成三个明显淤区，可能影响船闸布置。武汉水院的张瑞瑾教授提出了在葛洲坝头部设束流坝的建议，但仍无法解决三江的淤积。同时也发现在泄洪时，二江的单宽流量太大，难以保证工程安全。

文伏波和曹乐安作为工地设计负责人，综合考虑各方因素，作出了将4孔泄水闸移到三江的决定。当时他就觉得这种设计十分别扭，可时间太紧，来不及多作研究。

同月，水电部和湖北省革命委员会在宜昌召开会议，对葛洲坝初步设计要点报告进行审查，决定由鄂西水电工程指挥部统一领导初步设计工作，长办在宜昌的设计人员，包括文伏波在内，都受其领导。

在九万方试验场、葛洲坝工地水工和泥沙模型试验研究的基础上，1970年9月，长办主持完成《长江葛洲坝水利枢纽初步设计报告》，设计方案有所调整和修改，拟订电站装机容量204万千瓦，总工期4年9个月。鄂西水电工程指挥部在此基础上，提出了补充设计简要报告，并向中央上报，主要内容为：

①在大江和三江各设置8台和4台17万千瓦机组；②大江、二江、三江均布置一定数量的泄洪闸；③在大江、三江各布置一座船闸，并在三江留有通航建筑物的余地。

武汉军区和湖北省认为切实可行。10月24日，张体学代表湖北省革命委员会宣布，筹建长江葛洲坝水利枢纽工程临时领导小组，张体学任组长，研究建设队伍和施工准备工作。

同月，武汉军区司令员曾思玉在访问朝鲜途经北京时，向周恩来总理提出兴建葛洲坝水利枢纽工程的建议。10月30日，武汉军区、湖北省革命委员会联名提出《关于兴建长江葛洲坝水利枢纽工程给毛主席党中央、国务院

▲葛洲坝早期施工现场

的请示报告》，报请将三峡工程列为“四五”计划。该报告在中央阅办效率奇高。

1970 年冬，周恩来总理亲自主持中央政治局会议，研究和讨论了葛洲坝水利枢纽工程的有关问题。他提出要充分利用中华人民共和国 5.4 亿千瓦的水力资源，建设长江水利枢纽。周恩来总理指出，这是有计划、有步骤地为建设三峡工程作实战准备。葛洲坝工程是三峡工程的组成部分，它的水库作为三峡工程的反调节水库，目的是调节不稳定流对下游航道及宜昌港所造成的不利影响；抬高水位，降低汛期水流流速；利用这段峡道河谷的落差发电；改善三峡坝址至南津关之间 37 千米的天然航道。他说“若不修建长江三峡水利枢纽工程，长江防洪就得不到彻底解决，也更谈不上综合利用问题。我们修建三峡大坝，就是为了从根本上解决洪水的威胁，实现毛主席‘高峡出平湖’的宏伟理想，使它永远造福于人民。”

1970 年 12 月 25 日，中央以〔1970〕78 号文批准兴建葛洲坝工程，指出“为争取时间，你们即可组织力量，进行施工准备。为集中力量打歼灭战，清江隔河岩工程停建，其所列今年投资，转由葛洲坝使用。”

而葛洲坝工程建设基地，在中央还在讨论尚未批复之前，已有 1.1 万职工进场，长办、交通部水运规划设计院、湖北省水利厅、水电部中南勘测设计院、武汉水利电力学院等单位，共同组成 1200 人的勘测设计参谋团，由文伏波任参谋团长，浩浩荡荡地开进了葛洲坝临时搭建的房屋，开始了紧张的设计工作。

长办对 9 月份完成的初步设计报告继续做了修改补充，并主持编制完成《长江葛洲坝水利枢纽补充简要报告》。

1970 年 12 月 26 日，毛主席在他 77 岁寿诞这天，亲笔作出了“赞成兴建此坝”的批示。

1970 年 12 月 30 日，葛洲坝工程在“万炮齐鸣，万人下河”中正式举行隆重的开工典礼。

# 第四十二章　三三〇工程

现在年龄大一些的人，都知道葛洲坝工程的另一个名字——三三〇工程。

1971年2月5日，为纪念毛泽东主席1958年3月30日乘“江峡”轮视察三峡坝址，省长张体学在工地宣布，三三〇工程指挥部成立，由武汉军区司令员、湖北省革命委员会主任曾思玉任第一指挥长兼政委，张体学任指挥长，武汉军区副司令员张震任政委。提出“三年半发电，五年建成”的口号。

这又是一个丹江口大坝“一年建成”的口号翻版。浮夸风似乎一直都在刮着。

又是军队建制。一下子呼啦啦来了10万人，编为35个团，430个连，打人海战役。三三〇工地红旗招展，随处可见的标语口号如冬天里的一把火，把每一颗建设者的心烤得暖暖的，工地生活和工作条件虽然极为艰苦，连宿舍也是临时搭盖的芦席棚，办公桌是用木铺板搭成的，椅子用泡菜坛子代替。但宽阔的滩地有条件实施大规模战役，大家齐心协力，不到5个月就迅速完成一期土石围堰。

1971年的4月10日，刚刚开工的葛洲坝工程很快就陷入混乱状态，上10万民工坐在工地闲等着设计图纸。文伏波和他的设计团员们，只得争分夺秒地边勘测、边设计，三三〇工程开工成了边勘测、边设计、边施工的“三边”工程，可见上马时间太过仓促。

计划中的工程分两期，一期工程先修建布置在左岸二江和三江上的泄水闸，电站厂房、冲沙闸和通航建筑物；二期工程是在一期工程建成后，再修建右岸的大江泄水闸、冲沙闸和通航建筑物。

这些设计在当时还只是处于规划设计阶段，只是形成了方案而已，尚未进行充分的研究落实，更没有经过审定。而且设计采取了大会战的形式和“千人设计、万人审查”，设计方案不仅要向工人，还要向医生、护士、炊事员汇报，接受审查。许多工作设计尚未拿出，施工便已完成，图纸干脆无人签名。

因此，刚刚开工的葛洲坝工程很快就陷入了困境。

首先各方争论的是通航问题，三江航道的泥沙淤积与三江建筑物的布置方案问题被提了出来，继而即牵涉到二江泄水闸和电站厂房的设计布局，接着有人对一期工程所有的建筑物布局都提出了质疑，甚至还包括大江截流的安全问题。

争论的焦点，集中在船闸和航道布置如何保证安全通航的问题。交通部早在年初就将通航问题上报过中央，文伏波带领设计人员加紧进行模型试验，试验结果表明，居枢纽中部的二江泄水闸泄流时，其上游两侧出现两个大回流。因此，三江船闸上游不但水流条件不好，而且因回流产生严重的泥沙淤积，妨碍船只的进出。对此，文伏波等主张在三江船闸左侧布设 4 台大机组，利用其终年发电的长流水，以确保航道泥沙不淤积，电站进厂铁路的敷设和运行又较便利，出线布置可不受干扰，基础岩石也较好，既利于航运，又利于多发电。

可长流水可能引起缓流淤积。有人提出反对意见，船闸附近长流水的流线与航线不一致的部位，也会有累积性淤积，而且电站进水，导致船闸上游横向流速过大，有碍通航。

研究讨论期间，赞成三江设 4 台机组的居绝对多数，然而，航运部门的设计人员在设计报告中建议，电厂移出三江。

意见纷纭，莫衷一是。1971 年 6 月初，武汉军区、湖北省革命委员会、水电部、交通部、第一机械工业部，将三江设防淤堤和泄水闸（后改为冲沙闸）、二江水设泄水闸和电站的方案上报国务院。

6 月 16 日、23 日，周恩来总理在北京主持召开了葛洲坝工程汇报会，参加会议的有李先念、李德生、纪登奎、余秋里、粟裕，基本建设委员会的李良汉、宋养初，湖北省革命委员会张体学，长办主任林一山、军代表麦汝强、文伏波，三三〇勘测设计团军代表、工人、技术人员等。

水利部副部长钱正英向周总理做了汇报。周总理听完后，对林一山说："通航、截流和泥沙是葛洲坝工程面临三大难题，林主任，你怎么不事先提醒我，兴建葛洲坝工程有可能阻断长江航运？"周总理提出救船、救木、救鱼的要求，他说，关于大江一次截流的问题，按当时设计的方案，二江过不了那么多水，要研究解决；关于淤积问题，不能一下子排除不同意见，要多方听取意见加以研究，关于三江航道问题，原则上同意修改方案，再进一步具体化。

针对三三〇工程遇到的三大问题，在这一次会议后，文伏波等进一步研究，于当年7月编写出《长江葛洲坝水利枢纽初步设计报告（讨论稿）》，8月，相关部门对该设计报告讨论稿进行了现场审查，到年底，文伏波汇总水电部、交通部、地质部、第一机械工业部、农林部、基本建设委员会等部委的意见，重新进行重大修改，提出《长江葛洲坝水利枢纽初步设计报告》。

关于航道泥沙问题。设计提出电厂移出三江，动水冲沙，辅以机械清淤措施。但尚没得到正式试验验证。航运部门仍不放心。

关于泄洪问题。葛洲坝作纵向围堰，二江挡水前缘只布置16孔泄水闸，泄洪能力有限，正常运转须大江15孔泄水闸参加才能满足泄洪要求。二期导流，则需二江电厂参加导流，而电厂过流的技术问题复杂，是否过流？引发不同意见。

关于基础问题。二江基岩中软弱夹层的性状，随着地质勘测队工作的深入，发现比原来预料的要严重。且基坑开挖未遵开挖爆破要求，致使基岩中爆破裂缝较多。

为此，水电部消能防冲会议，三三〇工程指挥部地质会议相继召开。接着由基本建设委员会、计划委员会、水电部、交通部、第一机械工业部、农业部组成联合工作组，进行全面检查。水电部在审查设计时指示，基于基础问题比预计的严重，建筑物沿深层滑动的稳定安全系数应由原设计中采用的 1.1 增加到 1.3~1.4，厂房“两机一缝”的布置应改为“一机一缝”，二江电站 2 台机组参加导流。存在问题较多，技术上没有把握，故二江电站仍只装 4 台机组，二江水闸恢复 19 孔。设计上的改动，使工程数量和投资均大幅度增加，投资由 15 亿元增加到 25.9 亿元。泥沙淤积根据武汉 1 ∶ 250 的泥沙变态模型试验表明，三江的技术方案还需修改，决定暂停三江施工。

# 第四十三章　伏波将军

联合工作组根据检查出的严重问题，即刻上报了国务院。报告指出如下问题：一是设计、试验赶不上施工需要；二是忽视了施工组织设计工作；三是工程质量不好；四是科学管理没跟上。

1972年6月，周恩来总理召集联合组负责人开会，讨论修改方案，李先念、纪登奎、李德生、余秋里等领导也参加了这次会议，林一山带着长办军代表和文伏波等几位技术人员、工人出席了这次会议。虽然对相关问题发生激烈争论，但“文化大革命”的背景下，这些问题并没有从根本上解决，只是对设计方案有所改动。

这一年，张体学身体日渐虚弱，被医院确诊为肺癌，接受治疗。

工程的重大技术问题得不到解决，混凝土浇筑继而出现更加严重的质量事故。林一山带着文伏波和军代表麦汝强在1972年冬再上北京。周恩来总理一看林一山带来的人有个叫文伏波的名字，说道：“啊，文伏波，你这个名字到越南去不好，但搞水利却不错，你的名字不就是要降服洪波吗？东汉时期的马援，就被封为伏波将军。”

伏波将军!

文伏波知道，伏波将军是古代对将军个人能力的一种封号，第一位出任伏波将军的即汉武帝时候的路博德，他率军平定了南越叛乱，将南方大部分地区收归汉朝版图，武功显赫，能征善战。最著名的伏波将军是东汉光武帝时候的马援，南征北战、马革裹尸的豪情令后世敬仰。

总理知识渊博，把他的名字与标志个人能力的将军连在一起，是对他寄予厚望，总理的风趣让文伏波心里感到热乎乎的。

这一次，周恩来总理在万忙中抱病先后于 11 月 8 日、9 日、13 日、21 日听取了水电部钱正英、三三〇工程指挥部张体学、国家计委袁宝华、长办林一山以及交通部马耀骥等 9 个部委领导的汇报。总理发现三三〇工程指挥部主要领导都是军人时，很不满意，对设计和施工人员按军队编制分成团和连，更是反对。他得知一些设计图纸上各级设计人员都不签字的原因是设计人员管理混乱，来自不同单位而匆忙赶制的图纸，谁也不敢担责等情况后，更是意识到管理的不科学。他说：“边勘测，边设计、边施工带来的恶果就是质量差、进度慢、浪费大，应该修改设计，如果大家的意见不一致，就得停下来。得有一个可靠的设计单位对设计负责，施工方不能领导设计方。”

在北京和平宾馆研究讨论后，林一山等 9 人将工程设计问题的意见上报周总理和国务院，认为建坝是可行的，防止航道淤塞也是可能的，但初步设计的任务更艰巨，要解决合理的枢纽布置，确定主要建筑物型式及施工方案，特别是对于泥沙淤积、消能防冲、大江截流、大型机电设备和闸门启闭机、基础黏土岩及基夹层规律的研究与处理措施，以及混凝土质量的控制办法等，都要进行专门的试验研究和论证。并对建设及领导班子组成提出建议

总理对这个意见相当重视，决定葛洲坝主体工程暂停施工，由长办负责修改设计，并成立葛洲坝工程技术委员会，由林一山任负责人，委员由参加讨论的 9 人作为成员。后聘请了张光斗等几位教授作为顾问。

总理协调并理清了三三〇工地存在的问题，找到了解决问题的办法，工程技术委员会的成立，改变了设计被施工领导的被动局面。工程所涉及的一切技术问题，由技术委员会讨论定夺。

问题解决了，文伏波的心情开朗许多，总理的睿智与果敢、亲切与风趣让他敬仰，让他终生难忘，这是他最后一次见到总理，从丹江口水利工程开始至葛洲坝工程，他一共见过总理 7 次。总理日理万机，操劳过度，身体日渐衰弱，直到 1976 年逝世，文伏波再也没有机会再见到总理。而自此后，“伏波将军”的称号竟然不胫而走，人们见面都称他为“伏波将军”，文伏波也始终牢记着总理对他说的那段话，真的把一生投入到治理开发长江的事业中，

也取得了很大的成就，成为名副其实的“伏波将军”。

葛洲坝工程技术委员会成立之日至工程完工的10年里，共开了13次会议，每一次会议议题和林一山的讲话，都是他负责拟好，每次会议他都出席，负责回答各方提出的设计技术问题。会议形成的文件，委员们都签上自己的大名，这些文件共8.5万字，避免了设计方与施工方的相互推诿，它是工程顺利的前提与保证。

1972年12月下旬，三三〇工地于宣布停工，1.1万名民工全部撤回农村，基建工程兵610部队也于1973年陆续撤离工地现场。留下3.5万施工力量，主要负责修场内交通道路与房屋。修改初步设计工作全面展开。12月8日，文伏波被长办任命为副总工程师，参与长办与三三〇工程指挥部对工地勘测、设计和科研工作的领导问题的会商。

会商决定，工程勘测由长办五〇五基地负责，工程局的勘测队当年全力以赴承担部分勘测任务，共同搞好勘测工作；原三三〇指挥部设计人员进行调整，工程局抽回参加设计的人员，以充实施工技术管理单位，长办从施工总队抽回50人以补充设计力量，其余人员归属工程局；原设计团的试验连人员回原单位，其中水工和泥沙班在设计单位，由长办管理，土工、化学、材料班归工程局领导；将长办工地的设计机构改为“长办葛洲坝工程设计代表处”，撤销原“三三〇指挥部设计局”，所有勘测设计和科研的档案资料，移交长办存档。

会议确立了长办的领导地位，这是葛洲坝建成的关键，“伏波将军”文伏波有了施展才干大显身手的机会。

他在自己的日记下写下一首王昌龄的《从军行》

青海长云暗雪山，孤城遥望玉门关。黄沙百战穿金甲，不破楼兰终不还。

他整甲缮兵，以利再战。

# 第四十四章　挖岛之争

文伏波从以前的三三〇工程指挥部的设计团团长，成为长办常驻葛洲坝工程局设计代表处处长，全力投入修设计工作中。1970 年开工时他提出的挖除葛洲坝小岛的建议是否可行，成为这一段时间他试验与设计工作的重点。

葛洲坝工程位于从峡谷河流过渡到丘陵地区的急剧过渡段，在约 2000 米的一段距离内，河宽由 300 米扩宽到 2300 米。在江中形成了葛洲坝小岛和西坝，自右至左把长江分成大江、二江、三江，河底高程从 –40 米上升到 35 米，长江在这里形成了一个 90 度的急弯，左岸有支流黄柏河汇入，在如此复杂的河段上修建水利枢纽工程，过去没有遇到过。根据多年观测，这一河段是稳定的，一旦建坝，水流和泥沙运动的边界条件发生很大变化，枢纽建筑物的设计布局必须适应水流和泥沙运动规律的变化。

在工程上马时，并没有从水流、泥沙与枢纽的关系上揭露问题的实质。航道设计时，有两个方案，一为大江与二江之间，二为三江。模型试验发现，如航道布置在大江与二江之间，两侧是水流湍急的泄洪闸和电站尾水，两股水流压缩航道的静水区，选成水流集中，无法通航，第一方案被否定。而航道布置在三江，静水通航合理，可进一步泥沙模型试验，却发现上游存在被淤塞断航的危险。

那时在交通部与水电部的激烈争辩中，文伏波陷入沉思。

长办在进行最初的水工模型试验时，就发现存在三个明显的淤积区，将影响航运安全。张瑞瑾教授提出了兴建束流坝的建议，但经过试验，证明它能解决大江淤积问题，但对于三江却无能为力。自己在当年 9 月曾提出将四

孔泄洪闸移到三江，这样可暂时避免三江的淤积问题，但他不久就发现枢纽的布置非常别扭。

随后的水工试验，大坝蓄水后，长江的主泓明显左移，顶冲到葛洲坝小岛，致使水流极不平顺。大家想尽办法，试图让主流回到大江，但无法成功。

无奈之下，文伏波不得不另辟蹊径。

他组织技术设计人员反复在宜昌 1 ∶ 100 和 1 ∶ 200 两个水工整体模型试验，用天然沙进行定性探索，基本掌握了建坝后的河势规律。

首先，从实测资料分析，主流线的位置与断面形状有关，与水位高低也有关。长江的主流线在峡谷内居中，出峡后才随急弯偏离凹岸，到葛洲坝前受坝头的挑流作用，主流线在大江居中通过。高水位时水流流速大，惯性力、离心力大，左部河床对水流的控制作用减小，主流线向左偏移。建坝后水位更高，主流线将向左正对葛洲坝头。

其次，从模型试验看，不同的枢纽布置对河势有不同的影响，但其范围局限在坝上 17 段面至坝下三江出口，上下约 5 千米的河段内。此范围之外，主流线的位置和断面流速分布与建坝前基本一致。而此范围内，则依据布置的合理与否而出现折冲水流和成片的泥沙淤积。

还有弯道环流的作用将导致水位左高右低而形成边滩。建坝后水位壅高流速降低将导致坝区泥沙大量淤积。

从以上河势变化趋势，文伏波看出，大江主泓左移，顶冲到了葛洲坝，这是坏事；但换一个角度想，左移后的主流趋于河道中央，非常符合一体两翼的河势规划，这反而是求之不得的好事。只是，坏事要变好事，首先就必须挖除葛洲坝小岛。

可那时文伏波提出这个建议时，反对声一片，有人甚至说，不能修建一个没有葛洲坝的葛洲坝工程，这个建议没能获得三三〇工程指挥部的批准。

在主体工程暂时停工后，进入修改设计阶段的文伏波，根据河工模型试验的结论，再次提出全部或部分挖除葛洲坝小岛的建议。

葛洲坝小岛在规划设计阶段，被作为天然的纵向围堰，同时还作为大江截流的良好基地，一旦挖去，难下决心。挖与不挖，成为各种技术争论中最先争议的问题。

1973 年 1 月 14—25 日，葛洲坝工程技术委员会召开第二次会议，专门讨论是否挖掉这个小岛的问题。会议认为，挖掉葛洲坝的一部分或者全部，有利于降低单宽流量，改善河流水势，挖深二江泄洪闸引渠，再采用一些加固消能防冲措施，降低截流水头。向右扩宽二江的办法，挖掉小岛左侧，填宽其右侧，使葛洲坝小岛的中心线向右移。这样可保持葛洲坝小岛的优点，既可作为纵向围堰和施工基地，也可作为大江、二江的岸边，利于排沙与河势规划。

但是意见未能统一。

葛洲坝工程技术委员会接着于 1973 年 3 月 29 日至 4 月 9 日，9 月 26 日至 10 月 25 日，再次召开第三次和第四次专题会议进行大讨论，也没有取得一致意见。

张体学在北京接受治疗期间，也一直关心着葛洲坝工程的进展，无奈病魔凶猛，1973 年 9 月 3 日，张体学省长在北京病逝，年仅 58 岁。

张体学省长的离世让文伏波十分悲伤，一起朝夕相处并肩战斗在工地的日子是那样珍贵，他想回报给省长的是自己尽快促成葛洲坝工程的设计方案，这或可告慰省长在天之灵。

他和同事们又一次恢复到夜以继日的工作日程，终于编成《葛洲坝水利枢纽修改初步设计基本方案的报告》。报告提出：

第一期工程。三江布置1座大型船闸和6孔冲沙闸，位置按原布置不变，并预留一条船闸的位置，防淤堤长1600~1800米，上游引航道左侧设导流堤以增加冲沙效果，三江下游航道底宽120米，枯水时设计最小水深4米。二江左侧布置六台机组的厂房，厂前设导沙坝和排沙廊道，右侧布置20孔泄水闸，葛洲坝大部挖去或全部挖去，加建混凝土纵向围堰。第二期工程，大江中间布置7台机组的厂房，并设排沙底孔，厂前设人字形导沙坎，10孔泄水闸分别在厂房两侧。大江右部预留一条大型船闸的位置。船闸闸室尺寸为34米宽，240米长，闸槛水深5米。完建后的大、二江泄水闸共35孔，加上三江6孔冲沙闸在校核洪水时护坦末端单宽流量控制在140立方米每秒，有利于解决消能防冲。可将截流水头降低到3米以下，保证截流。

与此同时，导截流试验表明，如果不采取有效措施，大江截流的水头将达到4.6米，截流难度太大。泄洪试验表明，葛洲坝泄水闸的宽度不够，一旦出现设计洪水，每米泄洪闸宣泄的流量（单宽流量）过于巨大，远远超出了世界现有水平，难度保证安全。

文伏波将各项试验的过程和结果向林一山作了详细汇报，所有的试验结果指表明，挖除葛洲坝小岛势在必行。1974年2月27日至4月27日，葛洲坝工程技术委员会召开第五次会议，林一山终于正式提出按照一体两翼的布置挖除小岛的方案。

葛洲坝水利枢纽建筑物在设计上是呈“一体两翼”的布局，“一体”是指南津关以下到泄洪闸的长江主泓，第一个“两翼”是指在主泓两侧，从引航道口门开始通向下游的航道；第二个“两翼”是指在第一个两翼即两个航道主泓的下端接近泄洪闸的部位，即泄洪闸两侧各自布置的一个侧向进水的电站引水渠。

会议认同一体两翼方案可行，但对是否挖除小岛仍是未作最后裁决。

1974 年 6 月下旬，国务院副总理、基本建设委员会主任谷牧到葛洲坝工程工地检查工作，了解复工情况，9 月 2—15 日，文伏波陪同林一山出席了谷牧在北京主持召开的葛洲坝工程座谈会。会议肯定初步设计的重大问题诸如泥沙淤积、通航、大江截流、坝轴线和枢纽布置等已经解决，同意在第四季度复工，并决定挖除葛洲坝小岛。

至此，长达 4 年之久的葛洲坝小岛是否挖除之争结束。

由于在施工过程中葛洲坝小岛可以作为大江截流的前进基地，长办在施工前期作出了一个葛洲坝“打滚右移”的方案，即将小岛左侧挖掉的土石暂时填到右侧，以利于大江截流时的施工布置。在大江截流后，整个小岛被全部挖除。

挖除葛洲坝小岛，是整个葛洲坝工程修改设计的关键步骤，在此基础上，长办正式形成了一个全新的“一体两翼”的枢纽布置方案，工程建设也由此走上科学的道路。挖除葛洲坝小岛，是葛洲坝工程修改设计时的一个重大突破。凝聚着长办工程技术人员的心血与智慧，文伏波在其中起到了重要的作用。

# 第四十五章　涓涓父爱

1974年，文伏波的大儿子被推荐上了武汉水利电力学院，这是文家的大事。

从1958年至1974年，文伏波大部分时间待在工地，孩子们的学习生活全是妻子刘慕真操心，孩子们也习惯了父亲不在身边的日子，很多个春节，父亲都是在工地上或者是在北京过年，父亲给孩子们的印象，就是两个字：忙碌。

即使再忙，文伏波的心里都关注着孩子们的教育，繁忙的工作中，他常常挤出时间给家里写信，他从信中了解孩子们的学习与生活，也在信中叮嘱孩子们刻苦学习，即使是在“文革”的大背景下，他也鼓励孩子们多读书，读好书，没有忘记孩子们的教育。假如有机会回长办汇报工作，或是出差北京路过武汉，他一回到家里，总会抽时间关心他们。

在不知不觉中，文伏波的3个孩子已经长大，到1974年，儿子文洪已经20岁啦，他成了一个大小伙子，虽然没有父亲在身边的教育，可父亲讲给他的关于西门豹治邺的故事已经牢牢记在了他的心里。这个时候，他已历经下乡知青、三三〇工地工人，这段生活锻炼了他的意志，也给他的人生增添了许多体验。由于他表现积极，在这一年他以工农兵学员的身份被推荐到武汉水利电力学院（现武汉大学）就读大学本科。

这是家里的一件大喜事，对儿子选择水利专业，文伏波心里特别高兴。后来，文洪在1977年恢复高考后，又考入武汉水利电力学院结构力学专业攻读硕士学位，毕业后分到了华东水利勘测设计研究院工作，子承父业，让文伏波特别欣慰。

这时，大女儿文潮也跟哥哥一样，下放去了农村，文伏波对这个女儿很是牵挂，担心她一个人在农村的生活是否习惯，可文潮是一个有主见的孩子，她从小习惯了父亲不在身边的日子，身上少了许多女孩子的娇气，她跟哥哥一样，下放农村，但后来回城参加了工作，恢复高考后，哥哥考研，她考大学，兄妹俩都继承了父亲的慧根，双双被录取。文潮在志愿上没有选择水利，她觉得父亲太辛苦了，一年上头难得顾到家，她自作主张报考了南京航空航天大学，她选择的是直升机设计专业。

这时在家里只剩下小女儿文丹了。这个小时候把戴白边眼镜的洪庆余当作父亲的小姑娘一转眼也长成美少女啦，14 岁的文丹出落得苗条大方，两根辫子跟妈妈年轻时候一样垂在腰后，惹人注目。

她想起小时候的两件事。

那是一个星期天，文伏波从工地回来，兴致勃勃和妻子带着文丹去六渡桥逛街，这是难得的奢侈时光，文丹高兴极了，爸爸妈妈带着她买了江汉路的小笼汤包，还吃了雪糕。之后他们进了一家商店，看着挂在柜台上的一件衣裳，文丹定在了那里，那是一件红黄格子外衣，是文丹一直喜欢的一件衣服，学校里有个女同学穿在身上，她羡慕得不得了，文丹很少买衣服，大多穿姐姐留下的旧衣服，父亲和母亲被打倒的那些年，哥哥姐姐都是长身体的时候，饭都吃不饱，哪来的钱买新衣呢？她几乎不记得父母带着自己进过商店，现在看见了这件衣裳，她很想试穿一下。看着女儿的眼神，刘慕真便让营业员拿下了挂在衣架上的衣服，文丹穿上身，在镜子前一照，欣喜的眼神露出了开心的光亮，这衣裳大小尺寸真是合适，文丹穿着新衣仿佛变了个人似的，她舍不得脱下来了，刘慕真上下打量一番，摇了摇头，说：“衣服刚合身，但是只能穿这一季”，她替文丹解开扣子，把文丹身上的衣裳脱了下来。一家人走出了商店，闷闷不乐的文丹落在父母身后，偷偷地擦起了眼泪。

文伏波见状，拉起妻子和女儿的手，又返回商店，将那件衣裳买了下来。

文丹还记起另一件事，她有个好朋友叫丫丫，两个人从小是闺密，无话不谈，总想粘在一起，有时要文丹到她家去住，可妈妈都不允许。这天，丫丫又想让文丹去陪她，正好父亲在家，文丹道：“妈，我今晚到丫丫家去住。”

“不许去！一天到晚在一起还不够。”刘慕真断然回绝。

文丹不高兴地把头扭在一边。

“去吧，去吧。”文伏波笑着道。又对妻子说：“都是知根知底的家庭，她愿意去，就让她去吧。”

文丹知道，什么事情在妈妈那里说不通的，在父亲那里都能得到满意的回应。她一直以为自己的父亲只会工作，心里只有工作，原来父亲是这样一位细心的人，他的心有时比母亲还要细致。

涓涓父爱深深埋在文丹的心中，到1978年参加高考时，她原本打算报考军医大学，可父亲建议她填报武汉水利电力学院，父亲说学水利，可以阅尽祖国的大好河山，可以为百姓谋福，文丹听从了父亲的意见，她最终也如父亲之愿，考上了武汉水利电力学院。

在家的日子少，文伏波对子女便多了些溺爱。子女们在妈妈那儿得不到满足时，找爸爸就能如愿，而且，3个子女从没挨过父亲的打，对子女的顶撞，父亲也无条件接受。

涓涓父爱，润泽无声！文伏波的3个孩子有两个继承了他的职业。

# 第四十六章　过鱼之策

在浩瀚的长江里，有一种稀有而特别的鱼种，它们春夏季 5—6 月间喜群集于长江口外，秋季又从长江口外浅海域洄游到长江上游，历经 3000 多千米的溯流搏击，才回到金沙江一带产卵繁殖。产后待幼鱼长大到 15 厘米左右，又携带它们旅居外海。它们是鱼类的吉普赛人，世世代代不辞辛苦地在长江游来游去，金沙江是它们的产床，大海是它们的故乡。它们名叫中华鲟。

古书有载：“鱏出江、淮、黄河、辽海深水处”，“其居也在堆石湍流之间”。

这是 1.5 亿年前中生代末期的上白垩纪留下的稀有古代鱼类，其生命周期较长，最长寿命可达 40 年，是我国一级重点保护野生动物，也是活化石，有“水中大熊猫”之称，具有很高的科研、药用和观赏价值。分布于中国、日本、韩国、老挝人民民主共和国和朝鲜。

葛洲坝是拦河坝，可谓腰斩长江，这对于中华鲟这种洄游鱼类来说，将面临生死存亡的问题。怎样抢救这个鱼种，受到普遍关注，以水产总局为主的农林部与以长办为主的水电部为此争论了 12 年。

20 世纪 50 年代长江委在编制“长流规”时，就与水产部门针对长江过鱼问题进行过大量的调研，提出过统一的规划。自 1955 年起，中国科学院水生生物研究所（简称水生所）就在长江开展了鱼类区系和资源、主要经济鱼类生物学、四大家鱼繁殖生态及产卵场的分布和规模、家鱼胚胎发育等调查研究工作，积累了大量资料。1968 年，长办又委托水生所对三峡工程进行了过鱼设备的必要性研究，得出了四大家鱼不会因大坝建设受到较大影响的结论。

当农林部水产总局提出从保护长江渔业资源的角度坚持葛洲坝水利枢纽建筑物必须兴建过鱼设施时，水电部认为，如果葛洲坝修了鱼梯，今后所建大坝也必须修建鱼梯，而多座鱼梯的工程造价，远远高于通航建筑物的造价，无论从节约工程造价出发，还是从多建机组多发电来说，都主张不建过鱼设施。但是在1971年审查葛洲坝工程的设计报告时，国家水产总局提出了在大江和二江各修建1座鱼道的要求。

1971年6月16日，周恩来总理在北京主持召开葛洲坝工程汇报会时，提出了“救鱼”的要求。因此，在开工之初，三三〇工程指挥部决定修建鱼道，在葛洲坝工程模型上明确布置了鱼道。

到1973年初，农林部正式发文，明确主张葛洲坝工程除优先考虑保护鲟鱼外，还应考虑铜鱼、鳗鲡及四大家鱼；希望在二江布置鱼道、大江布置升鱼机，同时设计建造一艘集运鱼船。

此时，长办一方面委托中国科学院水生物研究所等单位开展救鱼的科学研究，了解到当时世界上水利工程救鱼措施的发展趋势是从修建过鱼设施向人工繁殖转变。另一方面专门设立了鱼道组，重点研究葛洲坝工程过鱼设施的设计，根据研究情况，文伏波提出了自己的想法，他说：“即长江的鱼类要保护，但四大家鱼和鳗鲡不是主要保护对象。研究表明，铜鱼过坝也不具备必要性，我们的保护对象可以缩小为鲟鱼一项。”他的观点较快地赢得了对方的认同。

1974年10月，葛洲坝主体工程复工，12月，是否兴建过鱼设施仍无定论，文伏波等在《关于葛洲坝水利枢纽过鱼设备的意见》里提出：“过鱼对象主要是中华鲟，建议二江不设过鱼建筑物，集渔船如获成功，解决施工期过鱼问题，建议充分利用各种水域发展长江鱼类资源和积极进行人工繁殖，移殖和流放工作为主要方向。”

因为复工不久，过鱼设施兴建尚显得不够迫切，而到了1977年一期工程即将竣工大江面临截流时，围绕这个问题的争论日益激烈。双方争持不下，国务院将救鱼问题交给葛洲坝工程技术委员会负责，葛洲坝工程技术委员会先后召开第九次、第十次会议，要求农林部对过鱼对象、数量和鱼类习性等问题进行研究，对救鱼措施做出技术经济论证，最后这个任务交给了长办。

1979 年 9 月 20—27 日，长办在汉口召开救鱼专题讨论会，规划设计管理局、国家水产总局以及四川大学、南京大学等 23 个单位的 25 位代表参加了会议。文伏波作为设计主要负责人之一列席了会议。

代表们各抒己见，有的说：“最终救鱼措施根本，是人工繁殖。”

有的说“人工繁殖，我们有信心，也不怕失败。”

“幼鱼不能过鱼道。”

“中华鲟属于低沉鱼，在大坝蓄水后可能在长达 2000 多米的坝线上找不到仅几米宽的鱼道，找到了可能也翻不过去。”

专家们说：“中华鲟即使通过鱼道洄游到上游产卵，也再也回不到大海生活，只上不下，没有意义。”

“过鱼与人工繁殖，双管齐下。救鲟鱼应是过鱼与人工繁殖并举。”

农林部水产局则态度坚决地坚持兴建过鱼设施。农林部把是否兴建过鱼设施的问题交给长办办理，长办拟了设计计划，可农林部又不批准。距离大江截流的日子越来越近，争论却还在继续，1980 年 3 月，水产总局报国务院，要求在大江建一座鱼道。于是长办再次委托四川省农业科学院水产研究所进行调查研究。

1981 年 9—11 月，工程蓄水后第一次迎来中华鲟洄游，在坝下游出现了一些值得研究的新情况，如捕捞量成倍增加，中科院水生所在宜昌和石首江段捕到了产催生出成熟精子和卵子的亲鲟，并从铜鱼体中发现了大量的中华鲟卵；1982 年 3 月，又在沙市江段采集到幼鲟，同年在上海崇明岛上也发现了应该是在 1981 年秋季后出生的幼鲟。证明大坝建成后，中华鲟仍能完成整个自然繁殖过程。此后葛洲坝工程局采取网捕过坝和人工繁殖放流的手段也取得显著进展。

与此同时，国家派员分赴苏联和美国进行考察，证明人工繁殖才是救护的方向，鱼道与鱼梯都是不成功的。

在各方努力下，中华鲟的保护方案趋于一致。1982年12月，国家农委、水利部、渔业部和长办负责人向国务院汇报，正式提出“对中华鲟的救护措施可以不考虑修建过鱼建筑物，以免造成经济上的严重损失浪费”的建议。

也正是在这一年，葛洲坝工程成立了水产处（即今天的中华鲟研究所），这是全国第一个鲟鱼的人工繁殖放流站和试验机构，其创建经费正是当年预留的修建鱼道的费用，中华鲟保护问题以一种各方都能接受的妥善办法予以解决。

长江里的中华鲟渐渐减少了，一个统计数字为，20世纪70年代，长江里的繁殖群体能达到1万余尾，葛洲坝截流的80年代，骤减到2176尾，2000年仅有363尾，2010年估算只剩57尾。

我在宜昌的中华鲟研究所见过了这个让成千上万的专家和技术人员争论长达12年之久的神秘物种。

它修长的身躯在一个大池里优雅地潜游，这里禁锢了它们自由自在在长江遨游的欢乐，却给了它们一个舒适的温床。一旁有对它们的简介：这种鱼类体长平均约40厘米，最长达130厘米，体重最高达600千克。体呈纺锤形，头尖吻长，口前有4条吻须，口位在腹面，有伸缩性，并能伸成筒状，体被覆五行大而硬的骨鳞，背面一行，体侧和腹侧各两行。它介于软骨与硬骨之间，骨骼的骨化程度普遍地减退，中轴为未骨化的弹性脊索，无椎体，随颅的软骨壳大部分不骨化。尾鳍为歪尾型，偶鳍具宽阔基部，背鳍与臀鳍相对。腹鳍位于背鳍前方，鳍及尾鳍的基部具棘状鳞，肠内具螺旋瓣，肛门和泄殖孔位于腹鳍基部附近，输卵管的开口与卵巢远离。

有关它们的繁殖，人们付出过各种努力，最终为它们找到了这样一种办法。这里无须担心捕捞，无须害怕袭扰。但是那种溯江而上的勇猛天性已经被强制戒除，这是它们为人类做出的牺牲。

# 第四十七章　泥沙之论

解决了小岛之争，又有一个拦路虎等在前面，那就是泥沙问题。水工试验表明，弯道环流的作用将导致水位左高右低而形成边滩。建坝后水位壅高流速降低将导致坝区大粒径泥沙大量淤积，影响通航。

文伏波和他的设计组成员在初设报告中，大江的枢纽是 10 台 12.5 万千瓦机组、5 孔泄水闸和包括 1 个船闸和 6 孔冲砂闸的大江航道。右岸边用土石坝，与狮子包相接。其中 5 孔泄水闸是不挖除葛洲坝小岛，二江仅布置 19 孔泄水闸的情况下设计的。5 孔泄水闸除汛期帮助二江泄洪外，平时还要担负排除电站大江泥沙的任务，可谓任务较重。

但是随着葛洲坝小岛的挖除，二江泄水闸从 19 孔增加到了 27 孔，如遇大水年，大坝的泄洪能力大大增强。

“5 孔泄水闸仅仅用来解决大江电站的冲沙问题，有点可惜。”文伏波在会上提出自己的想法。

“是的，从泄洪角度考虑，仅为数百年一遇洪水的分泄水道而保留，就更没有太大的必要。5 孔泄洪闸已无存在的必要。”他的意见得到同事的赞成。

“咱们用多出的空间装发电机组，以获得更大的发电效益，且可减少工程投资。”

这个一举两得的设计，得到林一山和同事们的一致认可。于是修改设计，为取消 5 孔泄洪闸，装 4 台 12.5 万千瓦的机组，增加 50 万千瓦的装机容量。

然而这个想法首先遭到了交通部的强烈反对。他们认为，首先必须要给大江的泥沙找到出路，同时要保证枢纽的泄洪能力，否则工程就会存在很大的隐患。

1977 年 1 月 25 日至 2 月 23 日，葛洲坝工程技术委员会召开第九次会议，就文伏波提出的方案进行讨论，尽管前后进行了将近一个月的研究，却悬而未决。

泥沙问题成为一个难题。怎么办？文伏波组织技术人员再做试验。在将近一年的时间内做了大量的水工泥沙试验，使文伏波和他的设计组成员的思路也逐步清晰。他们认为，只要扩大大江航道和冲沙闸的泄洪能力，就可以解决泄洪问题。而为了给“不听话”的大江泥沙找出路，他们煞费苦心，最后也找到了答案，

文伏波等曾设想在口门右岸多开挖岩石，以改善口门流态。但模型试验证明，挖多少岩石，淤多少泥沙，徒增投资而已。有人建议，在口门右岸高处修建一座高压射水建筑物，辅助冲刷大江口门淤积，但因投资较大，不能彻底解决问题，只是治标不治本。

为解决大江航道泥沙淤积难题，文伏波带领设计人员进行长期论证和多次试验，最终找到合理方案，即先在大江电厂前沿利用横向围堰在其下部建一高出河槽 5 米的导沙坎，使大量的粗砂被挡在坎外交由二江泄水闸在汛期冲走。然后在每个机组进水口前设两个排沙孔，在电厂两端同时布设排沙排漂双层孔，将少量越过导沙坎的泥沙冲走。为了减小水流因拦沙坎的落差而产生的冲力，他们将拦沙坎的背面做成缓坡，使水流跃过拦沙坎后平滑地沿逐渐下斜的缓坡流入电厂。

大江口门的泥沙淤积问题，则可通过在大江航道增加冲沙坎的坎数和增大泄洪流量的办法彻底解决。

1978 年 1 月 6—9 日，李先念副主席、谷牧副总理视察葛洲坝工程，作出重要指示，要求葛洲坝工程在不妨碍交通运输、不影响工程质量的前提下，多装机多发电，建议研究将原设想装机 221.5 万千瓦扩大到 271.5 万千瓦。

4 月 7 日，葛洲坝工程技术委员会第十次会议决定，“取消 5 孔泄水闸和厂闸间的导墙，增设 4 台机组的方案是可行的。”

据此，文伏波等编制完成《葛洲坝水利枢纽修改初步设计大江部分补充

报告》，对枢纽建筑物布局提出了 3 个设计方案：

> 大江电站装机 14 台，船闸布置于河床的方案；装机 16 台，船闸轴线右移至桩号 7+399.2 米方案；装机 14 台，船闸上岸方案。

葛洲坝工程技术委员会认为，大江工程设计，必须考虑和三峡工程联合运用的问题；大江航道布置采用河床方案；大江电站在不影响大江航道布置和安全运用的前提下，可以考虑再增加 2 台 12.5 万千瓦的机组，大江设计必须保持大江部分建筑物有必要的过水能力，便于二江泄水闸检修。

在大江电厂前的泥沙问题解决之后，文伏波再次提出建议，为保证二江泄水闸每年有足够的检修和加固的时间,可以加大引航道内冲沙闸的泄洪量,使之临时充当泄洪道的作用。这样不仅可取代原来的 5 孔泄水闸的作用，还可把靠近河床凸岸的泥沙大量冲走，解决泥沙问题更为彻底。

文伏波的建议最终得到认可，271.5 万千瓦，就是今天葛洲坝工程的最终装机规模。

文伏波事后回忆：

> 如果不取消这 5 孔泄水闸，葛洲坝工程依然能建成，而且要轻松得多，但那样的葛洲坝效益将没有得到很好的利用。我们想方设法取消“生死攸关”的泄洪闸，辅之以众多复杂的技术手段，硬是从水中额外获得了 50 万千瓦的装机容量，这种思路的转换是令人满意的。而实现这一转换，最关键的一步便是打破大江问题必须由大江解决的思维惯性，用导沙坎将大部分泥沙转移到了二江泄水闸，这也是充分利用林一山同志河流辩证法的结果。

# 第四十八章　出国考察

1979 年，葛洲坝工程在复工后进展顺利，小岛已经挖除，泥沙问题、过鱼问题虽仍有争论，但基本大局已定。大江截流后，船闸通航日益急迫，出国考察更显必要。

根据中国科学院与罗马尼亚全国科学技术委员会签署的科学合作计划，1979 年 10 月，水利部对外司决定，派文伏波一行赴罗马尼亚考察铁门水电站船闸和通航系统。

得到通知的文伏波非常慎重，这是一次学习的大好机会，这是他第二次出国，距抗战末期第一次赴缅甸参战已经 35 年了，那时候学生意气，热血沸腾，保家卫国，挥斥方遒。学生兵与国民党 25 军听命于盟军，艰苦的生活，颠沛的旅程，充满危险与未知，每一日都是彷徨与迷茫的。这一次出国，自己已经在行业内成为领军人才，已经有了安稳的工作与事业，他的心是踏实的，是安宁的。那么，此次出去，学什么？怎么学？他在心里久久地盘算着、思考着。

多年来的工作经历告诉文伏波，干任何事情都不能打无准备之仗，为了做好出访准备，他从罗马尼亚的国名、面积、人口、宗教信仰、官方语言、国家元首、新闻媒体、自然地理、气候等多方面进行了解，尤其是多瑙河和铁门水利枢纽工程的一些相关资料，他更是认真收集，他连考察内容、考察时间以及赠送给罗马尼亚的礼物等问题，都做了功课。

1980 年 3 月 17 日，他向水利部对外司正式提出考察意见，并得到对外司的首肯。关于考察的时间，鉴于葛洲坝通航问题在国内争论激烈，文伏波致信水利部对外司，要求延长 5 日考察时间，争取尽量多的了解学习，这一建议获得批准。

5 月 16 日，文伏波一行从北京出发，直飞罗马尼亚。初夏的罗马尼亚，风景迷人，风尘仆仆到达的文伏波一行抵达布加勒斯特后，受到罗马尼亚电力部的欢迎。电力部供热供电工业中心礼宾负责人全程陪同，被考察的各单位负责人出面接待，主要技术人员与文伏波等一起座谈。

铁门水电站通航枢纽工程是罗马尼亚和南斯拉夫两国各出资一半共同于 1964 年 9 月至 1972 年在多瑙河干流上修建的大型水利工程，最大水头差为 34 米，总装机容量 210 万千瓦，总投资 3.95 亿美元，需要过船的各国一次性支付 5500 万美元后，再不收费。枢纽呈对称布置，两边各一座二级船闸，各一个 6 台机组的电站，中间是 14 跨宽度为 25 米的泄水闸，建坝后货运量逐年增加，1979 年达到 3000 万吨，较修建前增加了一倍。按照设计通过能力，可通过 5300 万吨，其中运量最大是石油。

文伏波一行从船闸和通航系统的管理、运用、检修、自动化调度安全通航做了全面的考察。

5 月的多瑙河已时入汛期，暴涨的河水浑浊而狂怒，电厂 12 台机组全部发电，枢纽工程还开闸泄洪，文伏波站在船闸边，亲眼看到船队在上下游引航道水流条件比较差的情况下安全运行。彼时，南斯拉夫的船闸正在检修，所有的船只均由罗马尼亚船闸通过，因此，考察队得以全程观察了船队上行下行和各种调度指挥过闸的操作程序。

罗马尼亚和南斯拉夫共建的这座铁门枢纽，工程对等布置，水利资源对等分配，因而也要求对等运转。多瑙河有国际航运委员会，铁门电站有罗马尼亚和南斯拉夫双方组成的混合委员会，出现问题共同协商解决，日常的具体工作，则由两国的铁门发电公司逐日协商。水电与电量的分配，7 天作一次平衡，双方均有各种仪表相互监督，船闸运行调度，一般一个月协调一次，对等运行。99% 的问题可在两国铁门发电公司解决，只有 1% 的问题，要提交混合委员会协商。枢纽建成后的 11 年来，两国关系和利益，完全做到了对等平分。

罗马尼亚发电公司共有 400 人，船闸管理三班倒，每年小修一次，约 1 个月时间；每 6 年大修一次，约 4 个月。南斯拉夫的船闸管理也是如此。

南斯拉夫就在罗马尼亚对面，一步跨过去就到了另一个国度。这一年正是南斯拉夫船闸大检修之年，已经运转 10 年的船闸停止了工作，正在进行船闸检修，这真是难碰难遇的好机会，文伏波一行对船闸曾发生过的问题和检修情况全部摸清。热情的罗马尼亚同行还主动将上闸室水放空，让文伏波看到闸室底部的输水系统布置；介绍自动化时，将自动化元件同步装置，水位差计拿来样品，拆开给文伏波等观看。当文伏波等提出想看南斯拉夫一侧船闸正在检修的情况时，工作人员又主动联系，并陪同前往参观。

铁门水利枢纽通航系统调度操作自动化比较齐全，水平也较高。它的船闸共分两级，在中闸首上空设控制室，高出桥面 37.5 米，统一操作。室内有操作台一个，台上布有船闸，模拟图、信号灯，闸及阀门的启闭、按钮开关，经逻辑系统，实现船队过闸自动化。

在控制台的立面上，有反映上下游水位变化的数字显示仪，有反映上、中、下闸首闸门的开启情况及水位变化情况。在控制台的两侧，装有两部雷达，由捷克生产，一部工作，一部备用。在控制室墙上操作台正面挂有两台工业电视，一台工作，一台备用。工业电视接收前港及各闸首处 8 个摄像头的图像。摄像头方台转角，上下 45 度，左右 320 度，天晴、白天用工业电视观察，雾天和晚上则依靠雷达观察，另外装有无线电电话和调度电话。

文伏波一行在船闸值班室，看到值班人员通过对讲机，和远在 70 千米的现场工作人员对话。广播系统、无线电调度电话用以和枢纽各值班室和南斯拉夫进行生产调度指挥。

完善的讯号系统，一套工作，一套备用。所有船舶过闸时均采用自动化，分为全自动、半自动和手动三种操作方式，在实际运行中，用半自动操作方式比较安全可靠，且可按来船情况和水位情况，机动灵活地掌握。无线电船只探测器、水位测量装置，组成一个逻辑系统，实行自动过闸。

控制室四周均为玻璃，视面宽广清晰，罗马尼亚的控制室面积约 140 平方米左右，南斯拉夫约为 155 平方米，并都有逻辑盘和录音设备。

铁门船闸管理的现代化自动化程度让文伏波一行耳目一新，这里过闸的船只有苏联、南斯拉夫、奥地利、捷克斯洛伐克等国的船队。

为了更进一步了解南斯拉夫水利枢纽工程，文伏波一行还参观了铁门 2 号水利枢纽工程，它建在铁门 1 号水利枢纽工程下游 80 千米处，距多瑙河入黑海口 863 千米，该处有罗马尼亚的一个长 14 千米的江心岛。将多瑙河水分为了两股，罗马尼亚境内是小股水流，建 7 孔溢流坝，每孔 21 米，在江心岛，利用斜向小河开挖，建罗马尼亚船闸，并在大船闸旁加一小船闸，施工时辅助大船闸运转，待南斯拉夫船闸建成后，该小船闸移作船坞。江心岛上建一造船厂，各国通航船只均可在此修理。在罗马尼亚江岸到南斯拉夫江岸，顺序排列两座电站，罗马尼亚、南斯拉夫各 1 座，各装 8 台 2.7 万千瓦的发电机，水轮机为灯泡式机组，南斯拉夫的 8 台均从苏联购买；罗马尼亚从苏联进口 1 台，其余 6 台买苏联专利，自己制造。接着是南斯拉夫的一座 7 孔溢流堰，它与罗马尼亚一样，有一段 125 米长的坝和一座大船闸，船闸与南斯拉夫江岸之间有 360 米长的坝。

铁门 2 号工程于 1977 年 12 月 3 日开工，此时正在建设中，工地上一片繁忙。工程总投资 3.08 亿美元，由两国均摊，其他通航国家不付费，整个工程除南斯拉夫的 8 台机组安装及南斯拉夫河岸 80 千米的防护堤工程由南斯拉夫负责外，其他全部工程由罗马尼亚施工，工程差额 1.05 亿元由南斯拉夫向罗马尼亚输电偿还。

文伏波在工地上看到，大坝上有连通两国的公路，并预留出铁路的位置。大坝地基基础较差，是砂岩，易滑坡，故浇筑困难。2 号工程 12 年方能收回成本，而铁门 1 号工程只要 3 年即收回了成本。

从铁门 2 号往下走，至距河口 282 千米处，有一座罗马尼亚与保加利亚合建的蒙哥列里－尼可博罗水电航运枢纽，装灯泡式机组20台，年发电量43亿千瓦时，它在土坝右侧装有接升鱼机兼小船闸。在过鱼时有专门的头部短廊道放去20~30立方米每秒的流量，产生诱鱼流速，在闸室前，上闸首后有升鱼机，重约80吨，设有光电管计鱼器、驱鱼栅、取鱼室。

多瑙河的鲟鱼体长约2米，重约150千克，数量逐渐减少，属于稀有生物，每年3月从黑海上溯，经3个月，至铁门2号产卵，能适应8米每秒的流速。为保护鱼类，该船闸在过鱼季节尽可能少用。枢纽过鱼所花投资占投资的5%~6%。升鱼机过鲟鱼有经验可寻，而且苏联在这方面也比较成功。文伏波站在升鱼机前，想起国内关于中华鲟过鱼道的问题，心里紧紧地缩了一下。

文伏波一行人参观完枢纽工程，回到布加勒斯特，接着访问了水电设计研究院和水利工程研究院及其试验室。

只见他们的水工、土工、材料试验，沙粒试验、水轮机模型试验等，设备齐全，规划远大。据介绍，他们将在20世纪末，要将除多瑙河外全国内河上的水力资源全部开发殆尽。

历时21天的考察顺利结束，当飞机抵达首都机场，善于总结的文伏波已经在心里对这一次南斯拉夫之行做了全面回顾，他深深体味到这一次考察的深刻意义，所见所闻对他触动很大。

他认为铁门1号船闸通航系统的调度操作自动化水平高，运输经验丰富，值得葛洲坝船闸借鉴；罗马尼亚水利建设规划全面，既考虑综合利用，又顾及生态平衡，特别是不惜花巨资建升鱼机兼小船闸，这对葛洲坝建设中如何保护长江中华鲟很重要的启迪作用。文伏波认为，在由对中华鲟的人工繁殖、集渔船及人工捕捉过坝的研究尚未见效之前，应该给中华鲟一个通道。他觉得既然铁门1号给鲟鱼留了通道，况且苏联过鲟鱼又有经验可循，对于葛洲坝给中华鲟一个通道未尝不可作为方案之一。

不过，后期在葛洲坝的建设中，有关这个建议和文伏波心中所存的那份希冀，终是没有得以实现。不能不说是一种遗憾。

另外，关于铁门1号下人字门采用液压式横推拉杆启闭，10年无损坏，而葛洲坝2号船闸下闸首人字门，采用扇形机械启闭，齿轮直径大，加工困难，故两者之间的差别，还值得进一步比较研究，以供葛洲坝1号船闸选用。

铁门船闸中闸首的反弧形阀门，看来震动是一个问题，布置中虽已加水平格栅防震措施，但还不能满意，不论是罗方还是南方，都不按照一般阀门操作完全打开，而是留有一定角度。文伏波认为，铁门1号的处理方式比较合适，而葛洲坝船闸，反弧形阀门的震动问题和操作方式应该作进一步的试验研究和重视原体运行试验观测工作。

文伏波的思考以及他给予的建议，在葛洲坝工程的设计和船闸管理运营中皆有所体现。

▲ 与国外专家合影

# 第四十九章　大江截流

葛洲坝工程大江截流是在 1981 年 1 月 3 日至 4 日进行的。在此之前，包括长办在内的多家单位，在多个水工模型上做了无数次的截流试验，取得了大量的成果。文伏波作为截流领导小组的成员，亲历了大江截流设计与决策的全过程。

最初的试验结果表明，根据长江枯水期的正常流量，大江截流的水头将超过 4.6 米，难度非常巨大。

为克服这一难题，文伏波一方面向林一山表明了希望挖除葛洲坝小岛，以降低水头的想法；另一方面，考虑到如果葛洲坝小岛不挖除，将在大江上布置一个截流闸，还组织技术人员对截流闸的规模进行了初步的分析。

随着挖除葛洲坝小岛决策的确定，技术人员停止了对截流闸的研究，将注意力集中于截流的各种实施方案的比较研究。

国际水工界对于大江大河的截流，有平堵和立堵两种方式。一般而言，平堵的水力学效果较好，但需要架设浮桥、栈桥，不仅施工困难，工期较长，还与航运产生较大冲突，经过比较后，予以放弃。

在立堵方案上，又比较了单戗立堵和双戗立堵两个方案，最终选取了在上游围堰采用单戗立堵的方案。确定设计截流流量为 1980 年 12 月下旬至 1981 年 1 月上旬 20 年一遇月平均流量 5200~7300 立方米每秒，设计截流落差为 3 米。为确保工程万无一失，还在下游戗堤按照承担 1 米落差的标准准备好了物料和机械设备。

1 月 3 日上午 7 时 30 分截流正式开始，最初较为顺利，但在下午，当上游龙口宽度束窄到 127 米时，下导渠子埂出现异常情况，按原计划，截流

◀葛洲坝大江截流

应停止进行。气氛十分紧张。截流指挥部于深夜召开会议，最终决定继续施工，直到合龙。

截流继续进行，现场紧张而有序，文伏波的心和在场的人一样提到了嗓子眼，所不同的是，他的紧张满含着成竹在胸的把握，满含着对自己设计方案的坚定信心。

随着截流龙口的缩窄，截流落差越来越大，水流越来越急，所有人都度过了一个不眠之夜。4 日中午，龙口宽度被束窄到 40 米，流速提高到接近每秒 7 米。截流进入第二阶段，大块石和混凝土四面体截流已经比较困难，于是改用 15~25 吨的混凝土四面体和特大块石。当龙口宽度缩窄到 20 米时，此时波涛掀起的巨浪怒吼着，单个的四面体抛入江中，就被滚滚洪流裹挟着消失得无影无踪。一个，一个，又一个，抛下去，泥牛入海一般。

怎么办?

启动四面体！指挥部按照预先设计的方案果断指挥。

这些四面体打穿了眼子，一个，二个，三个，四个……用粗大的钢索穿起来串在一起，此时，一个个静静地等在江边冲锋陷阵，推土机轰隆隆地开过来啦，威风的推土机，迈着稳健的步伐，直接将这些早已做好准备的四面体串推到江里，啊！洪魔退缩了，惊涛隐去了，这个庞大雄壮威风八面的四面体串稳稳地立在了大坝的口门上，堤头稳住了！设计方案是：再抛入大型块石。那就抛大型块石吧！一块、两块、三块……至 19 时 12 分，大坝终于合龙，长江终于成功实现截流啦!

人们欢呼雀跃！握手拥抱！开怀大笑!

这是万里长江第一次被人拦腰斩断，这是人类首次与自然搏斗的壮举，每一步都是那样艰险，那样困难，每一步都需要智慧与胆识，每一步都来自科学的计算与精准的设计。文伏波站在灯火通明的葛洲坝上，心潮澎湃，多少个日日夜夜，他们研究丹江口工程截流的经验，在浩如烟海的故纸堆里寻找世界上一些国家大坝截流的资料；多少个节假日，他们围在模型边，等候着试验的结果，成功时开怀大笑，失败时烦恼沮丧，可无论多少次的失败，都没有阻止他们继续寻找成功的途径，他们认真试验，认真研究，认真设计，一张张图纸摞成了小山。

大江截流是葛洲坝工程由一期转入二期的重要标志，在此之后，葛洲坝工程一些重大的技术难题基本得到解决，工程也进展顺利。1981 年 7 月，工程安全宣泄了 7.08 万立方米每秒的洪水，并实现蓄水、通航和首台机组发电的三大目标。

# 第五十章　三江试航

壮哉，长江！壮哉，葛洲坝！

当震天价响的锣鼓敲响，当欢呼声直冲云霄，当中央电视台向全国向全世界直播这些激动人心的场面的时候，葛洲坝将要实施三江试航啦！

1981 年 6 月 15 日，载着试航人员的东方红 51 号和向阳 1 号两艘客货轮从葛洲坝的上游南津关出发，陆续抵达葛洲坝的 2 号、3 号船闸，随着上游人字形闸门慢慢关闭，闸室水位缓缓下降，最终降到和下游航道水位相平的 46.6 米时，下游闸门打开，两艘轮船出闸驶向大坝下游的宜昌港。

一般来讲，为了掌握全面的航行规律，试航分为两个阶段，这只是第一阶段，是在坝前水位海拔高 60 米，流量 16000 立方米每秒的条件下进行。第二阶段的试航会在汛期，流量 4 万立方米每秒的条件下进行。首次试航成功是继大江截流后又一胜利。

葛洲坝工程试航之日，文伏波站在人群里心潮起伏，结束了，从 1958 年，到现在，24 年的工地生活，可以回家了！长江，我对你有了一个交代了！从此，江之上、江之下，都会因这一个工程而流传一个神话，它将经久不衰。

葛洲坝水利枢纽，规模巨大，建成的银灰色拦江大坝，长 2600 余米，高出下游江水 30 余米，像一道气势磅礴的水上长城，把从峡江奔腾直下的巨流拦腰截断，听从人们的调遣。坝上可通行汽车，大坝内部结构复杂，洞室众多，在数千米长的地下廊道里，埋设着各种仪表，安排有排水设备，供观察、测量和排水之用。

大坝上建有两座水电站，一座在二江，安装 7 台水轮发电机组，其中 17 万千瓦的 2 台，12.5 万千瓦的 5 台；另一座在大江，安装 14 台 12.5 万千瓦水轮发电机组。两座电站装机总容量为 271.5 万千瓦，年平均发电量 141 亿千瓦时，相当于 1949 年全国总发电量的 3 倍多，是我国当时最大的水电站。

那些数据文伏波耳熟能详，每一个设计细节，他都记忆犹新。他想象得出建成之后的葛洲坝工程是一个什么样的景象。

到那时，建成运转的两台 17 万千瓦的水轮发电机组，将是世界上同类型最大的机组，它高 28.9 米，相当于 10 层楼房的高度，每台重 3800 吨，发电机转子的直径有 11.3 米，它的 4 块不锈钢叶片，每一片重 40 吨。电站厂房建筑得十分瑰丽壮观，装饰艺术是全国一流的，充分显示出中国人民的宏伟气魄和高超的技艺。

▲葛洲坝泄水闸围堰

到那时，大坝的正中，两座电站之间，矗立着27孔泄水闸，它将不仅是中国的大闸，也是世界上罕见的大闸。它可以宣泄8万多立方米每秒的流量，如果它同其他闸孔一起运行，可宣泄长江历史上最大的11万立方米每秒的洪水。以往，汹涌澎湃的长江巨流，一涌出南津关，就像万马奔腾的野马向下游猛冲，而将来，它将按照人们的意志，乖乖地从27孔泄水闸流去。闸下将掀起满江波澜，漫天水雾，在阳光照射下，如无数的彩团翻滚，像千万匹白绸在飞舞，景象会十分壮观。

文伏波眺望南津关的山水，感到无比的欣慰，这里留下了他12年的足迹，这里有他挥洒过的汗水，这里有对工程质量的担忧，这里也有过成功的喜悦。这里，从一片荒蛮之地变成了热闹的工地，如今已经建成莽莽大闸。

矗立在大坝两侧的3座船闸，巍峨雄壮。大江的1号船闸和三江的2号船闸，是世界上最大的船闸之一。

> 闸室长280米，宽34米，可通过万吨级大型船队。这两个船闸的下闸首人字门，高34米，宽19.7米，厚2.7米，每扇门叶有11层楼那么高，重达600吨，可谓我国大门之最。三江的3号船闸，闸室长120米，宽18米，可通过3000吨客货轮。3个船闸，年单向通过货运能力可达5000万吨。

葛洲坝水利枢纽工程浩大，开挖回填的土石方达1万亿立方米以上。它意味着我国水电建设者，在这里进行了一场新的移山运动。江中的葛洲坝小岛被挖除了，大坝坐落处河槽里50多米深厚的岩层也搬了家。搬掉的这些土石方，如果筑成宽、高各一米的长堤，可以绕地球两圈，时速60千米的摩托车，要整整两个月才能跑完全程。此外，还要浇筑混凝土近1000万立方米，这个数字相当于刘家峡、丹江口、三门峡、龚咀、新安江五个水利枢纽工程量的总和。如果用这些混凝土铺一条10米宽、25厘米厚的路面，可从昆明铺到长春。

在1985年召开的全国科技大会上，葛洲坝二、三工程及水电机组与“两弹一星”一起，荣获当年全国仅有的两项科技进步特等奖；大江截流工程也荣获全国优秀设计金质奖，这两项大奖文伏波都是主要的获奖人之一。

1986年，大江电站第一台机组发电。

1988年，葛洲坝主体工程全面完工。

从葛洲坝往上游看，有两道长长的江堤，伸入碧波粼粼的平湖之中，这像钢刀、宝剑一般的防淤堤，将长江分割成三股水流，使大江和三江船闸上游进口航道与长江主流分开，形成单独的人工运河，保持水流平静，以利于船只出进船闸。同时，它们又紧束上游航道，减少泥沙进入。在大江和三江船闸旁边，还修建了冲砂闸，用来解决航道的淤积。

葛洲坝工程是由我国自行设计、自行施工的大型综合水利枢纽，它以磅礴的气势巍然屹立于三峡南津关出口宽阔的江面上，以其精湛的技术水平、浩大的工程量、复杂而严谨的结构及其巨大的综合效益著称于世，是20世纪80年代中国献给世界水利界的一份厚礼。它的建成，标志着我国的水利工程技术水平达到了一个新高度。葛洲坝工程的成功凝聚了无数像文伏波一样的工程技术人员的心血，在葛洲坝工地，文伏波整整待了12年，耗尽了作为一个工程技术人员最宝贵的年华，度过了人生中最辉煌的一段时光，取得了丰硕成就。

在这里，他走上了长江委副总工程师、副主任的岗位，誉满全国水利界。

## 下篇

# 老骥伏枥心不已

# 第五十一章　天梯梦想

三江试航成功，意味着葛洲坝的设计已然符合标准，挖岛之争、过鱼之策、泥沙之论，所有的争执已经告罄，重大技术问题尘埃落定。

楼兰已破，打马回府。该是启程回家的时候了，他回望西陵峡畔的山水，在心里大声呼唤：长江，我的长江，我终于对你有一个交代了！他的胸中激荡着一股大禹治水的豪情，不，他就是当代大禹，大禹三过家门而不入，他24年离家门。

葛洲坝水利枢纽工程在文伏波的人生里画上了一个完美的句号，出发时，文伏波是一个风华正茂的小伙子，归来已是鬓毛已衰的白头翁。从1958年至1982年，文伏波在工程一线度过了24个寒暑，他亲自参与设计的丹江口水利枢纽工程和葛洲坝水利枢纽工程，就像两颗璀璨的明珠，镶嵌在汉江与长江上，为百姓创造安居乐业的生活，为国家创造数以亿计的财富，为华中地区以及周边地区带来光明。

现在，他胜利归来。

1982年10月，长办党委向水电部建议，拟任文伏波为长办副主任。12月8日，水电部党组同意长办临时委员会任命文伏波为下届长办党委委员、常委。

同年文伏波参与到三峡工程的论证及相关工作里。

三峡工程是长江治理的关键，也是几十年长江委工作的重点。文伏波是长办最早规划设计三峡工程的技术人员之一，他曾参与编制1955年1月到1959年7月的长江流域综合利用规划，三峡工程是规划的重要内容。三峡工程是他的梦想，它与葛洲坝工程构成梯级电站，在他的心中，三峡工程就是电站的“天梯”。他没想到在有限的工作之年，还能与这项心仪已久的天梯工程有近距离接触的机会。

最早提出三峡工程设想的是孙中山先生，他在1919年的《建国方略之二——实业计划》里描述过这个梦想。

13年后，国民政府建设委员会派出一支长江上游水力发电勘测队在三峡进行了为期约两个月的勘查和测量，拟定了葛洲坝、黄陵庙两处低坝方案。这是长江开发三峡水力资源的第一次勘测和设计工作。

又12年后，即1944年，此时美国垦务局设计总工程师萨凡奇已经来到了中国，这位出生于1879年圣诞之夜的威斯康州柯斯维尔附近一个农民家庭的博士，一年前刚刚退休，被国民政府资源委员会获悉他在印度协助勘查巴克拉高坝坝址的消息后，立即电邀他事毕来华商讨中国战后开发西南水电资源一事。萨凡奇在美国成功建造了60座大坝，在印度、瑞士、西班牙、澳大利亚等一大批国家的水电工程方面担任顾问，当时世界胡佛大坝、大古力等4个最大的水坝，都是由他设计的，他是誉满全球的坝工专家和地位不可动摇的学术权威。

萨凡奇来到中国后，先考察了岷江上的都江堰，继而要求前往三峡考察。9月20日，萨凡奇从四川长寿乘轮东下，对三峡进行考察，两天后，萨凡奇得知轮船进入三峡峡谷河段，顿时精神大振，滚滚江水扑面而来，浪花飞溅，峡内激流翻滚，回环曲折，两岸壁立千仞，重崖叠障，磅礴壮观。萨凡奇对黄贤育说：“贵国国父孙逸仙博士所言极是，扬子江真伟大！这里确实蕴藏着巨大的水力资源，今日有幸得见庐山真面，可谓平生快事。”

第二天下午，座轮抵达西陵峡口东端之平善坝后，萨凡奇一行舍舟登岸，冒着日军飞机可能的轰炸扫射，以老工程技术人员求实、严谨的科学态度，由平善坝至石牌，沿途对峡江两岸的山川地势进行了为期10天的详细查勘。他日出而出，日没而归，翻山越岭，横涉沟壑，手执地质锤，或俯击岩石，或登山远瞰沟溪，奔波不止，并拍下许多照片，获得了第一手资料。此后他回到长寿，编写出《扬子江三峡计划初步报告》，这就是著名的“萨凡奇计划”。1946 年，抗战结束后，萨凡奇再度前往三峡进行深入考察。

之后，国民政府资源委员会成立三峡水力发电计划技术研究委员会、全国水力发电工程总处及三峡勘测处。随即政府与美国垦务局正式签约，由美国垦务局代为进行三峡大坝的设计，中国派遣技术人员前往美国参加设计工作。有关部门初步进行了坝址及库区测量、地质调查与钻探、经济调查、规划及设计工作。只是因为内战暴发，国民政府节节败退，三峡水力发电的计划只得中止，在美的全部技术人员回到中国。

1949 年，长江流域遭遇大洪水，荆江大堤险象环生。江汉平原和大武汉的防洪安全，引起刚刚成立的新中国领导的重视。

1950 年初，长江水利委员会正式在武汉成立。2 年后兴建了荆江分洪工程，在遭遇1954年的大水时，三次开闸，保证了荆江大堤的安全。

1953 年，毛泽东主席在听取长江干流及主要支流修建水库规划的介绍时，希望在三峡修建水库，以“毕其功于一役。”他指着地图上的三峡说：“费了那么大劲修支流水库，还达不到控制洪水的目的，为什么不在这个总口子上卡起来？先修那个三峡大坝怎么样？”

1954 年 9 月，长江委主任林一山在《关于治江计划基本方案的报告》中提出三峡坝址拟选在黄陵庙地区，蓄水位拟选 191.5 米。

1955 年起，在中共中央、国务院领导下，有关部门和各方面人士通力合作，全面开展长江流域规划和三峡工程勘测、科研、设计、论证工作。3 月，在莫斯科签订了技术援助合同，第一批苏联专家 6 月到达武汉。长江委所属 4 台钻机和第七地形测量队先后进入三峡地区，开展测量工作。

1955 年 12 月，周恩来总理在北京主持会议，在听取长江委和苏联专家两种截然不同的意见后，肯定了国内专家的意见，正式提出，三峡水利枢纽有着“对上可以调蓄、对下可以补偿”的独特作用，三峡工程是长江流域规划的主体。

从1956年至1970年，毛泽东主席、周恩来总理亲自到坝区视察，中央多次召开长江三峡会议，具体研究如何加快三峡设计及准备工作的有关问题，水电部组织100多名国内外专家在三峡查勘，研究选择坝址。最终确定先建葛洲坝工程，一方面解决华中用电供应问题，一方面为三峡工程作准备。

1987年，葛洲坝水利枢纽工程先后实现大江截流、首发机组发电、通航三大目标后，文伏波参与了三峡工程150米方案，并向长办建议，成立三峡库区规划设计处。这个机构是国内最早组建的、实力最强的水库移民专业队伍，为三峡库区130万移民有序转移奠定了坚实的组织基础。

文伏波沿着荆江分洪工程、丹江口水利枢纽工程和葛洲坝水利枢纽工程这一级级梯坎，终于在自己的晚年接触到了自己梦寐以求的天梯之顶——三峡工程。

此时，已经经过多年的勘测研究设计的三峡工程，仍在进一步的可行性研究论证中，而且争议论证长达几十年。文伏波的主要工作重点由工地转入长江流域规划的收集整理中去。

梯级电站的设想容易，登上这个天梯，可没那么简单。

# 第五十二章　醉吹横笛

调回长办汉口总部工作的文伏波将要干的第一件事是收集整理长江流域社会经济的资料，汇编成册，从而为编制长江流域综合利用规划（修订本）做准备，长江流域综合利用规划是治理开发长江的重要依据，除了收集和整理，还需要进行现场查勘，掌握第一手资料，听取汇报，亲自查勘，成为他的主要工作。

1983 年 7 月 6 日，文伏波听取了长江下游干流九江大堤、同马大堤和无为大堤的工作汇报。九江市是全国重点防洪城市之一，九江大堤位于江西省九江市，全长 196.55 千米；同马大堤所在地区原是先秦时期的古彭蠡泽，它是位于中国长江下游左岸安徽省安庆市境内的重要堤防，南临长江、东傍皖河，上接湖北省黄广大堤末端段窑，下抵怀宁县官堤头，堤长 175.5 千米。洪水时江湖一片，枯水时期则洲汊分歧，茫茫九派，为禹贡所称之“九江”。后由于江道南移及长期泥沙沉积，江湖分离，形成大片沼泽地、洼地。从清代道光十八年（1838 年）到民国五年（1916 年），历经 80 年，自上而下依次建成同仁堤、马华堤等小堤，曾多次决口成灾。新中国成立后连圩并圩，形成同马大堤雏形，但防洪标准低。1954 年大水多次发生漫溢性决口，后多次建设。无为大堤历史悠久。它是无为、芜湖市鸠江区等七县以及巢湖市、合肥市及淮南铁路等交通干线的防洪屏障，它位于长江下游左岸安徽省巢湖市境内，全长 124.5 千米，属 1 级堤防。历史上无为大堤也曾多次溃决，损失严重。

这些大堤是长江下游的重要堤防，是保护人民生命财产安全的重要屏障，除了听取汇报，他还进行实地考察。

9月16日，他参与查勘长江流域的水土流失情况，特别对江西省水土流失现状进行了考察与研究，期间他随考察组查勘了万安水利枢纽工程，这个水电站坝址位于低山丘陵边缘，河谷宽阔，为一复式河槽，处峡谷出口，工程的主要特点是洪峰流量大，万年一遇校核洪水达33900立方米每秒，它于1960年5月修建，当时尚在建设中，他还与江西省省长商谈了长江流域规划事宜，在南昌召开的长江流域水土保持技术协调会，他致了开幕词。这一次考察前后长达20来天，他比较系统地了解了江西省长江流域的概况。

1984年6月16日，文伏波被任命为长办副主任、党委副书记、党委委员。

1984年，文伏波已近花甲之年，即将退居二线，一辈子怎么这么快就过去了呢？身旁是相依相伴一生的妻子，她为这个家操劳了大半生，把孩子们一个个抚养长大，她的双鬓也染上了霜花。是的，儿子文洪已经成家，大女儿文潮大学毕业分在湖北水上飞机研究所工作（后调至深圳机场工作），小女儿文丹大学毕业也分到了长办设计院，孩子们一个个都长大了，自己是该老了，可是，心里乍还是激荡着一股浩气？乍觉得还有些活儿没

有干完？

文伏波坐在书房里难以入眠，他信手在日记本上写下了一行行诗。

莫笑农家腊酒浑，丰年留客足鸡豚。
山重水复疑无路，柳暗花明又一村。
箫鼓追随春社近，衣冠简朴古风存。
从今若许闲乘月，拄杖无时夜叩门。

看着这一行行诗句，文伏波想起了他的软桥，想起了他的抱珍小学，想起了他的益阳五中，想起他的大哥，他的二哥，他的叔叔伯伯们，想起他当初学工科最朴实的愿望。“从今若许闲乘月”，退职了，今后有的是时间了，“拄杖无时夜叩门”，叩谁的门呢？文伏波笑了，这是陆游的诗，他最喜欢的诗人，《游山西村》，那些诗句他烂熟于心，他信手又写下陆游的另一首《夜游宫·记梦寄师伯浑》：

雪晓清笳乱起。梦游处、不知何地。铁骑无声望似水。想关河，雁门西，青海际。

睡觉寒灯里。漏声断、月斜窗纸。自许封侯在万里。有谁知，鬓虽残，心未死。

窗外是白茫茫的雪花，从早上一直飘到现在，文伏波仿佛跟着诗人走进了他的梦里，他似乎也听到了彼落回应的角声，看到骁勇的战马寂寂无声地向前挺进，他仿佛也看到雄关大河，遥遥边境！

这些诗句就像说到他的心底一般，是的，几十年的光阴都在与山、与水、与长江打交道，酷暑盛夏，寒冬腊月，常常半夜醒来，看寒星闪烁，月亮西斜，可那时心里是满满的，是期待的，为什么此时此刻心里有些空落呢？他还想参加战斗，还想倾听号角，还想驰骋疆场，“鬓虽残，心未死”，他看着这六个字，一股豪情直冲胸臆。

寺楼钟鼓催昏晓，墟落云烟自古今；
白发未除豪气在，醉吹横笛坐榕阴。

文伏波写下这四行诗后，站了起来，这是《度浮桥至南台》里的后面四句，意境是多么的美丽！道理是多么的明彻！看着窗外起舞的雪花，他冥想着诗人在那光孝寺楼声声钟鼓里的感叹，晨钟暮鼓从早到晚催着时光逝去，而四野茫茫的村落，云烟袅袅，打古时一直飘到了如今，时光催人老，虽白发已生，可心中的豪气依然。

带着酒后的浅醉，在一片榕树的绿荫里吹起横笛。文伏波推开窗子，一股冷气直面而来，他顿觉神清气爽，豪情满怀。他觉得自己的心又回到了那些奋斗在工地一线的时光。

# 第五十三章　爬梳剔抉

文伏波在那个雪夜里回想了自己的工作生涯，三峡工程还在论证之中，那么就为三峡工程的论证献出自己的余热吧。

长江流域的社会经济资料涵盖骨干工程简介、河道特征、水资源、环境保护、水土保持、移民安置等方方面面的内容。编写《长江流域社会经济部分基本资料汇编》，是为编制长江流域综合利用规划做准备，也是为三峡工程的论证做准备。

这些资料来自3个途径：

一是长办保存的资料，这是各个部门从建立以来留存下来的，丰富翔实；二是在涿县召开协调会后由各个相关单位送来的资料，共有130多份，庞杂琐碎；三是长办派人到现场考察收集到的第一手资料，品类繁多。

人员集中起来了，整理的框架搭起来了，思路给大伙说明了，文伏波从日晒雨露的工地转战到书斋之中了，这里是另外一个战场，

他成天地埋头在浩如烟海的文字资料里，眼睛看涩了，摘下镜框，揉揉双眼再继续干；头低久了，颈椎不舒服，站起来，走几步，揉揉肩再伏案上。

汇总、分类、整编，耗时又费神，一天又一天，光阴匆匆而逝，在他的带领和组织下，编制组完成了《太湖流域综合治理骨干工程可行性研究报告》，在实地踏勘和查阅整理资料后，于1985年汇编成《长江中下游河道基本特征》，并于年底整编出《长江流域水利资源普查成果》和《长江水资源利用》

的调查报告。

与此同时，长办成立了《长江志》编纂委员会，文伏波为第一届编纂委员会副主任，参与了志书的审定工作，这是中国历史上第一部以长江流域自然区域为范围，围绕长江治理开发为重点进行记述的江河专志。

1984 年 4 月，为配合国家计委拟定同年 10 月将要出台的以长江流域规划为依据的《全国国土总体规划纲要》，原计划最快也要 1986 年才能完成的长江流域规划必须提前完成阶段性成果《长江流域综合利用规划要点纲要》，5 月中旬，文伏波携刘崇蓉、潘广哲、黄宣伟等前往北京，向国家计划汇报并听取了领导和专家的修改意见。

1985 年 5 月 23 日到 6 月 1 日，文伏波在武汉市主持召开了长江流域社会经济部分资料汇总工作会议，水电部和长江流域 16 个省市自治区的计划委员会、经济委员会和有关厅局共 33 个单位 60 多人出席了这次会议。会议对文伏波主持编制的《长江流域社会经济部分基本资料调查统计表》逐表逐项进行了讨论研究、核对和补充，这些统计表共有 17 项，涉及长江流域的工业、农业、交通、人口、耕地等各个方面，反映了长江流域的历史和现状等，参会人员交流了工作经验，统一了认识，研究并确定了下一步的工作要求和计划。

吸纳武汉会议的意见和建议之后，1986 年 5 月，文伏波主持编制成《长江流域社会经济部分基本资料汇编（征求意见稿）》，发送流域涉及的 19 个省（自治区、直辖市）的计划委员会、水利厅局、水电设计院，要求核实内容，尽快上报。此后，根据反馈的信息，文伏波等主持了修改工作。该资料汇编的内容包括：行政区划、人口、土地面积、水旱灾情、血吸虫病、基本建设投资额、农业总产值及主要产品产量、淡水鱼生产、工业总产值及主要产品产量、铁路、公路、航运、旅游、灌溉工程及效益、除涝、治碱、水土流失及其治理、主要水利工程技术经济指标等；地区范围，包括长江干支流有关的 18 个省（自治区、直辖市），并将重庆、武汉、南京三市资料单列；按水系划分，包括长江干支流 30 个水系的资料。

1985 年 11 月 14 日，文伏波陪同水电部副部长杨振怀、湖北省副省长王汉章、湖北省水利厅厅长童文辉等前往荆州地区查勘，他们先后察看了荆江大堤、荆江分洪区、下荆江河道。荆江大堤早有金堤、寸金堤、万城堤之称，1918 年定名为荆江大堤，光绪《荆州万城堤志》载：荆江大堤肇基于东晋，拓于宋，成于明，增高培修于前清，至明清时，荆江大堤连成一线，堤长 182.35 千米。至中华人民共和国成立前，荆江大堤仍堤身单薄，堤基不良，隐患甚多，堤质较差，抗洪能力较低。新中国成立后，荆江大堤被列为 1 级堤防，国家投放大量人力，物力和财力，采取加高培厚、改善堤质、整治护岸等措施全面建设治理。它经历了 1949—1954 年清除隐患、培修加固，1955—1968 年堵口复堤、重点加培，1969—1974 年的“战备加固”，1975—1983 年的堤防工程基本建设一期工程，眼下正在进行的是二期工程，预计工期 24 年。

文伏波一行还察看了荆江分洪工程，进入北闸，在环抱着两行翠绿松柏的大路上走进去，不多远，就到了闸上，这个 30 万军民 75 天建设完成的水利工程静静地在冬日的阳光下安卧，莽莽大闸巍巍雄姿，让那些热火朝天的劳动场面在文伏波眼前像放电影一般闪过。北闸的小院里，还有林一山主任当年从桂林带来的两株桂花树，它们在办公楼前一左一右守护在大门两旁，青郁葱茏。

从荆州到杜家台闸，大约两个小时的车程，文伏波故地重游，又是一番感慨。

1986 年 1 月，编制完成《清江流域规划补充报告》；1986 年 6 月编制完成《长江干流水资源保护初步规划要点》和《长江干流规划环境影响评价》，正式提交讨论。

1986 年 3 月 5—9 日，文伏波陪同湖北省省长郭振乾、湖北省水利厅厅长童文辉等，查勘上荆江、下荆江、荆江分洪区、漳河水库、汉江遥堤、天门水文站和汉川水文站等地。4 月 3—17 日，又先后到南京、高淳、合肥、宣城、泾县、陈村、南陵、当涂、芜湖，征求青弋江、水阳江规划意见。

这一年，文伏波已过离休年龄，他卸任长办副主任、党组副书记的职位。11 月 7 日，文伏波在长办和老同事们照了一张合影，他坐在前排，戴着一个黑边眼镜，双脚收拢于板凳下，神情肃穆。这张照片成为他退居二线状态的纪念。

退居二线的文伏波没有闲下来，他被聘任为长办技术委员会首届主任委员和长办工程技术委员会顾问。与原长办总工洪庆余带领着技委会的老科技工作者为治江事业继续发挥余热。

1986 年底，在先一年 6 月修改稿的基础上，文伏波主持编制完成了《长江流域综合利用规划要点修订补充报告总论摘要》。该摘要分成两个部分，长江流域概况和防洪、发电、航运、灌溉等 12 项长江治理的主要内容。

1987 年 3 月，文伏波带队查勘了三峡库区和四川省、检查了四川省编写流域规划的情况，听取了已建成的龚咀等水库运营管理和综合效益等各方面的汇报。

看着父亲不断地忙碌，已经大学毕业分配在长办规划处的文丹很是心疼，她打趣说：“老爸，你都多大年纪了，还是这么拼命。”

“呃，你可知曹操有一首诗。”

“我知道，《龟虽寿》。”文丹道，她虽是学的工科，可在父亲深厚的古诗文才的熏陶下，也熟悉很多古诗词。“神龟虽寿，犹有竟时。您得爱惜自己的身体，快要退休了，还那么积极。”文丹嘟起了嘴巴。

“哈哈，你可知接下来说的是‘老骥伏枥，志在千里；烈士暮年，壮心不已’。老爸还年轻着哩！”

“我爸年纪这么大了都不服老。”我在采访文丹时，她重复说着这句话，言谈中满满的是对父亲的敬佩与心疼。

1987 年 3 月，长办与贵阳水利水电勘测设计院联合提出《乌江干流规划报告》等。在各类资料收集齐全之后，1987 年 4 月 1—5 日，长办在南京市主持召开了《长江流域社会经济基本资料汇编》审定工作会，出席会议的有长江流域 19 个省（自治区、直辖市）和国家计划委员会国家土地管理局、水电部规划设计研究院的代表共84人。

与会代表认为，汇编资料内容丰富，范围广泛，比较客观、准确、系统地反映长江流域基本面貌及其经济发展水平，能够说明长江流域经济在全国的重要地位、数十年来长江开发治理的成就以及当时仍然存在的主要问题，为长江综合利用规划要点报告的修订工作提供了坚实的基础，对各省、自治区、直辖市的国土规划及区域规划、河流规划等，亦有重要参考价值，是国民经济有关部门的一份极为重要的参考资料。

1987年10月，汇编资料印刷完成。12月底，发给有关部、委和省市自治区的计划委员会、经济委员会、统计局、水利水电厅（局）等单位，供编制地方和专业规划参考之用。

文伏波在浩如烟海的书籍、资料里爬梳剔抉，《长江流域社会经济基本资料汇编》与修订后的《长江流域综合利用规划要点报告》《长江流域综合利用规划报告》《长江流域综合利用要点报告附图》，并称为《长江流域综合利用规划（1990年修订）》的四大成果。

至此，他对编制长江流域综合利用规划的修订补充报告做到了成竹在胸。

这一年，刘慕真的大弟弟刘继善从台湾回到大陆，专程前往武汉，到文伏波的家中拜望了居住在这里的母亲，40年骨肉相离，一朝相见，相拥而泣。刘继善至此知道，父亲早已离世，而弟弟在“文革”中被造反派打死，妹妹当兵，从部队转业已在山西忻州医院工作。

40年的时光，衰老了容颜，老太太似乎就等着见儿子最后一面，在刘继善离开后不久，这个为文伏波带大了3个孩子，一生和善、坚韧、干净的老人，静静地离开了人世。

# 第五十四章　纂《长流规》

三峡工程的论证工作，在20世纪80年代一直持续着，到80年代后期，已经明朗。

水电部部长钱正英指示长办：“水电部将召开三峡工程论证领导小组第五次会议，长办必须早些拿出长江流域规划修订补充报告；必须写出一个纲要，便于在会议上交流使用；报告要阐明三峡工程的地位，答复各部门各地区所提出的不属于三峡的问题，如水阳江问题；三峡论证报告与长江流域规划修订补充报告，是两个平行报告。”

钱正英还说：“干流和支流各有各的作用，全面论证阐述七大关系；不纠缠三峡早上晚上；要站得高，看得远，面要放宽，尽量全面，灌溉、排水、水资源保护、血吸虫、河口、水阳江、太湖等问题都要涉猎，但不能引起水事纠纷。”

所谓的“七大关系”，原是50年代首次编制长江流域规划时确定的，是历次编制长江流域规划的依据，具体内容为：远景与近期，干流与支流，上中下游，大中小型，防洪、发电、航运与灌溉，水电与火电，发电与用电。

此时魏廷琤接手任长办主任，对于1959年编制的长江流域规划，他认为，起主导作用的是苏联水电专家，是以防洪为主体，苏联水电专家与中国水电派并没有结合好，但七大关系提得很好，但不一定贯彻得好。他指示：“此次编制的长江流域规划，至少要管50年，必须站得高，看得远，弄清基本资料、主要矛盾、主要蓝图、实施步骤，不只是对各专业进行归纳，还要有充分的论证；三峡规划，要针对李锐的论点进行；要充分利用长办的优势，充实的

基本资料，加上数十年的研究成果实践经验，组织材料；防洪除害是首要问题，重点在中下游。”

李锐毕业于国立武汉大学机械系，曾任水利发电总局局长，1959年7月庐山会议后，因他受到严厉批判，被撤销了一切职务，开除党籍，下放在北大荒850农场、安徽磨子潭水电站劳动，并在北京秦城监狱关押8年。1979年1月恢复工作，任电力工业部党组副书记、副部长兼基建工程兵水电指挥部政委，国家能源委员会副主任，党组成员，后任中央组织部青年干部局局长。

李锐强烈反对修建三峡工程。1985年，他在湖南科技出版社出版了《论三峡工程》一书，约20篇文章，15万字。他的意见是先开发上游：金沙江、支流，上游的水库可以排蓄泥沙，可以帮助防洪，他认为三峡工程将涉及卵石淤积问题，生态环境影响等问题。

根据钱正英部长和魏廷琤主任的意见，文伏波加紧编制长江流域规划，这是一个牵涉许多敏感地区的敏感问题的规划，文伏波小心翼翼，谨慎处理。嘉陵江流域规划牵涉到甘肃、陕西和四川的利益；荆江是向左岸的江汉平原分洪，还是向右岸的洞庭湖分流，涉及湖北和湖南两省的利益；太湖流域规划涉及江苏省和安徽省的利益；华阳河规划涉及安徽省和江西省的利益。他整理出每一个问题所涉及的省份及其相关利益，尽可能兼顾到双方或多方利益。

特别是嘉陵江的开发，因为在长江上游，其水资源综合利用尤其重要。嘉陵江流域是工农业发达地区，应综合研究防洪、发电、航运、灌溉等问题，同时，重视水土保持和水资源环境保护工作，对旅游业的开发也要有所反映。为了平衡四川、甘肃和陕西各方利益，文波伏几次召开嘉陵江流域水资源综合利用规划工作协调会，四川、甘肃、陕西各省的水利部门、勘测设计院、相关厅局及研究单位40多个代表相互磋商研究，取得一致意见，对于嘉陵江的开发，确定兴利除弊的开发次序，除了提出近期方案，也提出了远景方向和开发意见，并安排了承担任务的联系人及分工要求。

文伏波协调了各省的关系，他话语不多，但处理矛盾有理有据，他的协调能力为与会代表一致好评。达成的共识平衡了各方利益，确立了编制要求，也加快了编制长江流域规划的步伐。

湖南、湖北在荆江分流问题上自明清以来争论了数百年。湖南主张南北分流，以确保洞庭湖平原防洪利益；湖北则主张将荆江洪水向南分流注入洞庭湖，以确保荆江大堤和江汉平原及大武汉的安全。

林一山曾主张荆江主泓南移，在荆北实行放淤计划。水电部要求在制定洞庭湖规划中，既要与长江总体规划不发生矛盾，又要不影响相邻地区之间的和睦关系。为了协调两省利益，他多次主持召开洞庭湖规划会议，协商长江中下游规划大计。水电部及涉及 14 个省市的计划委员会和水利厅、局代表参与讨论，对于长江干支流的防洪排涝问题及其战略措施进行研究。湖北代表要求百年一遇的洪水，在沙市以上附近解决，开通调弦口，同马大堤和黄广大堤也应纳入规划项目。而湖南提出，下荆江裁弯造成城陵矶水位太高，应继续裁弯取直簰洲湾；洪湖尺八口方案应落实，明确反对开通调弦口；荆江河道要清障，防御 1870 年洪水的规划方案要明确，松滋口建闸可在三峡工程开工以前实施等。总之，湖北主张荆江洪水尽可能多地向南部的洞庭湖分流，湖南主张荆江洪水尽可能少地向洞庭湖分流。

湖南是文伏波的家乡，他清楚，由来已久的两湖之争都是站在各自的利益上进行的争论，文伏波并没有偏袒湖南，他从长江整体防洪利益出发，按照水电部“维持现状、搁置争议”的精神，兼顾两省利益。

他在长江流域规划中写道：“洞庭湖洪水治理，要与长江干流与四水洪水治理统一安排，并要治水与治沙相结合。三峡水库可有效拦蓄长江上游洪水和泥沙，减少入湖沙量与水量，并为四口建闸控制创造条件，是治理洞庭湖的根本措施。对四水洪水进行控制，也是洞庭湖地区的重要防洪措施……根据长江防洪总体规划，洞庭洞地区要承担 160 亿立方米分蓄任务……在遇较大洪水时，可有计划地利用其分蓄洪水，尽量做到不死人。”

除此之外，涉及太湖流域规划问题，文伏波也协调了江苏、浙江和上海市的关系。

文伏波对这些矛盾的妥善化解，对敏感问题有分寸有原则的处理，使长江流域规划的编制得以顺利进行。

1987 年 12 月，文伏波主持编制完成了《长江流域综合利用规划要点修订补充报告纲要（讨论稿）》，17 日，水电部在北京召开了为期 6 天的三峡工程论证领导小组第五次会议，会上，文伏波、潘广哲作了编制纲要的工作汇报。与会人员提出了修改意见和建议。

钱正英说：“长江流域规划对三峡工程论证可以不作答复，但必须答复三峡工程以外的问题，只要说明三峡工程不可替代就行。三峡工程是牡丹花，讲清楚了绿叶，就衬托了这朵牡丹花。长江流域规划不要卷入到三峡论证当中，画龙点睛，三峡工程专题论证报告才是在点睛，三峡论证报告要有一个长江流域规划报告附件。”钱正英阐述的是长江流域规划与三峡工程论证的关系，她说：“长办提出一个长江流域规划，相当于为三峡工程的论证写一个简要本，要为三峡工程扫清外围障碍；干支流都要有规划，每条支流都必须列出规划；成都会议的七种关系要讲清楚，每个支流都要纳入地区的经济范围考虑。”

何孝球认为干支流的关系、开发先后顺序要完善，要图文并茂。

潘家铮说：“长江流域规划是从整个流域着手编写的，没有必要集中力量写三峡工程，三峡工程只是长江流域规划的一个工程而已，报告应着眼于长江流域的问题，而不是促成三峡工程的一个报告。国民经济的要求应有具体的数字，航运要放上去，写作应该更条理化一些，提纲要更简练一些。”

苏哲文认为：“长江流域概况需要修改，水土保持、环境保护、水产养殖，虽是重点但不要深写，也不要围绕三峡工程写。是流域规划，不是专门论证三峡工程，上中下游都有各自的问题，需要附图。”

会议要求，所有修改在一个半月内完成。

领导和专家们的意见，长办与会人员开会进行了认真讨论，长办主任魏廷琤具体讲了他的修改意见。文伏波将专家和领导的意见进行综合整理，并贯穿至报告的修改中。

一、关于长江流域规划与三峡论证的关系问题

长江流域规划内不能答复三峡迟上马或者早上马的问题，既要讲干流，也要讲支流；既要讲上游，也要讲中下游；要有面，也要有重点。只说明三峡不能替代其他工程措施，其他措施也替代不了三峡工程。三峡工程以外的问题和规划要写清楚，要使人了解全流域各方面的问题。

二、具体章节修改意见

结语部分要改写，增加内容，从七大关系中把干支流关系说清楚，全局与局部的关系，综合利用的关系讲清楚；前言及流域概况中，补充当前经济发展水平及今后经济发展趋势，分区说明各区的优势和存在的问题，在经济上，战略上提高一下。

新补充的内容主要是：各支流、地区规划，重点写19条支流，即金沙江左岸支流美姑河、西溪河、黑水河、鳡鱼河、普隆河五条支流，雅砻江，金沙江右岸支流普渡河、牛栏江、横江三条支流，以及岷江、沱江、赤水河、乌江、洞庭湖、汉江、鄱阳湖、华阳河、皖河和菜子湖、青弋江和水阳江、巢湖、滁河、太湖、黄浦江，共19条支流的治理开发规划意见。这19条支流的规划意见，都是根据各地区、各支流本身的自然特点，社会经济情况而确定的开发任务，以解决本河流的水利任务为主，并据以制定本身的河流开发方案；至于防洪任务，因其重要复杂，洪水是来自上中游而汇入东流，必须有统一安排，解决办法是，以中下游平原防洪工程，结合三峡水库，及上游干支流

水库，留一定防洪库容，作为解决方案。

同时补充长江流域示意图，长江流域综合利用规划示意图，水土流失治理区示意图，地形、水系、地质、水土流失示意图等5张挂图。

三、长江流域规划内容

主要是规划水资源的综合利用，除害兴利，不要写成国土规划，各篇内容可有深有浅，不强求一律；流域概况的内容，分流域的自然概况、流域的社会经济概况、30多年来的治江成就和自然灾害与存在的问题，四大部分进行写作。规划出水资源的综合利用、除害兴利的战略布局，工程量、投资一般不要列入，核实一些地区所报数字。

文伏波列出的这个修改方案，要在一个半月内完成，时间紧，任务重，文字、结构都要做调整，他明白，即使如此，有限的时间也无法让有些问题做到条理化。

通宵达旦，夜以继日，这一年的春节，他和同事们完全泡在修改报告中，修改稿终于赶在2月中旬完成。

1988年2月23日至3月1日，文伏波等出席了在北京召开的三峡工程论证领导小组第七次（扩大）会议，并汇报了修改后的长江流域综合利用规划的编制工作。

会议肯定了文伏波等人提出的讨论稿，认为长江属于世界大河，全世界尚没有做出像长江流域规划这样规模宏大的流域规划，其难度大，困难多，可想而知，这个讨论稿来之不易，同时提出了修改意见，比如指出报告的结语，不要有观点，只需说明主要问题和规划结论。

会议一结束，钱正英专题研究长江流域规划修订补充报告。水利部部长杨振怀、副部长陆佑楣，水电部总工程师潘家铮，副总工程师娄溥礼、徐乾清，三峡总公司工程筹建处主任陈赓仪，水电部有关司局、水利规划设计院、长办的领导共36人参与了会议。

丁学琦、陆孝平、徐乾清、张亦祥、朱承忠等在会上发言。有专家说，长江流域规划是三峡工程上马的依据，长江流域规划要与三峡工程的三大效益对接。关于防洪、发电、供水、环境、航运五大问题要讲清，尽量避免站在部门的角度思考问题和写作，有的观点要兼顾上下游，防洪问题要全面点到，上游的山洪、沿江城市防洪、下游风暴潮灾等。治理规划要把四川放在前面，依次是中下游，南水北调的中线工程与三峡工程的关系要交代一下，还有城镇供水、河道整治等等，要做到前后衔接到位，不可出现前后矛盾的现象，要多准备图表。

这次讨论，达成了两项共识，一是增加经济篇；二是关于流域规划，由于规模大，投资很难准确，为避免今后工作被动，不必列出投资数目。

回到武汉的文伏波根据会议所提的意见，再次投身于紧张的修改编制工作中，一个多月后，《长江流域综合利用规划要点修正补充报告纲要（讨论稿）》出炉，4月20日，长办派专人赴有关省（自治区、直辖市），最后一次征求修改意见。

# 第五十五章　广谋从众

这是一次盛大的征求意见会议。

水利部会同能源部将对长办编制的《长江流域综合利用规划要点修订补充报告纲要》全面会诊。

丑媳妇终于要见公婆了。

几年来的心血换来的成果到了全面接受检阅的时候了。

出征前的准备工作细致而有序。文伏波逐个落实汇报材料和汇报人选。主报告由他来负责汇报。另有勘测、地质、测绘、水文、水土保持、科研、规划、防洪、除涝、发电、航运、灌溉、调水、水产、经济、洞庭湖、鄱阳湖、金沙江右岸支流、汉江、乌江、岷江、嘉陵江、青弋江、水阳江、太湖流域、巢湖、滁河和皖河，除规划部分由 4 人汇报外，其余部分由 1~2 人汇报，各路人马有 50 之众，总共汇聚成一个浩浩荡荡的报告队伍。

每个汇报者认真熟悉各自的材料，做好现场报告及回答代表意见的准备，可谓是万事俱备，只欠东风了。

1988 年 5 月 8—14 日，座谈会如期召开，文伏波携带汇报团北上，国家相关部委，军委的相关部门，科研、规划设计单位，长江流域各省、自治区、直辖市和计划单列市，各流域机构，相关水利水电勘测设计院、电管局、电力设计陆军，水利和能源部有关的司、局、办以及学会与新闻单位共 240 名代表出席会议。全国政协副主席钱正英也参加了会议。

文伏波在会上综合介绍了纲要编写情况。会议分综合组、上、中、下游组进行讨论，各组分专业进行交流，有 15 位代表在大会上发言。代表们对纲要给予较高的评价，并确定了纲要的十大内容。会议认为，在实现 2000

年战略目标中，长江流域规划具有迫切性，要尽早完成，尽早实施。

这一次会议结束后，文伏波迅速召开各个专业规划的修改讨论会，统一修改内容，听取长江流域相关的实地查勘成果汇报。之后，他亲自带队对长江中下游河段的防洪、干流综合利用、河道整治等进行实地查勘。所有获得的意见与成果不断融入修改之中。

我们来看看这一次会议后，对于纲要的修改，文伏波所组织的各类会议。

5 月 26 日，他主持召开纲要各专业修改讨论会，布置修改任务。要求 8 月审稿定稿。

5 月 31 日，他在长办主持召开纲要修改工作布置会。明确应补充的内容为经济、水资源、近期工程综合评价与经济分析、规划实施意见。要求第四季度初审，年底报国务院。

6 月 14 日，他主持召开经济篇撰写提纲讨论会。

6 月 22 日，他召开修改纲要讨论会，向长办专家征询修改意见。

6月30日，他召开修改水土保持规划讨论会，听取李泽章、余剑如、陈俊府等人关于水土保持规划的修改工作汇报，要求7月底提交全部成果。

7月5日，他主持召开修改防洪规划座谈会。会议集中讨论有关湖北和湖南两省对荆江分洪的不同看法，江西省反对田家镇卡口托守，平湖控湖工程不要简单说不行，要求论证安庆华阳湖分洪的必要性；江苏省要求明确城市防洪标准；四川的金马河防洪规划要讲清洪灾损失等问题。讨论达成共识，防洪是规划的首要任务，要把洪灾损失、长江中下游河道特性、湖泊调节对长江干流洪水的作用等等写清楚。

8月2日，他主持召开修改水文规划讨论会，与会人员对水文规划达成共识。水文规划概括长江流域防洪特点，要讲明通江湖泊调蓄长江洪水的作用，降雨中心及洪水来源要准确，尤其三峡区间更要准确，水面比降，各水文特征值表格化；下游风暴潮的情况等等。

8月9日，他主持召开经济规划修改讨论会，就篇章布局和写作内容提出极为详细的修改意见和建议。

每一次会议文伏波都广谋从众，认真听取大家的建议与意见，除此之外，文伏波还通过听取各相关查勘小组汇报的方法，将最新查勘成果，编入长江流域规划修订补充报告里。

10月，林一山主任，亲自带队历经13天，通过走访、听汇报等方式，查勘了长江中下游沿岸安徽、江苏两省的9市1县的长江干流镇江、铜陵、南通河段。11月13日，在林一山查勘的基础上，文伏波率领一支16人的查勘队，进行了长达一个月的长江中下游河段的查勘，为修订报告搜集了第一手资料。

不懈的努力换来了丰硕的成果。1989年2月，文伏波主持编制的纲要及附图全部完成，并印刷完毕。5月，长办将报告及附图送往水利部审查。

1989年8月10日，刚刚忙完长江流域规划编制工作的文伏波还没有来得及休整，便应林一山之邀，前往北京与其会合，他要陪同林一山一起查勘南水北调西线工程。

文伏波曾经在益阳当过教师，有学生在交通部和科技部工作得知老师到北京来了，专门在胜利饭店请老师吃饭，文伏波埋怨道：“要那么菜干什么，吃碗面就行啰。”因为第二天要出发，文伏波扒拉了几口饭，就走了。走时批评学生：“以后断不可如此浪费。”

考察队从呼和浩特开始，查勘了市郊引洪进水口工程、大黑河灌区渠道；8 月 21 日，到达左阿拉善旗，考察红领巾水库、万家沟滞洪区、老民生渠、林格尔和摩天崖水土保持区。

林一山一行听取阿拉善左旗介绍当地自然条件、农牧业和缺水状况、地下水的开采利用，绿洲因严重缺水而受到威胁的情况。得知黄河干流流经乌兰布和沙漠有 85 千米长，因水资源量有限，甘肃、宁夏和内蒙古争相引用，官司连年，黄河干流大柳树区域属于地震多发带，小观音建库后只能扬水灌溉，争论较大，暂不能建水利枢纽工程，他们只能寄希望于南水北调工程。

大漠孤烟直，长河落日圆，当雄浑壮阔的乌兰布和沙漠呈现在眼前时，考察队员们十分震惊。乌兰布和，意思是为“红色的牛”。属阿拉善盟，约有 1 万平方千米，终年盛行西南风，但害风为西北风，风势强烈，风沙危害较大，不过此地光热资源丰富，发展农业具有潜在优势。

林一山说，要灌溉乌兰布和沙漠，得引水横穿巴颜喀喇山脉，这是不经济的，因为长江和黄河的分水岭海拔过高。林一山还说，当长江引水到黄河时，黄河干流上的梯级开发已经结束，引来的水，通过梯级发电，到 1100 米高程，可引水灌阿拉善地区，至 2100 米高程，至少可开发利用 100 万亩土地。

文伏波对林一山的观点十分认可。

考察团又往宁夏回族自治区，查勘了盐池县的盐池；在银川了解黑山峡水资源开发利用状况；途径黑山峡下口、泉眼山泵站、同心县、固原县、陕西省泾川县，到达西安市，并向陕西省水利厅了解陕西开发利用水土资源的情况。

考察队沿途没有休息，紧张的查勘行程使文伏波感到疲惫，他的痔疮发作了，但他一声不吭随着查勘队继续前进。至四川成都，8 月 29 日，遵林一山指示，文伏波在成都研究地图。之后他们沿岷江而行，途经都江堰，沿岷江左岸看紫坪铺等坝址，过映秀时沿鱼志溪而上，看一级、二级电站，途经沙湾，抵达汶川县，这里是杂谷脑河与岷江交汇处，之后沿岷江支流杂谷脑河而上，抵达杜柯河和色曲汇合处的马尔康。

从地图研究得悉：自巴颜喀拉山南侧，地势西北高、东南低，高原面切割并不严重，尤以雅砻江上游相当完整，可顺地势实现高水高引、低水低引，到白水，经草原平地，自流入黄河。问题是，各河流之间的分水岭地带，要穿隧洞开渠，各河流要筑坝。

在了解杜柯河的海拔、地形、地貌、地质、水资源等自然环境和社会经济发展状况后，林一山认为，雅砻江与金沙江交汇口 、大渡河汇入岷江，水源丰富，可越往东，山体切割越严重，虽然穿隧洞距离缩短，可地势也低矮了。黑水县是巴颜喀拉山的尾部，海拔 2700 米，穿隧洞相对容易。大渡河引水 50 亿立方米、雅砻江引水 60 亿立方米、金沙江引水 90 亿立方米，分两条线路，分期开发。林一山的意见得到考察组专家们的认可，至此，查勘组初步制定了西线由雅砻江、大渡河调水的线路。

考察队到达阿坝州马尔康时，汇报工作的水利厅领导说：“从这个山头到那个山头……”话还没说完，文伏波打断了他，严肃地说：“你不能这样汇报，逻辑性不强，你表述应该更严密一些，不要说这个山头那个山头，你应该说坐标。”

傅秀堂站在一旁正听得云里雾里，听文伏波这么说，非常认可。那位被单位称为“小诸葛”的领导瞬时满脸通红。文伏波可没在意那人的神情，他自顾自向前走去。傅秀堂敬佩文伏波的学识，他没有想到儒雅的文伏波批评人是这样直率，又多了一份敬重。

事后林一山打趣地说：“这是中央大学的校风。”

考查组经过查勘，初步研究认为：雅砻江、大渡河自流引水线路，可自仁青岭水库（雅砻江干流开发的第二级水库）引水（海拔3900~3850米），自西向东，过鲜水河上游的达曲、泥曲，过大雪山，进入大渡河的绰斯甲河上游的色曲、杜柯曲，再过脚木足河上游的麻尔柯曲、柯曲，沿柯曲支流，过分水岭，进入贾曲，最后注入黄河。计划从雅砻江引水80亿立方米、大渡河引水30亿立方米，合计110亿立方米，全长约400千米。贾曲入黄河口海拔3444米，白河海拔3432米。

9月2日，文伏波便血已达10天，他十分难受，只得卧床就医。当日考察队在四川省水文总站的徐兆成总工程师的陪同下，前往壤塘县、色达县等地查勘，他未能参加。之后，他随队沿抚边河南行，途经小金县，抵达小金河和大金河合流处丹巴县，听丹巴县县长汇报，尤其关注其境内的海拔高程、地形地貌、农牧业、水利工程、矿藏、道路交通以及大金河、小金河、甘什扎河、东谷河、大渡河的水资源量；顺大渡河西边的瓦斯沟而上，看冷竹关址，过瓦斯沟看了3个坝址，途径康定城、泸定；翻越二郎山，到海拔3000米的山顶。

▲在施工现场

在崎岖的山路上颠簸，文伏波更觉身体不适，9 月 7 日，到达雅安时，他便血加上腹痛，再也走不动了，查勘队只得在雅安休整一天。待病情稍有好转，又往胜利电站工地，查勘雅安地区青衣江、宝兴河水资源状况，他们收集到铜头电站、宝兴河开发、青衣江规划资料共 3 本；在罗坎看引青衣江水的长征渠引水进口；经名山、邛崃、大邑、崇庆、温江，之后返回成都，听四川省水电厅汇报。四川省水电厅希望长办帮助呼吁武都引水工程、都江堰工程、升钟水库。

这是 1989 年。28 年后，我受水利部委托，前往成都采访武都引水二期工程。这个曾由林一山、文伏波老一辈水利工作者考察，当时尚未纳入规划的武都引水工程，已经处于建设尾期。它的立项艰难曲折，建设三起三落，建成之后它惠及四川省西北地区 300 多万亩良田和 1000 万百姓。

9 月 13 日返汉，次日全天，与林一山座谈查勘情况，为撰写查勘报告作准备，这次实地查勘及文伏波编写的查勘报告，不仅为长江流域规划打下了坚实的基础，而且也为日后南水北调西线工程的水源点、调水线路奠定了基础。

这一程前后计一个多月，65 岁的文伏波带病一直坚持到查勘结束。当他风尘仆仆回到家中时，刘慕真看着他疲惫的神情，心疼不停地擦着泪眼。

1990 年 5 月 29 日至 6 月 5 日，全国水资源与水土保持领导小组主持，在北京召开了《长江流域综合利用规划要点报告》审查会

这一次审查会规模更大，除了相关部门，还邀请了科研、高校、全国政协委员和社会知名专家、学者参加。国家计划委员会副主任刘中一、全国政协常委孙越崎、水利部部长杨振怀、著名水利专家张含英、张光斗、严恺等都参加了这次审查会，代表共计 340 名。会议在肯定报告的同时，亦提出了许多补充修改意见。

审查会结束后，长江委、国家计划委员会、农业部、林业部、能源部和交通部，各抽一名参加会议的代表组成了修改小组，修改补充的内容涵盖长江流域国民经济战略布局、充分利用土地资源解决长江流域人多地少、结合水利工作防治血吸虫病以及长江流域防洪效益等内容。

修改补充工作完成后，《长江流域综合利用规划要点报告》正式更名为《长江流域综合利用规划报告》。7 月 18 日，全国水资源与水土保持工作领导小组召开第三次会议，一致通过报告，并决定根据会议的讨论情况修改后，正式上报国务院。

水利部部长杨振怀认为，报告经过多次修改审查，其内容深度均达到规划要求。国务委员陈俊生对报告给予高度肯定：“报告改得好！长江委有人才！”

至此，文伏波悬着的心有了着落，他在会议室静静倾听着各位专家和领导的意见，思绪早已飞到那令他魂牵梦萦的长江了。长江，他的生命他的爱，他为之付出一生心血的一条大江，此生，能对这条大江作出一个完整的规划，并能获得认可，他没有激动，只有安宁，一种发自肺腑的安宁。

# 第五十六章　尘埃落定

1990 年 7 月 23 日，这本凝结着文伏波心血与汗水、凝聚着编纂小组集体智慧的报告终于由全国水资源与水土保持工作领导小组呈报给国务院。

审查意见为：报告是长江委在国务院有关部门、流域内各级政府大力支持、密切配合协作下，进行大量综合分析研究提出的。报告资料丰富，内容全面，重点明确，较好地体现了国家建设和各项方针政策，协调了各方面的关系，符合国土整治开发和国家社会经济发展的战略部署，基本达到了 1983 年国家计划委员会批准的《长江流域综合利用要点报告修订补充任务书》的各项要求。

这一段时间里，轻松下来的文伏波静静地等待国务院的最终审批。他时常翻开放在桌上厚厚的一本规划，那里面涉及治理开发长江的六大内容，他觉得这是他对长江最好的交代。

报告中写道：

继续提高长江干支流防洪能力，消除洪水灾害。长远目标是最大限度地消除洪水灾害；近期目标是荆江河段以加高加固堤防，配合分蓄洪措施，从能防御 40 年一遇的洪水，提高到防御 100 年一遇的洪水。其他河段防御 1954 年洪水。主要支流防御 20~50 年一遇的洪水。

大力开发长江水能资源，促进水资源的综合利用，规划远景累计开发水电装机容量 5546 万千瓦，投产 3313 万千瓦，比 1985 年增加 2340 万千瓦。

充分开发利用长江水系水运的潜在优势，积极发展航运。近期整治、疏浚结合水利工程改善长江干流及31条支流的通航条件。

继续发展灌溉事业，加强水土保持。规划灌溉面积近期增加3000万亩，达到2.6亿亩，远景达到3亿亩，使85%以上的耕地得到灌溉，水土流失面积的48%将得到初步治理，流失区林草覆盖率增加25%。

南水北调实现跨流域引水。规划有东、中、西及引江济淮线。东线从江苏长江干流引水，中线从汉江引水，西线从通天河、雅砻江、大渡河引水，引江济淮从安徽长江干流引水。

搞好水资源保护、城市和工矿企业供水、沿江城镇布局、发展水产、发展旅游。

这六个内容是从丰富的资料中提取的，是根据长江流域各地经济发展情况，结合流域自然特点，社会经济条件及水资源开发利用现状提出的。

文伏波继续翻阅在他心中萦回多少次的报告，眼光落在长江流域近期要治理七大开工工程上。

▲学术研讨

一是以三峡工程为首的干支流综合利用水利枢纽工程。从防洪、发电、航运及南水北调等综合因素考虑，依次为金沙江江段的向家坝、溪洛渡，上游主要支流雅砻江、大渡河、乌江、岷江、嘉陵江以及中下游支流清江、洞庭湖水系、汉江、赣江上的可供开发的水利枢纽工程，重在解决防洪、发电、航运及灌溉问题。

二是规划长江中下游干流和支流的防洪除涝工程。上海防洪墙、汉江遥堤、赣东大堤均在支流堤防一列。加强分蓄洪区安全建设、气象和洪水预报警报等非工程措施。

三是利用天然河道整治疏浚并开发渠化河道，改善航运条件及开挖人工运河。重点工程是长江干流水富至宜昌及岷江、嘉陵江、綦江、汉江、湘江、赣江、信江中下游和太湖流域主要河流及江淮运河、两沙运河、京杭运河等。

四是灌溉与水土保持工程。要发展四川盆地、南阳盆地，吉泰盆地、滇中高原、湘南区等大面积干旱缺水的灌区。洞庭湖、江汉平原、鄱阳湖区、太湖流域等老商品粮和经济作物基地要改善，完成净增有效灌溉面积3000万亩；水土保持方面重点控制长江流域水土流失最严重的地区和河流，以金沙江下游及毕节地区、陇南地区，嘉陵江中下游，三峡库区及兴国县为治理的重点片。

五是南水北调工程。解决华北平原、豫鲁地区及西北地区不可缺少的战略措施，东线、中线及引江济淮线（江淮运河）近期有计划逐步实施，西线做好前期准备工作。

六是河道整治及岸线利用。结合防洪、航运、工业布局与城市发展，有计划地分期进行，重点有上荆江、下荆江、界牌、武汉、九江、安庆、铜陵、芜湖、马鞍山、南京、杨中、镇扬、澄湖及长江河段等14个重点河段。

七是水资源保护与水产。重点是攀枝花、重庆、武汉、南京、上海等沿江污染源集中的各城市，结合水利建设继续消灭钉螺。水产主要根据江河湖泊水库的特点，分区发展养殖。

1990年9月21日，国务院以国发〔1990〕56号文，批复报告并转有关部门及流域贯彻执行。《长江流域综合利用规划简要报告》成为继《中华人民共和国水法》颁布后，经国务院正式审查批准的第一部大江大河的流域规划。这个《简要报告》是在1959年的《要点报告》的基础上修订补充和完善的，有继承，有改进，内容更丰富，资料更翔实，方案更可靠，研究更深入，论证更广泛，审查更民主。

这部规划报告被批准执行后，长江水利建设进入了一个大力发展阶段，兴建的重要工程有：三峡工程、南水北调中线工程和东线工程、长江中下游大规模的防洪工程建设等。大规模的水利建设，促进了长江流域经济社会的快速发展。

# 第五十七章　黑猫警长

长江流域规划编制工作结束后，文伏波的主要精力投入了三峡工程的论证里，他可在家里批阅文件，查看资料，他大部分时间待在书房里，他除了工作，还有了自己的情趣。他一直喜欢中国古典典籍和古典文学，《古文观止》和《资治通鉴》成为他的枕边书，现在他还把一些时间留给了孙子们，他似乎要弥补对妻子、儿子和女儿的亏欠，他尽可能地与他们在一起，享受天伦之乐。

此时文洪已在华东设计院工作，他的女儿已在杭州上学；文潮和文丹也已成家。

文伏波带着两位外孙玩耍，孩子们也将外公当成了最好的玩伴。

他朗诵唐诗宋词，孩子们也跟着他朗诵。

“朝辞白帝彩云间，千里江陵一日还……”文伏波摇头晃脑。

不等文伏波吟诵完，孙子早早便学着外公背着手挺着胸朗诵起来：“两岸猿声啼不住，轻舟已过万重山。”

“哈哈，记性还不错，你可知是谁写的？写的是什么意思？”文伏波考孙子。

“唉，李白嘛，这还用考我。”小孙子认真地说：“那李白，25 岁就仗剑去国，辞亲远游，他就想去当官，可是他很傲慢，结果没有当成，他就云游四海，写了这首诗，是不是，外公？”

听着小外孙的话，文伏波哈哈大笑地点头。这些话可不是自己对他说的。

“你咋知道。”

“连环画里有。这首诗说的是，早晨红霞满天，我准备踏上归程。从船上往高处看，可以看见白帝城彩云缭绕，景色美丽！到江陵有一千千米的路程，顺江而下一天之间就可到达。只听得两岸猿猴的啼声叫着，他坐的小船已驶过连绵不绝的大山。”

文伏波可高兴了，他对小孙子说，你可知这条江叫什么？

“长江！”

“那猿猴在哪里叫呢？”

“在三峡！”小孙子道：“啊，外公，三峡很美么？真的有猿猴么？”

“美！真的有猿猴啊。”文伏波说：“你可知古时候有个叫郦道元的人，他也到过三峡，也听见猿猴叫哩。”

“那你给我讲讲，他看到了什么？”

“我讲了，你可得记住，他写的文章你要能记下来，我就讲给你听。”

小孙子扑闪着大眼睛：“我记下来就是，你快讲啊。”

“自三峡七百里中，两岸连山，略无阙处，重岩叠嶂，隐天蔽日，自非亭午夜分，不见曦月……每至晴初霜旦，林寒涧肃，常有高猿长啸，属引凄异，空谷传响，哀转久绝。故渔者歌曰：‘巴东三峡巫峡长，猿鸣三声泪沾裳。’”

祖孙俩就这么一遍一遍地学这些古文，就这样，早早跟着外公，不仅学唐诗宋词，就连《水经注》这样的古文也有涉猎。

除了学习诗词，爷孙几个还喜欢下棋。家里有一副《小博士棋》，这是从上海买回来的一个智力玩具，不仅是小孙子们喜欢，文伏波也喜欢极了。他一有时间就陪着孩子们下棋。

这种小博士棋每下一步都必须回答一个问题才能走下一步，这些问题全是关于天文、地理、历史的内容，小孩子们每每回答不出，文伏波都要他们翻字典、词典以及一些家里的书籍寻找答案，因此每一次下博士棋，孙子们就将这些书籍放在旁边，以便随时查阅。时间久了，书页都翻毛边了，一盘棋下下来，孩子们弄懂好多问题，学到好多的知识，书上找不到了，外公会跟他们讲解。一天一天过去，孩子们的知识一天天积累，他们的成绩在班上都名列前茅，文伏波看在眼里，喜在心上。

那时候有一个电视动画片叫《黑猫警长》，爷孙几个可喜欢看了。故事讲的是机智、勇敢、帅气的黑猫警长率领警士痛歼搬仓鼠、破侦螳螂案、消灭一只耳等一个又一个危害森林安全的案件，令森林中的各种动物得以过上安枕无忧的日子的故事 。

一个当黑猫警长，一个当白鸽警士，文伏波扮老鼠一只耳。

一只耳带领老鼠们偷到粮仓，被黑猫警长射掉了一只耳朵，故名为一只耳。

他们把屋子里的灯全部关掉，“轰轰，哗哗哗哗……”祖孙三人嘴里念着象声词，表示是在一个雷雨交加的夜晚，文伏波扮演的一只耳顶着一件外套悄悄地出现在客厅，他将屋子里放着的小猪盼盼、小白兔全部装进了自己的口袋里。这时候黑猫警长派白鸽上尉前往侦察，只听“叭”的一声，白鸽被打伤了，只见黑猫警长出现了，他神奇地扬起手枪，口中叫道“叭叭”，一只耳便“啊”地惨叫一声，趴在了地上，黑猫警长一步跨上前便骑了上去，一只耳在爬呀爬呀，两个孙子哈哈大笑。

刘慕真正在厨房里收拾，听得文伏波一声惨叫，慌忙赶到客厅，打开灯光，只见小外孙骑在文伏波身上，大外孙在后还拿着一根鞭子赶着，趴在地上，她哭笑不得，上前把孩子抱下来，嗔怪道：“早早，快下来！”又对文伏波道：“真是越老越像个小孩子了，怎么还在地上爬起来了！”她赶紧扶起文伏波来。

这个游戏，文伏波和孩子们玩的乐此不疲，他们轮流扮演着黑猫警长、多吉、阿福、邦尼，《金刚葫芦娃》和《孙悟空三打白骨精》里的人物，文伏波很卖力地扮演着孙子们给他分配的游戏角色。

爷仨一起高声唱着《啊哈，黑猫警长》，文伏波原本五音不全，一个老男人的声音和两个稚嫩的童声搭配在一起，怪腔怪调。听到歌声的文潮笑得前仰后合：“啊，你们是不莱梅镇上的音乐家！”

《不莱梅镇上的音乐家》是一个童话，孩子们都听过，讲的是一头驴、一只狗、一只公鸡在路上相遇，三个都对音乐感兴趣，于是决定一起去不莱梅镇上当音乐家，在达到的当天半夜，有敌人来袭，于是它们一起高声怪叫，居民们被他们的叫声惊醒了，一起赶走了外来的敌人，居民们很感激这几位新来的邻居。

祖孙仨可不在意文潮的嘲笑，他们更加大声地唱完“啊哈啊黑猫警长，啊哈啊黑猫警长，森林公民向你致敬，向你致敬，向你致敬！”

童言无忌，童心可敬，文伏波喜欢孩子们，他和他们在一起感到开心而快乐。

有时候到了吃饭时间，刘慕真做好了饭，便叫：“老文，吃饭啦！”书房里的文伏波正在聚精会神地看文件，听到叫声也不搭理。这时候，孙子跑到书房前叫：“外公——，黑猫警长，吃饭了——”文伏波闻声急忙放下手中的文件和书籍，笑眯眯地坐在饭桌前。

有了时间的文伏波，很想带着孩子们和老伴去看看祖国的大江大河，去享受一个快乐的假期。他与妻子商量，刘慕真含笑道：“可年龄大了，儿孙满堂了，跑不动了。”“谁说跑不动啦，我不是还在跑吗？你也健健康康的。”刘慕真笑了：“好，好！等孙子们还大些，咱们再去。”文伏波便也没再坚持，他一生跑遍了大江南北，却没有带家人去做一次旅游。

他想，等三峡工程开工后，再陪妻子出去走走。谁也没想到，等三峡工程论证结束，刘慕真就病倒了，而文伏波也在不久后中风。这竟成了他未能实现的梦想。

这是后话。

# 第五十八章　三峡工程

国务院的一纸文件，再次将三峡工程推向举国关注的热度。从 1956 年选址到如今已经经历了 30 多年的准备后，文伏波主编的长江流域规划为它作出了论证。

三峡工程，从它筹建之日起，就一直与争议相伴。早期的不同意见多偏重于经济和技术因素，普遍认为经济上无法支撑，技术上也无法也难以实现预定目标，并且移民的难度极大。争议还包括：三峡工程对当地地质的影响，对气候的影响等。多种说法归为如下几点。

一是三峡工程对环境和生态的影响非常广，其中对库区的影响最直接和显著，对长江流域也存在重大影响，甚至还有人认为三峡工程将会使得全球的气候和海洋环境发生重大变化。三峡两岸城镇排放的污水和游客的生活垃圾，未经处理直接排入长江，在蓄水后，由于水流静态化，污染物不能及时下泻而蓄积在水库中，会造成了水质恶化和垃圾漂浮，并可能引发传染病。

二是三峡水库库容极大，会增加库区地震的频率，两岸山体下部长期处于浸泡之中，因此发生山体滑坡、塌方和泥石流的频率会有所增加，这将是三峡工程所能造成的主要地质灾害。蓄水后可能带来的地质条件质变是反对派所存的最大质疑。

三是三峡工程将会对周边生态造成严重的冲击。因为有大坝阻隔，鱼类无法正常通过三峡，它们的生活习性和遗传等会发生变异。国家一级重点保护动物中华鲟，由于三峡工程阻断了其繁殖洄游的通道，会因此而改变特性。三峡完全蓄水后将淹没 560 多种陆生珍稀植物，但它们中的绝大多数在淹没线以上也有分布，只有疏花水柏枝和荷叶铁线蕨两种完全在淹没线以下，后均已迁植。

四是三峡蓄水后水域面积扩大，水的蒸发量上升，会造成附近地区日夜温差缩小，改变库区的气候环境。由于水势和含沙量的变化，三峡还可能改变下游河段的河水流向和冲积程度，甚至可能会对东海产生一些影响，并进而改变全球的环境。但是考虑到海洋的互通性，以及长江在三峡以下的一千多千米流程中还有湘江、汉江、赣江等多条重要支流的水量汇入，因此估计不会对全球海洋和气候环境造成较大的影响。而且环境的变化是由多种可变因素交织形成的，极其复杂，所以也无法确定三峡工程对环境影响的明细程度。

五是三峡工程也会对环境产生有益的作用。水能是一种清洁能源，三峡水电站的建设，将会代替大批火电机组，使每年的煤炭消耗减少5000万吨，并减少二氧化硫等污染物和引起温室效应的二氧化碳的排放量，间接实现了环保。

这些涉及工程的争议一直持续不断。到后期，具体到工期长短与工程施工条件的研讨。

早在1982年，在邓小平、陈云、李先念、胡耀邦等赞成低坝方案时，长办就按照水电部部长钱正英的要求，着手研究三峡工程蓄水位150米方案，在报告编制过程中，文伏波就是负责人之一，这个40万字的报告有10个分册，文伏波直接参与了“施工规划及投资估算”，此后，160米、170米、180米各组方案的研究他都参与其中，他制定的施工方案获得设计水工、施工、地质专题预审会上专家的认同。只是当时由于反对派的意见以及泥沙淤积问题、水库淹没问题、移民问题、航运问题、投资问题等，各种蓄水方案均被搁浅。

三峡大坝到底应该多高，最重要的一条意见来自重庆市。重庆市政府认为已定150米方案的回水末端仅止于涪陵、忠县间180千米的河段内，重庆以下较长一段川江航道得不到改善，万吨级船队不能直抵重庆，因此重庆市政府推荐185米坝顶、175米水位。这与后来1994年三峡工程正式开工时所采取的水位基本一致。

不同的意见不止来自于重庆，在1985年4月份，全国政协六届三次会议在京召开时，有167位政协委员就对三峡工程问题，单独或联合提出十七件提案，建议缓上三峡工程。5月份，时任全国政协常委，政协经济组组长的孙越崎老先生，以92岁高龄带领全国政协考察团，对长江三峡作了一次为期38天的仔细考察，考察结果是三峡工程存在投资、防洪、泥沙淤积、航运、发电、移民、安全等7大问题，近期不能上。

而且同年，时任全国政协副主席的周培源老先生也提出三峡工程的论证应当吸收不同意见的专家参与，广开言路、集思广益。

到1986年，反对声音继续升温。在全国政协六届四次会议上，经济学家千家驹，直截了当地批评三峡工程是钓鱼工程，同时指责国务院未经人大审议就通过三峡工程可行性报告，是违背民主化程序。

这些反对声音，使中央对三峡工程采取了积极而慎重的态度，决定对其

▶默契

进行重新论证。论证任务由国家计委与科委转到水电部，

文伏波组织编制的长江流域规划所进行的大量调查和科研为水电部争取三峡工程的论证做好了准备，也为三峡工程的上马做好了准备。

1986年6月2日，水电部广泛组织各路专家，对原三峡工程可行性研究报告进行深入论证。水电部部长钱正英任组长，副部长陆佑楣任副组长，总工程师潘家铮任副组长兼技术总负责人。这一次论证分成10个专题进行，每个专题设一个或两个专家组，共设地质地震、枢纽建筑物、水文、防洪、泥沙、航运、电力系统、机电设备、移民、生态与环境、综合规划与水位、施工、投资估算、综合经济评价，共14个专家组。国务院所属17个部门、单位，中国科学院所属12个院所，28所高等院校和8个省市专业部门，包括自然科学、工程技术、社会科学、财政经济、生态与环境、系统工程和人防等方面的专家412位，涉及40个专业。

这一次论证，有关高等学校、科研、勘测、设计等单位，进行了各项试验、勘测、调查、计算、研究工作，共数千人参加。其中还特邀20多名来自全国人大财经委员会、中科院、中国社会科学院等推荐的人选担任顾问。

在重新论证过程中，文伏波利用自己多年现场设计经验，积极为专家组提供技术服务，他4次参加施工专家组召开的全体工作人员会议，回答专家们从各方面提出的问题。

在施工专家组对工期、混凝土砂石料、对外交通、施工导流和施工通航问题、金属结构、机电安装和施工设备等问题的论证中，文伏波以在丹江口和葛洲坝水利枢纽工程20多年的实践经验，论证了工期与对外交通的问题。关于工程的工期，有人认为三峡工程的混凝土浇筑量太大，17年内难以完成，文伏波列举国外工程的工期，如苏联克拉斯诺亚尔斯克和乌斯特伊里姆两个工程从准备开始到第一台机组发电所用的12年时间，欧美国家如巴西伊泰普工程和美国大古力工程所用的8~9年的时间，论证三峡工程从准备工程到第一台机组发电的工期为12年。他还以丹江口和葛洲坝工程为例，详

细向专家们讲解了温控和大坝补强技术的进步，证明只要搞好施工布置，17年的工期不仅可行，而且还可能提前。

文伏波的这个预测最终被工程实践证实。三峡工程最终总工期为16年。

施工区的对外交通问题，也一度引起人们的关注。对外交通有3个方案，一是铁路为主，公路、水运为辅；二是水运为主，公路为辅；三是公路为主，水运为辅。部分同志主张由宜昌向工区开通铁路，并向上游延伸。文伏波与长江委的专家们认为，三峡工程位于长江上游，可充分利用水运，这条铁路可能是条“断头路”，在大坝建设后将会闲置，而高速公路是大势所趋，在三峡坝区开通公路效益更大，也更持久。由此，长江委提出了“公路结合水运”的方案，得到了各方认可。

文伏波作为施工专题论证报告组的顾问和专家组成员，为论证总报告，并最终形成“三峡工程对四化建设是必要的，技术上是可行的，经济上是合理的，建比不建好，早建比晚建好，建议早作决策”的结论。

他的论证结论促成了三峡工程的实施。至此，三峡工程的建设计划已经明朗。

三峡工程是世界上规模最大的水电站，也是中国有史以来建设的最大型的工程项目。三峡工程的总体建设方案是“一级开发，一次建成，分期蓄水，连续移民”。整个工程包括一座混凝重力式大坝，泄水闸，一座坝后式水电站，一座永久性通航船闸和一架升船机。三峡工程建筑由大坝、水电站厂房和通航建筑物3大部分组成。大坝坝顶总长3035米，坝高185米，水电站左岸设14台，右岸12台，右岸地下厂房6台，共装机32台，前排容量为70万千瓦的小轮发电机组，总装机容量2250万千瓦，远远超过位居世界第二的巴西伊泰普水电站。通航建筑物位于左岸，永久通航建筑物为双线五级连续级船闸及单线一级垂直升船机。

三峡工程分3期建设，总工期为18年，三峡工程从提出设想到最终完工，共经历了90年时间，但其中关于建与不建的争论，就持续了73年。

一期工程：5 年（1992—1997 年），主要工程除准备工程外，主要进行一期围堰填筑，导流明渠开挖。修筑混凝土纵向围堰，以及修建左岸临时船闸（120 米高），并开始修建左岸永久船闸、升船机及左岸部分石坝段的施工。一期工程在 1997 年 11 月大江截流后完成，长江水位从现在 68 米提高到 88 米。已建成的导流明渠，可承受最大水流量为 2 万立方米每秒，长江水运、航运不会因此受到很大影响。可以保证第一期工程施工期间不断航。

二期工程：5 年（1998—2003 年），工程主要任务是修筑二期围堰，左岸大坝的电站设施建设及机组安装，同时继续进行并完成永久特级船闸，升船机的施工，2003 年 6 月．大坝蓄水至 135 米高，回水至万县境内。张飞庙被淹没，长江三峡的激流险滩再也见不到，水面平缓，三峡内江段将无上、下水之分。永久通航建成启用，同年左岸第一台机组发电。

三期工程：6 年（2003—2009 年）．本期进行的右岸大坝和电站的施工，并继续完成全部机组安装。三峡水库将是一座长 600 千米，最宽处达 2000 米，面积达 1084 平方千米，水面平静的峡谷型水库。水库平均水深将比现在增加 10~100 米。最终正常冬季蓄水水位为海拔 175 米，夏季防汛限制水位 145 米，每年将有近 30 米的升降变化。水库蓄水后，坝前水位提高近 100 米。2008 年整个工程完成后，区内人文和自然景观将有 39 处被全部或部分淹没，约占库区旅游景点的 13%，影响不大。巫峡与瞿塘峡二区由于相对海拔较高，水位只提升 80 多米，两岸的群峰陡壁海拔均在几百米乃至千米以上，除部分古栈道和溶洞将没于水中外，其他均无大大变化，以三峡大坝为中心的黄金旅游区将变成长江之旅的一颗璀璨的明珠。

长期的劳累和超负荷的工作，使文伏波积劳成疾，他因头痛难耐被检查出严重高血压，又一次住进了医院，医生要求他卧床静养。

文伏波人在医院，心系三峡工程，他时刻关注着三峡工程的论证进度。

1992年4月3日，七届全国人大第五次会议以1767票赞成、177票反对、664票弃权、25人未按表决器通过《关于兴建长江三峡工程的决议》，决定将兴建三峡工程纳入国民经济和社会发展10年规划，由国务院根据国民经济发展的实际情况和国家财力、物力的可能，选择适当时机组织实施。

消息传来，文伏波抑制不住内心的喜悦，写下一首七言绝句：

英裁石壁立西江，
病榻初闻喜欲狂。
为问葛洲当日伴，
可堪重着战时装。

好一个“可堪重着战时装”！

这样的工程哪里能缺少像文伏波这样有实践经验的专家和顾问？不等他完全康复，三峡总公司便盛情邀请他作为评标专家，68岁的文伏波不顾年老体弱，欣然接受了任务，出任对外交通组项目的评标专家。

# 第五十九章　卫冕桂冠

1994年元月，文伏波前往宜昌，参加对外交通的准高速公路及左岸船闸开挖等施工项目的评标工作。

到月底从三峡工地回到武汉，妻子刘慕真竟然躺到了医院。一直身体结实的刘慕真与文伏波一样患有高血压，这一次因高血压引起严重眩晕不得不睡在了病床上。

看着病床上的妻子，文伏波百感交集，这还是他的胖胖么？不是说好等孙子们稍大一些，咱们就去旅游一次的么？一起相濡以沫走过了40来年，她的容貌老了，心操碎了，身体拖垮了，是她支撑起这个家，才换得自己安心工作，做出一点点成绩。

▶风雨同舟

文伏波决定好好照顾一下妻子。他亲自下厨为妻子做饭菜，去买妻子最喜欢吃的食品，他要弥补一下对妻子、对这个家的亏欠。他做豆豉和大白菜丁丁，煎小黄鱼，这是刘慕真最喜欢的菜，他还想去买排骨炖藕，那是妻子最喜欢喝的汤。

已进腊月，武汉的街头到处飘散着年的气氛，一家家腊肉腊鱼挂了起来，没有妻子管家，家里就没有了温馨，他进到菜场去采买年货。菜场里的大妈大伯们看到这个戴着眼镜的老头，这些天买菜又大方又和气，所以他一到菜摊边，就有人热情的招呼他。

文伏波兴冲冲地提了一大块排骨，回到家中，女儿文丹看买了那么大一块排骨，道："爸，你一下子买这么多干吗？"

"买给你妈吃。她喜欢喝排骨汤。"便拿了到锅里去炖，可炖出的味道与妻子原来做的藕汤竟有了天壤之别。文伏波不知道同是一样的食材，做出的汤的味道怎么这样不同。刘慕真道："你怕是买了母猪肉了。"文伏波恍然大悟道："娘子，原来买菜也是大有学问的呀。我再去买一块，一定好好地选上一块新鲜的。"

刘慕真宽厚地笑了，她看着丈夫为她忙碌，她觉得所有的付出都是值得的。

这一年的除夕，万家团圆的时刻，文伏波突然感到一阵眩晕，瞬间大脑里一片空白，晕倒在椅子上。

"爸爸，爸爸！"

"老文！老文！"

"爷爷，爷爷！外公，外公！"

"快，打 120！"

一家人大声呼喊，文伏波睁开眼，看到他们焦急的模样，用手示意他们不必惊慌，他心里知道，但口里却已说不出话。急救车很快就到了，文伏波被送到医院，他患脑溢血，经全力抢救，命保住了，可右手从此无法动弹。

这一个春节，一家人穿梭于家与医院之中，度过了一个难以忘记的年。

此后，全家人精力集中在文伏波身上，控制着他的工作时间，减轻他的工作负荷。可文伏波哪里闲得住，病情稍微有些好转，他就下床活动，右手不听使唤，他就用左手练习。

1994 年 12 月 14 日，三峡工程举行了开工典礼。白绸试土，开山炮响。

得知这一消息，文伏波激动不已，他情系一生的大江，他为之付出一生心血的大江，这一天，来之不易，这一天开始创造的奇迹，将永铭青史。

三峡工程开工后三日，1994 年 12 月 17 日，鉴于文伏波编制《长江流域综合利用规划简要报告》（1990 年修订）的巨大贡献，水利部颁发文伏波科学技术进步一等奖荣誉。这是继长江委在 1992 年 1 月颁给他特等奖之后所获的又一殊荣。

1994 年的春天，万物复苏，欣欣向荣，明媚的春光带来了一个喜讯，文伏波被授予中国工程院首批院士称号。

这是长江委产生的第一个院士。

尚在康复中的文伏波，得知这一喜讯，心潮起伏。首批工程院士，这是国家对自己的最大奖赏与肯定！也是他为长江奉献一生心血所获得的最高荣誉与回报！短暂的激动后，他很快平静下来，长江委有那么多一辈子献给长江水利事业的同事，有那么多为长江防汛与开发做出过献的技术人才，荣誉应该属于他们。对络绎不绝前来向他表示祝贺的同事和亲友，他诚恳地说：“谢谢大家的关心与鼓励，工作几十年，只觉得自己只是尽了努力，没有作出多少成绩，理论水平不高，当之有愧，受之有愧！”

# 第六十章　左撇子手

文伏波哪里安心休息得了？他的心还系着长江，系着三峡工程。

身体刚刚恢复，他就出院了，右手动不了，还有左手哩。他给自己制订了锻炼计划，以恢复体力，看来这个身体得注意了，再不能拼命了。医生也叮嘱过，如果第二次犯病，后果就不只是一只右手了，医生要求他长期坚持锻炼身体，不能一曝十寒。他也按照医生的意见，每天坚持散步，做保健操，进行适量锻炼；同时他也认识到自己年龄的确进入了老年行列，不可能像年轻时那样拼命了，必须量力而为，那种夜以继日、通宵达旦的工作强度是再承受不了的了，身体是革命的本钱，只有健康的身体才能有健康的生活，只有健康的身体才有可能继续为包括三峡工程在内的治江事业服好务，做好参谋。

偏瘫造成行动极不方便，身体失去平衡，文伏波便学着用左手去干活、写字，吃饭，穿衣试着用左手尚可，关键是写字，右手握不住，左手又不听使唤，这可急坏了他。

他拿起笔，最初插笔盖都要妻子帮忙。把纸铺在桌上，他一笔不苟地像个小学生一样练习，大、中、小，日、月、星，金、木、水、火、土，一个一个地写，一排一排地写，开始，那些字高高低低不在一条线上，渐渐地，那些字能排成一行了。

文伏波成了左撇子手，他渐渐习惯用左手去完成一切事务。

他经常翻看以前参与编著的书籍，那时候身强力壮，干起事来多么轻松。《葛洲坝工程丛书》和《长江志》，是他参与组织领导直接编著的；《大中型水利水电工程技术丛书》，是他以技术委员会主任委员的身份，组织技术人员编著的，他参与审稿并为部分书籍写序；他还担任了《长江流域地图集》，还担任《长江重要堤防隐蔽工程地图集》《长江防洪地图集》《长江流域蓄滞洪区图集》和其他一些水利工程书籍的技术顾问、科学顾问、总策划等，或者为书籍写序言，这些书籍作为水利工程用书，实用性强，文伏波为此作了很多努力。

特别是《长江志》，他是该书第一届编纂委员会的副主任，而今是第二届的主任，算起来从 1983 年成立编委员至今也有十多年了，这本书凝聚了他的心血，它系统翔实地综述了长江水系及流域自然地理和社会经济的概貌，客观地反映了长江水利建设中的成败得失和经验教训，是关于长江和长江治理开发的资料总汇，也是千百年来长江流域治理开发的科学总结，是认识和研究长江及其治理开发重要地位和作用的经典文献，是长江流域开发投资者、决策者、建设者应备的专著，是留给当代和后世的宝贵文化财富。

这本专志，他有责任继续关注。

身体复原后，文伏波就想到工地去看看。他是长江委技术委员会主任，也是三峡工程重大科学技术研究“七五”国家重点科技攻关项目施工专家组专家，长江委总工程师、三峡工程的技术负责人郑守仁看他已病愈，便来邀请为工程建设出谋划策。文伏波欣然前往，他和技术委员会的老专家们来到工地，对施工中的三峡工程有关设计与质量事故处理方案，跟踪咨询。

他和技术委员会的委员们建议，三峡工程可以就地取材，围堰采用垂直防渗技术，这是世界上首次将大型围堰直接建在粉细砂上的一次大胆而且成功的尝试，使三峡工程投资大大节省，工期也提前了 10 个月。

这一天，他又来到工地，看到大坝基坑已经开挖，他带领技术委员会的专家又建议，在做好碱骨料反应的基础上，应尽量将质量较好的花岗岩石头保留下来，以备将来作为以后混凝土浇筑的骨料，这样不仅节省投资，还可能节约工期。这在以前是很少使用的，但三峡工程采用后，迅速在全国修建水利工程时普及开来。

我在一本《院士春秋》书上查阅到文伏波用左手题写的一段话：“一个

大型工程建成发挥作用，要经历勘察、规划、设计、科研、施工、试运行的长过程，是广大工程技术科研人员、工人阶级的集体创造，是一个系统工程。个人可以在解决某一个关键问题上起作用，在组织协调各个专业、各个部门工作中起作用，这需要他全过程参与，要深入现场掌握情况。牢记实践是检验真理的唯一标准。”

字迹工整，朴拙中刚劲有力，这段话是他几十年水利生涯得出的真知灼见，也是他留给工程技术人员的宝贵经验。

在他的工作日记上，记载着他到三峡工地考察与提供咨询的次数与时间，前前后后，他竟去了 50 多次，开始每年至少要去工地四次，他憧憬着三峡工程建成的美景，有一天欣然命笔，写下一首七言诗：

巴山夜雨润橘枝，
长峡朝霞映屈祠。
行看平湖连天出，
欣逢国力日强时。

他想象三峡工程建成之后，高峡平湖的壮观景象，他为生在这样一个伟大的时代而倍感自豪。

▶左手写字

# 第六十一章　生离死别

1999 年 1 月 17 日，文伏波收二哥藕耕的来信。信中写道：

“伏波、慕真：你们寄来的 1 万元钱已收到。现在正是打禾期间，克坚打禾去了，我因不小心摔在屋后的阴沟里，几小时没有起来，恰好卫娥回来看望我，给我请医生，又是帮我煎药，细心照顾我七八天，连药钱都是卫娥交付的……你们对我们真心真意，我代表全家，特表感激之情。”

文伏波的二哥藕耕一直生活在湖南老家，藕耕和妻子符中秀育有两子三女：长子世坚，字克坚，在乡下务农；次子世立，字克立，在益阳市政府工作；大女儿素娥 8 岁时，曾随祖母到青岛三叔望平家居住，并由三叔三婶抚养成人，在天津大学化工系毕业后，在北京燕山石油化工公司高级工程师，这一年正好退休。还有两个女儿纯娥、卫娥在家务农。“文革”中，文家的儿子难找媳妇，可文家的女儿却被乡人争抢着娶。软桥的人都说，文家祖脉好，文家人都会读书。

藕耕在信中告诉他，家里刚刚建房了，门和窗户也装上了，一切都好，就是做房欠了些钱，寄去的 1 万元钱是解了家里的燃眉之急，很是感激。

文伏波收到信后，十分惦念二哥。他总觉得对大哥、二哥抱愧，是大哥二哥失学才给了他读书的机会，只要二哥家里有困难，他总是尽力相帮。

此时，大哥北辰早已去世，大哥活着的时候，兄弟俩保持着密切的联系。无论多忙，他都挤时间给大哥写信，大哥有闲暇，也到武汉与文伏波一家相聚，两兄弟一起喝酒，一起去照相馆拍照纪念，每次北辰回去，文伏波都帮大哥买好火车票，把大哥送上火车后，月台上两兄弟依依惜别，直到列车没有影，文伏波才恋恋不舍地离开。大哥一直益阳书店工作，直至退休。大哥的身体素质从小就不大好，后来身体状况更不佳，在北辰病重期间，文伏波正在葛洲坝工地现场负责设计工作，异常繁忙，得知大哥生病，他利用休息时间数次回老家探望大哥。

令文伏波终身遗憾的是，大哥病故之时，他竟未能见上最后一面。1976年，比文伏波大6岁的大哥去世，他只活了57岁。文伏波独处时，时常拿出大哥与他们全家的合影，缅怀大哥。

大哥与大嫂丁腊秀有一个儿子，名世开，字克成，湖南师范大学毕业，曾任益阳师范学校副校长，后调入湖南社会主义学院担任教授。大哥去世后，文伏波一如既往地关心大嫂的健康和生活状况，他时常叮嘱侄子克成孝敬母亲，叮嘱二哥藕耕的儿子克立就近多关心照顾大伯母。

四兄弟中，文伏波与三哥望平的感情最深，这不仅因为两个年龄相近，而且因为小时望平对他的学习与成长有直接影响，他照顾文伏波也最多，他带文伏波选择了高中的理科和大学的工科，他供给文伏波在南京中央大学的开销，他给文伏波找到青岛做暑期实习的单位。从小到老，望平一如既往地关心和爱护这个小弟。

望平先后在青岛电业局、山东省电力厅所属的发电厂、动力专科学校、电力实验研究电力实验研究所、基建局等单位工作。后参与筹建山东省科学院能源研究所，是享受国务院政府特殊津贴的专家。直到1990年底退休后，继续担任山东能源学会理事长。他曾获得山东“省级劳动模范”称号，领导和组织了多项技术改造，培养了一批技术骨干。他一生勤奋好学，活到老、学到老，这一点兄弟俩有共同点。

1993年，两兄弟被《桃江县志》（第二十篇《人物》）收录，后又被《湖南桃江县河溪水乡中学七十周年校庆》收录。

文伏波记得1963年11月3日，三哥来汉出席湖北省能源学会会议，正好大哥大嫂也来了，三兄弟碰巧相聚，非常高兴，说不完的家常话，这可能是兄弟仨人在一起的最后一次团聚。文伏波的日记上记着，11月15日，一家人在餐馆聚餐；11 月 16 日早上 6 点，天还没大亮，他把大哥大嫂送上了回湖南长沙的 281 次火车；第二天，还同三哥一起看了电影《跟踪追击》，直到 18 日送三哥乘 82 次车回济南。

1999 年 4 月 2 日，刘慕真因突发脑溢血，抢救无效，撒手人寰，享年 69 岁。

文伏波悲痛欲绝，夫妻俩同甘共苦 40 多年，从此天人永隔。他沉浸在对妻子深深的怀念之中，没有妻子对他的支持，他不可能做出一番事业，没有妻子对他的支持，三个孩子不能健康成长，她给了他全部的爱，为这个家她奉献了一生的心血。

想妻子一生操劳，自己竟是连照顾她的机会也没有了，他在痛苦中无力自拔。

他想起大哥活着时曾感叹："弟媳为这个家操劳了一生。"一时悲从中来，泪水长流。看着父亲的悲痛，子女们无以安慰。

三哥望平得知弟媳去世的消息，默然良久，他写信给文伏波劝他尽快从悲伤中走出来，不要再像以前一样劳碌奔波，要自我超脱，自我放松，他叮嘱弟弟："往事可忆，但千万不要多念而放不下。"

三哥望平几乎每年都在他生日时寄来祝福，在汛期时叮嘱他注意安全，他中风后更是时常关心他的身体，要他坚持治疗、按摩和锻炼，字里行间满满地是对他的健康和安全的挂念。现在，失去弟媳的文伏波，更是像儿时那样，让三哥望平牵肠挂肚。

藕耕的长媳也念叨："我爸爸一生多灾多难，旧年房屋倒了，得亏四叔四婶帮助才又建好，我们下一代真是感谢不尽。"

亲人们的关怀，让文伏波得到些许安慰。

这一年祸不单行，在妻子刘慕真去世后不久，二哥藕耕也离开了人世，享年 79 岁。

刘慕真去世后，文伏波好长时间提不起精神，加上右手行动不便，身体每况愈下。他一生忙于事业，家务难以料理，到妻子去世一年后，子女们撮合父亲与母亲生前的好友、邻居殷汉霞结成伴侣。

殷汉霞知书达礼，温柔贤惠，对文伏波体贴周到，深得文伏波子女们的认同，劳碌了一生的文伏波晚年享受到了安详的家庭生活。

从 1999 年到 2009 年，文伏波一直关注着三峡工程的建设，体力不允许他像以往那样经常深入到工地，但他每年还是要去现场考察几次。2003 年，第三期工程建设时，开始正值高温季节，右岸大规模混凝土浇筑的温控条件尚未完全具备，为避免大坝发生基础贯穿裂缝，文伏波和技术委员们建议夏季停止大坝基础混凝土的浇筑，调整工程计划先浇其他部位。实践结果，质量、进度做到了两不误。三期碾压混凝土围堰挡水后，逐步发现混凝土浇筑层面严重漏水，文伏波又和技术委员会在工地调研，共同研究完善了补强处理措施。

2009 年，文伏波最亲密的三哥望平去世，享年 85 岁。

# 第六十二章　名垂青史

一千个人的眼中会有一千个哈姆雷特。莎士比亚说过。那么一千个人的眼中也会有一千个长江。然而对于文伏波来说，他的一生中，长江只有一个，而且是唯一一个。他的人生，他的梦想，他的青春，他的爱，他的情，都在这条江上。

他从江的上游看到都江堰的时候，就曾注目凝视过李冰的巨型雕塑，秦昭襄王灭周后，任蜀守的以道法自然、天人合一的思想流芳百世，他领导兴修的都江堰，由鱼嘴、飞沙堰和宝瓶口三部分组成的。规模宏大，布局合理，兼有防洪、灌溉、航行三种作用，使成都平原成为天府之国，在世界水利工程史上是罕见的奇迹，竟然越 2000 多年，还在发挥着巨大的灌溉效益。

文伏波拜谒李冰，瞻仰的是这位治水英雄的精神。在长达 70 年的工作生涯中，他实现了自己的价值，也给社会带来了价值。

2009 年，长江三峡工程全部完工。三峡工程采用“一级开发，一次建成，分期蓄水，连续移民”方案，工程施工总工期自 1994 年到 2009 年前后共达 16 年，水库淹没涉及湖北省、重庆市的 20 个区县，270 多个乡镇、1500 多家企业，3400 多万平方米的房屋，从开始实施移民工程的 1993 年到 2005 年，每年平均有 10 万移民告别故土。

三峡工程动态总投资预计为 2039 亿元人民币，水库最终将淹没耕地 43.13 万亩，最终将移民 130 万人。按 1993 年 5 月物价，枢纽工程 500.9 亿元；移民工程 300.7 亿元；输变电工程 153 亿元。600 千米长的水库，成为世界罕见的新景观。

林一山说过：“我们培养队伍的目的就是为了上三峡，要有梯子上

▲长江三峡工程导流明渠截流现场

天，从荆江分洪工程开始，我们就在一级台阶又一级台阶地向着三峡之巅攀援……”

丹江口、葛洲坝就是两个主要的梯子，梦寐以求的三峡工程，是文伏波和所有长江委人终生奋斗的梦想，是他和他的战友们踏上的水利天梯。

大坝建成之日，已过80高龄的文伏波站在坛子岭园区远眺大坝，俯瞰长江，他终于感到轻松了，令他魂牵梦萦的三峡工程，在他有生之年，让他见识了长江波澜壮阔、雷霆万钧的力量，他是如此自豪，如此开心。

在185米水位线观景区，大坝上游的高峡平湖与下游滔滔江水所形成鲜明的反差，他想起了他在长江委最初的科长、全国工程设计大师曹乐安，他想起了把一生献给长江水利事业、双目失明仍带队考察查勘三峡工程的“长江王”林一山，他想起了冒着枪林弹雨，不远万里来到中国考察并拿出三峡工程计划的萨凡奇和他说过的那段话：“如果上帝给我时日，让我看到三峡工程变为现实，那么，我死后灵魂一定会在三峡上得到安息。” 他想起了一起参加过丹江口水利工程建设和葛洲坝工程建设的老省长张体学，他想起了七次接见他的周恩来总理，他想起了启动三峡工程的查勘、写下“高峡出平湖，神女应无恙”的著名诗篇的伟人毛泽东！

他们都为三峡工程的兴建付出了心血，如今，他们都已不在人世。文伏波站在坛子岭上，俯瞰浩瀚东去的长江水，他的眼前浮现昔日那些工程建设战天斗地的火热场面，一些亲切的面孔在他的脑海里电影一般地依次而过，他们或凝神、或肃穆、或微笑、或点头，文伏波情不自禁地向着长江深深地鞠下一躬，他是在向那些已经不在人世的治水英雄们鞠躬！向参与长江防洪与开发的建设者们鞠躬！向那110多万背井离乡的移民大军鞠躬！向早已长眠在故乡生他养他的父母双亲鞠躬！向成就他人生事业与辉煌的大哥北辰、二哥藕耕、三哥望平、他的胖胖慕真鞠躬！

这个从软桥乡村走出的工程院士，他的身上始终保持着中国传统知识分子的美德，他的人格魅力与巨大成就激励着水利人，他的杰出贡献惠及长江两岸的人民，他给百姓带来了福祉，是后辈水利人永远的楷模。

▲在三峡工程施工现场

图书在版编目（CIP）数据

治水将军文伏波 / 蒋彩虹著.
—武汉：长江出版社，2020.5
ISBN 978-7-5492-6936-5

Ⅰ.①治… Ⅱ.①蒋… Ⅲ.①文伏波－传记 Ⅳ.
①K826.16

中国版本图书馆 CIP 数据核字(2020)第 073778 号

ISBN 978-7-5492-6936-5

9 787549 269365 >

治水将军文伏波 蒋彩虹 著

责任编辑：赖晨
装帧设计：汪雪
出版发行：长江出版社
地　　址：武汉市解放大道 1863 号　　邮　　编：430010
网　　址：http://www.cjpress.com.cn
电　　话：（027）82926557（总编室）
　　　　　（027）82926806（市场营销部）
经　　销：各地新华书店
印　　刷：武汉精一佳印刷有限公司
规　　格：710mm×1000mm　1/16　16 印张 8 页彩页　238 千字
版　　次：2020 年 5 月第 1 版　2020 年 8 月第 1 次印刷
ISBN　978-7-5492-6936-5
定　　价：78.00 元